高等院校公共基础课规划教材

大学生创新创业教育

基于互联网+视角

（第二版）

杜永红　梁林蒙　主　编

杨彩霞　刘　瀚

罗正荣　张俊利　副主编

清华大学出版社

北　京

内 容 简 介

本书系统地介绍了基于"互联网+"视角下大学生创新创业教育的相关理论与实战技能。书中理论知识体系清晰、难易程度适中，逻辑结构严密；实践知识体系内容完善，提供丰富的案例与实操指导。每个章节间既有独立性又有关联性，通过创业相关基础理论介绍、创业技能训练指导、创业案例分析，达到创新创业理论与技术深度学习的目的。

本书既可作为创新创业教育公共基础课程的教材，也可为社会上的创业者提供理论与技术指导。

本书对应的彩色图样、教学视频可访问课程资源网站http://video.xijingjpk.com/enterprise/进行下载；电子课件、习题答案和实例源文件可以到http://www.tupwk.com.cn/downpage网站下载，也可扫描前言中的二维码获取。

图书在版编目(CIP)数据

大学生创新创业教育：基于互联网+视角 / 杜永红，梁林蒙 主编. —2 版. —北京：清华大学出版社，2019
（2021.8重印）

(高等院校公共基础课规划教材)

ISBN 978-7-302-53044-2

Ⅰ. ①大… Ⅱ. ①杜… ②梁… Ⅲ. ①大学生－创业－高等学校－教材 Ⅳ. ①G647.38

中国版本图书馆 CIP 数据核字(2019)第 094674 号

责任编辑：胡辰浩　高晓晴
封面设计：周晓亮
版式设计：孔祥峰
责任校对：牛艳敏
责任印制：沈　露

出版发行：清华大学出版社

网　　　址：http://www.tup.com.cn，http://www.wqbook.com
地　　　址：北京清华大学学研大厦 A 座　　　　邮　　编：100084
社 总 机：010-62770175　　　　　　　　　　邮　　购：010-62786544
投稿与读者服务：010-62776969，c-service@tup.tsinghua.edu.cn
质 量 反 馈：010-62772015，zhiliang@tup.tsinghua.edu.cn

印 装 者：北京鑫海金澳胶印有限公司
经　销：全国新华书店
开　本：185mm×260mm　　印　张：15.75　　字　数：393 千字
版　次：2016 年 8 月第 1 版　　2019 年 10 月第 2 版　　印　次：2021 年 8 月第 2 次印刷
印　数：3001～4000
定　价：69.00 元

产品编号：081224-02

前　言

在"大众创业、万众创新"的大背景下，大学生创新创业教育成为经管类、工学类、理学类等众多专业课程体系中的公共基础课。本书从技术层面，激发学生的创业兴趣和潜能，能够有效地提升大学生的创新创业能力，为大学生高质量就业和高水平创业提供良好的技术支撑。

本书学术价值

本书第一版自 2016 年问世以来，受到众多高校和广大读者的热烈欢迎，多次印刷，被多所高校指定为创新创业教育的必选教材。随着互联网技术日新月异的变化，本次修订增加了更多实用的网络创新创业技术，期望读者通过学习能够在创新创业之路上走得更远。

本书编写特色

内容新颖全面

本书以"互联网+创新创业人才培养"为特色进行编写，从理论基础到专业技能再到创业实践，多维度构建全书的课程体系。紧贴创新创业教育人才培养能力需求，精心策划全书内容。

实用价值较高

全书侧重"干货"技能的讲述，知识简单易懂、入门快，降低创业相关专业技能的学习成本。其中，基于 ECShop 的网上商城搭建、基于 PHPWEB 的网站搭建、微信小程序开发等，被当下众多创业团队及创业企业所采用。

教学资源丰富

本书提供丰富的教学资源，除全套 PPT 教学课件外，还包括"互联网+"大学生创新创业大赛、全国大学生电子商务"创新、创意及创业"挑战赛等众多优秀创业项目案例组成的创业项目案例库，在创业技术应用篇还增加了编者的视频教程，可有效提高读者的学习效率。

本书由杜永红、梁林蒙担任主编；杨彩霞、刘瀚、罗正荣、张俊利担任副主编。全书共分为 10 章，由杜永红教授总体策划，各章编写人员及分工如下：杜永红编写第 1 章、第 2 章，梁林蒙编写第 3 章、第 4 章，杨彩霞编写第 5 章、第 6 章，罗正荣编写第 7 章，刘瀚编写第 8章、第 9 章，张俊利编写第 10 章。此外，秦效宏、史高峰、刘啸、王冬霞、马春紫、文小森、马静、张惠、危小波、毛展展、梁庆军、郭文霞、鲍珊等参与了本书的编写，以及电子课件制作、案例编写、视频录制、MOOC 网站建设等工作。全书由梁林蒙老师总纂。

　　书中用到的电子课件、习题答案、实例源文件、彩色图样、教学视频可访问课程资源网站 http://video.xijingjpk.com/enterprise/进行下载。

　　本书对应的电子课件、习题答案和实例源文件可以到 http://www.tupwk.com.cn/downpage 网站下载，也可扫描右侧二维码获取。

　　本书在编写过程中，参考了大量同类教材、著作和期刊等，限于篇幅，恕不一一列出，特作说明并致谢。由于受时间、资料、编者水平所限，书中难免存在不足之处，恳请同行专家及读者指正。我们的电话是 010-62796045，信箱是 huchenhao@263.net。

教学资源下载

编　者

2019 年 6 月

目　　录

第1篇　创业基础知识 / 1

第1章　创业概述 ……………………3
1.1　初识创业 ………………………3
　1.1.1　创业的含义 …………………3
　1.1.2　创业者类型分析 ……………4
　1.1.3　创业的常见模式 ……………5
　1.1.4　创业的常见发展阶段 ………6
　1.1.5　创业的注意事项 ……………6
　1.1.6　创业的思维误区 ……………8
1.2　大学生创业 ……………………9
　1.2.1　大学生创业优劣势分析 ……10
　1.2.2　大学生创业面临的问题 ……10
　1.2.3　大学生创业的几种模式 ……11
　1.2.4　国家鼓励大学生创业的政策……12

第2章　创业十问 ………………15
2.1　创业前期的自我测评 …………15
　2.1.1　你的创业动机是什么 ………15
　2.1.2　你是否适合创业 ……………19
　2.1.3　创业者应该具备哪些素质……21
　2.1.4　创业者的必备技能 …………22
2.2　创业过程的难题分析 …………23
　2.2.1　创业者的无形资本 …………23
　2.2.2　选择正确的创业方向 ………25
　2.2.3　创业的基本流程是什么 ……26
　2.2.4　如何组建优秀的创业团队……28
　2.2.5　如何打造商业模式 …………28
　2.2.6　创业初期如何融资 …………32

第2篇　创业营销推广/ 37

第3章　社会化网络营销 ………39
3.1　搜索引擎优化 …………………39
　3.1.1　搜索引擎运行机制 …………40
　3.1.2　搜索引擎优化简介 …………40
　3.1.3　搜索引擎优化相关专业术语……41
　3.1.4　站点排名影响因素分析 ……41
　3.1.5　搜索引擎无法优化的网站
　　　　 特征 ………………………42
　3.1.6　搜索引擎优化步骤 …………42
　3.1.7　搜索引擎优化案例 …………43
3.2　微博营销 ………………………45
　3.2.1　微博营销简介 ………………45
　3.2.2　微博营销流程 ………………46
　3.2.3　微博营销技巧 ………………50
　3.2.4　微博营销案例 ………………52
3.3　微信公众平台 …………………54
　3.3.1　微信公众平台使用 …………54
　3.3.2　微信公众平台开发接口简介……57
　3.3.3　微信公众平台功能开发 ……58
3.4　互联网广告营销模式 …………72
　3.4.1　互联网广告营销模式 ………72
　3.4.2　CPS网盟模式 ………………73
　3.4.3　阿里妈妈与返利网 …………74

第4章　视觉营销与平面设计 …77
4.1　"互联网+"时代的视觉营销……77
　4.1.1　视觉营销 ……………………77
　4.1.2　互联网视觉营销案例 ………78

4.1.3 互联网视觉营销策略⋯⋯⋯82

4.2 基于Photoshop的平面设计⋯⋯83

4.2.1 Photoshop CC简介⋯⋯⋯83

4.2.2 Photoshop CC工作界面及

功能组成⋯⋯⋯⋯⋯⋯84

4.2.3 Photoshop PSD模板实例⋯⋯85

4.3 基于After Effects的视频特效⋯⋯89

4.3.1 After Effects CC工作界面

及常用面板⋯⋯⋯⋯⋯89

4.3.2 After Effects基于模板的

二次修改⋯⋯⋯⋯⋯⋯93

4.3.3 After Effects影视输出⋯⋯94

第3篇 创业技术应用 / 97

第5章 创业与技术⋯⋯⋯⋯⋯⋯99

5.1 创业与技术之间的关系⋯⋯⋯99

5.1.1 技术的意义与价值⋯⋯⋯99

5.1.2 我想创业，但不懂技术

怎么办⋯⋯⋯⋯⋯⋯100

5.1.3 我想创业，但只懂技术

怎么办⋯⋯⋯⋯⋯⋯101

5.2 项目负责人应掌握的技术

常识⋯⋯⋯⋯⋯⋯⋯⋯102

5.2.1 项目负责人忌不懂技术⋯⋯102

5.2.2 项目负责人懂技术的优势与

劣势⋯⋯⋯⋯⋯⋯⋯102

第6章 "互联网+"时代创业技术⋯⋯105

6.1 网站建设流程分析⋯⋯⋯⋯105

6.1.1 网站规划⋯⋯⋯⋯⋯⋯106

6.1.2 网页设计原则⋯⋯⋯⋯107

6.1.3 网站程序⋯⋯⋯⋯⋯⋯108

6.1.4 网站测试⋯⋯⋯⋯⋯⋯111

6.1.5 域名申请⋯⋯⋯⋯⋯⋯116

6.1.6 Web服务器的选择⋯⋯⋯119

6.1.7 域名解析与DNS⋯⋯⋯123

6.1.8 网站上传与发布⋯⋯⋯128

6.1.9 网站维护和更新⋯⋯⋯130

6.1.10 网站推广⋯⋯⋯⋯⋯131

6.2 网站建设辅助工具⋯⋯⋯⋯131

6.2.1 浏览器：Firefox⋯⋯⋯131

6.2.2 代码编辑器：Notepad++⋯136

6.2.3 浏览器兼容性测试：

IETester⋯⋯⋯⋯⋯139

第7章 网站建设：ECShop 搭建

网上商城⋯⋯⋯⋯⋯⋯141

7.1 ECShop网店商城系统概述⋯⋯141

7.1.1 为什么选择基于ECShop

搭建商城网站⋯⋯⋯141

7.1.2 ECShop网店与淘宝开店的

区别⋯⋯⋯⋯⋯⋯⋯142

7.2 ECShop源码安装⋯⋯⋯⋯⋯144

7.3 ECShop后台管理⋯⋯⋯⋯⋯146

7.4 ECShop基于模板的网站开发

实例⋯⋯⋯⋯⋯⋯⋯⋯151

7.4.1 ECShop网站模板的使用⋯⋯152

7.4.2 ECShop网站模板设置⋯⋯154

第8章 基于 PHPWEB 程序搭建

企业门户⋯⋯⋯⋯⋯⋯167

8.1 PHPWEB成品网站管理

系统概述⋯⋯⋯⋯⋯⋯167

8.1.1 PHPWEB系统概述⋯⋯⋯167

8.1.2 PHPWEB产品特色⋯⋯⋯168

8.2 PHPWEB源码选择及安装⋯⋯169

8.3 PHPWEB后台管理⋯⋯⋯⋯175

8.4 基于PHPWEB源码的企业

网站开发实例⋯⋯⋯⋯⋯176

第4篇 创业项目策划运营及案例分析 / 183

第9章 网络创业项目策划运营⋯⋯185

9.1 创业项目选择及实施⋯⋯⋯185

9.1.1 创业项目选择⋯⋯⋯⋯185

9.1.2 影响大学生网络创业项目

选择的因素⋯⋯⋯⋯187

9.1.3 创业项目实施⋯⋯⋯⋯188

9.1.4 商业计划书＋路演汇报⋯⋯190

9.2 创业竞赛⋯⋯⋯⋯⋯⋯⋯199

9.2.1 全国大学生创新创业训练
计划…………………………200
9.2.2 全国大学生电子商务"创新、
创意及创业"挑战赛…………203
9.2.3 中国"互联网+"大学生创新
创业大赛……………………208

第 10 章　大学生校园创新创业案例
分析…………………………211
10.1 "零点"农产品众筹平台………211
10.1.1 项目实施的目的、意义……212
10.1.2 项目研究内容和拟解决的
关键问题……………………213
10.1.3 项目研究与实施的基础
条件…………………………214
10.1.4 项目简介…………………215
10.2 "农乐宝"——农村电商
B2B2C 服务平台商业模式
研究与运营实践………………219

10.2.1 项目实施的目的、意义……220
10.2.2 项目研究内容和拟解决的
关键问题……………………221
10.2.3 项目研究与实施的基础
条件…………………………223
10.2.4 项目实施方案……………225
10.3 微米级微小零件尺寸测量
系统…………………………228
10.3.1 执行总结…………………229
10.3.2 产品与服务………………230
10.3.3 市场分析…………………232
10.3.4 竞争分析…………………236
10.3.5 经营及营销策略……………238
10.3.6 财务分析…………………239
10.3.7 风险及应对方案……………241
10.3.8 公司结构…………………241

参考文献…………………………243

第 1 篇

创业基础知识

　　本篇包含两章内容，分别为"创业概述"和"创业十问"。通过介绍创业的基本概念及自问测评的形式，考察创业者自身对创业的认识和了解。通过本篇的学习，读者可以掌握创业的基础理论、基本流程，以及创业团队的组建、商业模式的打造、创业资金的筹措等。

第 1 章

创 业 概 述

学习背景

随着信息化时代的不断发展，电子商务作为一种时代趋势，就像一场龙卷风席卷世界，在为人们带来快捷与便利的同时，也使商圈发生了巨大变革。据统计，2017年电商交易额达29.16万亿元，同比增长11.7%；2018年网络交易量飙升，交易额大幅增长，突破30万亿元！电子商务是信息化时代发展的大趋势，淘宝"双十一"、京东6•18，每一次"网络庆典"都是一场消费数据纪录的刷新，而商家们也为此赚得钵满盆满！互联网的迅速发展，极大地降低了创业的门槛，也掀起了一股新的创业浪潮，而大学生正是这股浪潮中的佼佼者。

学习目的

1. 了解创业的基本概念。
2. 明确创业的目的和意义。
3. 了解创业对大学生能力的要求。
4. 了解大学生创业失败的常见原因。

1.1　初　识　创　业

1.1.1　创业的含义

1. 创业的基本概念

创业是指创立基业或创办事业，也就是自主地开拓和创造业绩与成就，是愿意吃苦、有创新精神的人，通过整合资源、捕捉商机，并且把商机转化为盈利模式的过程。创业有广义和狭义之分：狭义的创业是指创业者的生产经营活动，主要是开创个体和家庭的小业；广义的创业是指创业者的各项创业实践活动，其功能指向是成就国家、集体和群体的大业。

2. 创业专家释义

杰弗里·提蒙斯(Jeffry A.Timmons)所著的创业教育领域经典教科书《创业创造》(*New Venture Creation*)给创业赋予了这样的定义：创业是一种思考、推理，并结合运气的行为方式，它为运气带来的机会所驱动，需要在方法上全盘考虑并拥有和谐的领导能力。

科尔(Cole)把创业定义为：发起、维持和发展以利润为导向的、企业的、有目的性的行为。

史蒂文森(Stevenson)、罗伯茨(Roberts)和古鲁斯贝克(Grousbeck)提出：创业是一个人——不管是独立的还是在一个组织内部，依靠运气追踪和捕捉机会的过程，这一过程与其当时控制的资源无关。

1.1.2 创业者类型分析

《科学投资》杂志曾经对上千例创业者的案例进行分析，发现创业者基本可以分成如下几种类型。

1. 生存型创业者

生存型创业者大多为下岗工人、失去土地或因为种种原因不愿困守乡村的农民，以及刚刚毕业找不到工作的大学生。这类创业者成为中国数量最大的一个创业群体，占中国创业者总数的90%。这些创业者的主要目的是谋生、混口饭吃。一般创业的范围局限于商业贸易，少量从事实业，大多数是规模较小的加工业。

2. 变现型创业者

变现型的创业者一般分为两种：一种是过去在党、政、军、行政、事业单位中拥有一定权力；另一种是在国企、民营企业担任经理等重要岗位，并且任职期间积累了大量的社会资源及人脉资源，在遇到机会，或时机适当的情况下开办公司或企业。

在20世纪80年代末至90年代中期，第一种类型的创业者较多；现在则以第二种类型的创业者为主。

3. 主动型创业者

主动型创业者可细分为两种：一种是盲动型创业者；一种是冷静型创业者。盲动型创业者大多极为自信，做事冲动。这种类型的创业者，往往也是博彩爱好者，喜欢买彩票、希望以小博大，而且不太喜欢检讨成功概率。这样的创业者较容易失败，但如果能够成功，往往能成就一番大事业。冷静型创业者是创业者中的精华，其特点是谋定而后动，不打无准备之仗，或是掌握资源，或是拥有技术，一旦行动，成功的概率通常都会很高。

1.1.3　创业的常见模式

创业是复杂而灵活的，创业者必备的基本素质就是把握创业的机遇，既能承担风险，又要具有创造性。创业是自身价值的实现，同时又需要投入必要的时间和精力，那么在如今的环境中，都有哪些常见的创业模式呢？

1. 网络创业

网络创业即有效利用网络资源进行创业。网络创业主要包括两种形式：网上开店，即在淘宝、京东等网络商城注册成立网络商店；网上加盟，以某个电子商务网站门店的形式经营，利用母体网站的货源和销售渠道。

2. 兼职创业

兼职创业即在工作之余再创业。例如，教师、培训师可选择作为兼职培训顾问；业务员可兼职代理销售其他产品；设计师可自己开设工作室；编辑、撰稿人员可向媒体、创作方面发展；会计、财务顾问可代理做账、理财；翻译可兼职口译、笔译；律师可兼职法律顾问和事务所；策划师可兼职广告、品牌、营销、公关等咨询工作。此外，还可以选择特许经营加盟、顾客奖励计划等。

3. 团队创业

团队创业是指有共同兴趣或者具有资源互补性的成员组成团队进行创业。事实证明，如今社会发展迅速，创业环境也在不断变化，在这种情况下团队创业成功的概率要远高于个人独自创业。一个由研发、技术、市场融资等各类人才组成、优势互补的创业团队，是创业成功的法宝，对于高科技创业企业来说更是如此。

4. 大赛创业

大赛创业即利用各种商业创业大赛，获得资金提供平台，如雅虎(Yahoo)、网景(Netscape)等企业都是从商业竞赛中脱颖而出的，因此大赛创业也被形象地称为"创业孵化器"。表 1.1 列示了一些国内具有一定规模的、常见的创业大赛。

表1.1　国内常见的创业大赛

序号	名称	主办方
1	"挑战杯"全国大学生系列科技学术竞赛	团中央、教育部等部委及省级政府
2	中国"互联网+"大学生创新创业大赛	教育部
3	全国大学生电子商务三创挑战杯	教育部高等学校电商专业教学指导委员会
4	全国大学生网络商务创新应用大赛	中国互联网协会
5	中国创新创业大赛	科技部、教育部、财政部

5. 概念创业

概念创业即凭借创意、点子、想法进行创业。当然，这些创业概念必须标新立异，至少在打算进入的行业或领域中是一个创新，只有这样，才能抢占市场先机、吸引风险投资商的眼球。同时很重要的一点，这些超常规的想法还必须具有可操作性。

6. 内部创业

内部创业是指在企业的支持下，有创业想法的员工承担公司内部的部分项目或业务，并且和企业共同分享劳动成果的过程。这种创业模式的优势是创业者无须投资就可获得充足的资源，这种"大树底下好乘凉"的创业方式优势明显，受到很多创业者的青睐。

1.1.4 创业的常见发展阶段

1. 生存阶段

生存阶段是以产品和技术来占领市场，在这一阶段，创业者只要有创业的想法，产品或技术有市场，就能够打开一定的销售渠道，并占据一席之地。

2. 公司化阶段

公司化阶段是以规范化的管理来增加企业效益，这一阶段需要创业者将创业的想法提升到思考的高度，而原先单一的销售关系就转变成多渠道的建设，公司的销售逐渐转变，依靠渠道来完成，团队初步形成。

3. 集团化阶段

在集团化阶段依靠的是企业的硬实力，即产业化的核心竞争力，整个集团和子公司形成系统平台，依靠不同的团队，通过系统平台来完成管理。在此阶段销售变成了营销，区域性渠道转变成多个地区性的网络，从而形成成熟的企业销售系统。这是许多创业者梦想达到的状态。

4. 集团总部阶段

集团总部阶段是一种无国界的经营，俗称跨国公司。集团总部的系统平台和各子集团的运营系统形成一个体系。集团总部依靠的是一种可跨越行业边界的无边界核心竞争力(软实力)；子集团形成的是行业核心竞争力(硬实力)。这样将使集团在其所在行业取得它们在单兵作战的情况下无法取得的业绩水平和速度。这也是企业发展所能追求和达到的最高境界。

1.1.5 创业的注意事项

1. 积极利用现有资源

不少在职人员都选择了与工作密切相关的领域进行创业，工作中积累的经验和资源是最宝贵的创业财富，要善于利用这些资源。

切不可乱用资源，在职创业人员不能将个人生意与单位生意混淆，更不能因个人利益而损害公司的利益，否则不仅要冒道德上的风险，甚至可能会受到法律的制裁。

2. 寻找合作伙伴

一些上班族具备投资资金或有一定的业务渠道，但苦于分身无术，因此会选择合作经营的创业方式。这种方式虽能够分担兼职创业人员的压力，但要慎重选择合作伙伴，首先要志同道合，其次要相互信任。此外，与合作伙伴之间的责、权、利一定要分清，最好形成书面文字，有合作双方和见证人的签字，以免发生纠纷时空口无凭。

3. 细致准备必不可少

创业是一项庞大的工程，涉及融资、选址、营销等诸多方面，因此在职人员创业前，一定要进行细致的准备。通过各种渠道增强创业所需的基础知识；根据自己的实际情况选择合适的创业项目，为创业开一个好头；撰写一份详细的商业策划书，包括市场机会评估、赢利模式分析、开业危机应对等，并摸清市场情况，知己知彼，打有准备之仗。

4. 尽量利用相关政策

政府部门会颁布一些鼓励创业的政策，创业者一定要注意充分利用这些政策，如免税优惠、在某地注册企业可享受比其他地区更优惠的税率等。这些政策可大大减少创业初期的成本，同时也有效降低创业风险。

5. 经商之道，以计为首

商业经营活动，从表面上来看好像是一种仅仅同物质打交道的经营活动。但是，透过现象看本质，如今的商业经营活动实质上已经变成了一种智力角逐，是一场"斗智斗勇"的"智力游戏"，是人与人之间的谋略大比试。正如古代军事家所说的"用兵之道"一样，经商之道也应该"以计为首"。面对激烈的市场竞争，创业者一定要找准自己的立足点和切入点，只有这样才能站稳脚跟、生存下来、谋取利益、发展壮大。因此创业者必须首先考虑如何运用自己的商业智慧制定全面系统的、可执行的、可操作的，以及切实有效的经营策略和实施方案，确保每战必捷，战无不胜。

6. 应对失误

创业者在创业过程中可能因为某项决策不合理而导致经营失败；可能会因为疏忽等原因造成损失，如因发错货物、服务不周等导致失去客户。当创业者的决策和经营失误时，不要对失误过于在意。作为创业者，要具备承受不良后果的心态和气度，对于已出现的失误，要接受事实，并从中吸取教训，避免再次发生同样的问题。

7. 不要被胜利冲昏头脑

当创业者依靠好创意、合适的时机、良好的业务关系等取得了一定的成绩时，切记不要被阶段性的胜利冲昏头脑。在之后的业务中依然要保持谨慎的态度，特别是在资金投入、运营管理等对企业很重要的方面。

1.1.6 创业的思维误区

1. 行业饱和，竞争加剧，全民都创业，哪能创成业

在"创业时代"，越来越多的人加入创业大军，有些人是为了实现自身价值，有些人是为了提高生活水平，而有些人仅仅是因为找不到适合的工作。就在这种人人皆可创业的环境下，致使行业饱和，竞争加剧，这也对创业者的素质提出了越来越高的要求。经济的快速持续增长，为创业者提供大量机会，创业者的发展空间很广；而与此相应的，竞争程度加剧，对创业者的创业精神和创新能力也提出了更高的要求。有人认为在这样激烈的竞争中，已没有较好的创业机会和发展空间，但如今科技、生活等方面面都发生着剧烈的变化，更有政府和金融机构为创业者提供资金和技术支持，创业外因已经具备。创业者要做的是抓住机遇，对市场进行研究和细分，找到自身生存发展之路，在创业中实现自我价值和社会价值。

2. 别人怎么干，我就怎么干

大多数创业者都没有自主创业的实践经验。无论是生存型创业，还是机会型创业，创业者常常不知道选择什么项目、怎么创业，于是，一些急于求成的创业者认为，复制别人的创业经验和方法是一条捷径。可这么做的结果，往往是人家创业成功，自己创业却失败。原因在于，创业是组合劳动、知识、技术、管理、资本等生产要素，进行创造性的生产活动。任何一个创业者，选择任何一种创业项目，最重要的是明确自己的优势，即自己熟悉的、有资源的、具备销售渠道和管理能力的行业。

3. 创业如同赌博，创业者就是赌博者

有些人创业热情很高，创业动力很强，可就是创业之路不顺畅。原因是这类创业者不够理智，认为创业就是一种赌博，凭的就是运气。这类创业者投资某一项目，不是进行周密的市场调查和预测，而是凭一时兴起。其实，很多成功的创业者会预期风险，并且通过各种方式分担、避免风险或最小化风险。他们常常把风险降低到可接受、可消化的范围，然后才肯付出时间和资源进行创业。

4. 跟着成功的大企业走不会有错

有些创业企业为了实现快捷发展、做大做强的目标，往往不从自身规模小和创办时间短的实际出发，盲目套用大公司的成功经验，认为选择这一路径不会有错，完全按照大公司的模式来打造自己，成立了过多的部门和科室，使机构臃肿、决策缓慢、执行力不强，反而失去了小企业自身机动、灵活的优势。

5. 拥有足够资金，创业一定不会失败

创业只要有资金就不愁发大财，这是很多创业者的认知。诚然，资金是创业成功非常重要的条件，但是，拥有足够的资金就一定能创业成功吗？现实情况表明，如果企业创业初期资金过于充分，常常会给企业管理者和员工造成安乐感，而随意地、缺乏约束地、冲动地花费通常会给企业带来严重的问题。钱对于创业者而言是一把双刃剑，只有被适当地掌握，才能发挥其

应有的作用，决定创业成功的关键因素更多的是创业者的素质。

6. 一口吃成胖子，一两年就指望企业做大做强

许多创业者都想在短期内取得成功，想让自己的企业快速发展。但是，创业不是赌博，创业企业都是由小到大逐步成长的。几乎没有一家新企业可以在少于3~4年的时间里打牢基础。欲速则不达，企业的成功和发展无一不是靠扎实务实、诚实守信实现的。

7. 单枪匹马创业

大量创业事例告诉我们，独自创业的人员通常只能维持生计，要想单枪匹马地发展一家高潜力的企业是极其困难的。最成功的创业者通常是组建自己的团队，与同事、顾问、投资者、重要顾客、关键供应商等都要保持有效的工作关系。有的人创建企业，总想完全拥有整个公司的所有权和控制权，这种想法只会限制企业的成长。创业者应有开阔的眼界、广阔的胸怀，要多寻求与人合作的机会，也只有如此才能吸收更多的创业资源和人才，走出自身认知的局限性，发挥每个人的所长，为企业的发展提供更多的思路和更大的空间。

8. 贪多

很多创业者在创业初期一味贪多，所经营的项目多甚至跨行业，认为这样的投资方式涉及面广，且比较保险。殊不知投资战线拉长并不等于回报就多，因为受到资金、技术、管理等要素的制约，可能会分散精力，而精力不集中正是创业的大忌。小而专、小而新、小而特是创业者的理智选择。小项目、小产品通过产业集聚，照样可以做大做强，创业者一定要集中精力，瞄准一个目标，对其进行深入的分析、开发和经营，全力以赴，做深、做透，相信会取得不错的成绩。

9. 创业者必须是年轻人

年轻人更具备创业的优势，年轻就是资本，有冲劲儿、有活力，显然这些都是有助于创业成功的因素，但年龄绝不是创业的障碍。创立高潜力企业的创业者，其平均年龄是35岁左右，不过六十几岁才开始创办企业的创业者也为数不少。关键是要掌握相关的技术、经验、关系网，这些有助于创业者识别和捕捉商机。创业没有年龄界限，只有创业者的素质高低；创业不分早晚，创业成功也不取决于年龄。

1.2　大学生创业

据调查报告显示，创业者这一群体主要是由在校大学生和大学毕业生组成。现今大学生创业问题越来越受到社会各界的密切关注，因为大学生经过多年的教育，往往背负着社会和家庭的期望。而在现今经济环境和就业形势并不稳定的情况下，创业也自然成为一种新型的大学生就业方式。

在创业人群中，大学生创业者还具备自身的特点，本节将详细介绍大学生创业存在的优势和劣势，希望能够给创业者们一些帮助，为其找到自身的准确定位。

1.2.1　大学生创业优劣势分析

1. 大学生创业的优势

(1) 具有本科或研究生程度的文化水平，比较有领悟力。

(2) 自主学习知识的能力强。

(3) 接受新鲜事物快，甚至是潮流的引领者。

(4) 思维活跃，敢想敢干。

(5) 能够利用互联网了解对创业有价值的信息。

(6) 有自信，对认准的事情充满热情。

(7) 年纪轻，精力旺盛，可承受较大的工作强度和精神压力。

(8) 暂无家庭负担，创业还可能获得家庭或家族的支持。

2. 大学生创业的劣势

(1) 缺乏社会经验和职场经历，尤其缺乏人际关系和商业网络。

(2) 缺乏真正有商业前景的创业项目，许多创业点子经不起市场的考验。

(3) 缺乏商业信用，在校大学生信用档案还未与社会接轨，导致融资借贷困难重重。

(4) 喜欢纸上谈兵，创业设想不能很好与市场结合，市场预测普遍过于乐观。

(5) 好高骛远，看不起蝇头小利，往往大谈"第一桶金"，不谈赚"第一分钱"。

(6) 独立人格没有完全形成，过于依赖他人，缺乏对社会和他人的责任感。

(7) 心理承受能力差，遇到挫折容易放弃。

(8) 在社会文化和商业交往中，年轻人往往不容易得到信任。

1.2.2　大学生创业面临的问题

1. 切入口难找

据了解，目前很多应届大学毕业生都有自主创业的想法，但苦于找不到适合自己的项目，很多毕业生不知如何将自己所学的知识和经济效益联系在一起，不知如何在社会上找到一块新的"自留地"来证明自己的能力，并创造出经济价值。

2. 资金不足

大学生自主创业，资金也是困扰他们的一大难题。大学生上学时的经济来源是父母，而大多数家庭的经济条件无法为孩子提供创业资金。虽然政府有政策支持，大学生自筹资金不足部分可以按规定申请小额担保贷款，但优惠政策中的贷款金额太少，办理手续烦琐也是困扰大学生筹措资金的问题。

3. 社会经验少

大学生经过了十几年的学校教育，在此过程中与社会接触的机会很少，如果毕业后选择自主创业，可能在社会经验方面会有所欠缺。对此，大学生可以借助一些测评工具对自身的创业条件进行分析，比如承担风险的能力、创新的能力、决策的能力和领导能力；还要做好市场调查和分析，准确掌握市场信息；做好市场预测，建立经营思路，设计市场进入策略等。这对于一个刚刚走出"象牙塔"的大学生来说，也是个不小的考验。

4. 管理能力差

虽然在很多大学生创业的企业中都有自己的管理团队，其成员中不乏名校毕业的专业高才生，但大多数公司的管理能力还是相当薄弱的。在这类公司中，组成成员多是要好的朋友，这虽有助于组织的和谐氛围，却加大了管理的难度。而另一方面，虽然团队的管理人员学历很高，却大多缺乏实际的操作经验，在短时间内无法进行有效的管理。

5. 缺乏人脉

广泛有效的社会关系是创业的保障，一个初期开办的公司，往往需要得到各方面的帮助和支持。"天时、地利、人和"，创业者需要在社会环境中调动一切有利的因素。相比社会创业者，大学生创业者欠缺的是广泛的人脉关系，而这也使大学生在竞争中常常处于不利地位。

1.2.3 大学生创业的几种模式

创业模式一：放弃学业拣起职业

创业故事：谁说我不是好孩子

陆彤是上海某大学的肄业生，自由撰稿人。

"我是保送进大学的，读的是师范院校，将来要当数学老师。我只念到大二，当时不知道哪里不对，很不愿意继续念书了，请病假请了 6 个月，还是调整不过来，最后申请调专业，学校没同意，我就退学了。"

陆彤的家境比较好，她每月拿着父母给的 1000 元零用钱，并且在衡山路附近开了家小书店。有时，她给报纸、杂志写写稿件，最后瞄准了一个网络文学库，成了自由撰稿人，月收入不固定，年收入在 6 万元左右。

创业模式二：从第二职业开始创业

创业故事：积累了不少人脉关系

王先生今年 29 岁，是浦东某律师事务所的股东之一。

"我毕业于华东政法学院，25 岁之前，我一直在政府部门工作，公务员，很稳定。从我上班的第一天开始，我就知道自己不会干很久的。当时创业的动力特别大，白天上班，晚上还要念经济课程。

25 岁以后，我和同学开始有差距了——那些一毕业就进律师事务所的同学还在当助理，手上的资源也很有限，我则积累了不少人脉关系，政策方面也比他们熟悉得多。当资源、人脉积累得差不多的时候，我辞职了。"

据了解，70%的大学毕业生都认为自己的第一职业只会维系在 5 年的时间内，只有两成人表示会坚持下去。尽管上海的自由职业者中，年龄在 20～30 岁的只占 5%左右，但显然这种先就业，然后在工作中积累经验的创业方式已经受到大多数人的认同。

创业模式三：直接进入角色

创业故事：你不知道我有多累

张志安现在还是复旦大学新闻学院的在读研究生，不过他的名片上已赫然印着"上海奇峰科技发展有限公司总经理"的头衔，他经营的网站名叫"老小孩"。

"1999 年下半年，网络经济在上海刚刚开始'火'，大大小小的网站似乎一夜之间冒了出来。我当时还在上学，业余时间在一家网站打工，老板给我月薪 3000 元。受到这段打工经历的鼓舞，同时也积累了一定的经济基础，我和几个同学决定为自己打工。'老小孩'的创意来自于一位校友的灵感——他父亲想学电脑，但没有人教。我们决定做别人没做过的事，创办一个网站，专门教老年人网络知识。"现在，"老小孩"网站已拥有了 10 个老年电脑培训教室。

1.2.4 国家鼓励大学生创业的政策

2015 年《国务院关于大力发展电子商务加快培育经济新动力的意见》提出一系列利好措施，鼓励电子商务领域的创业；国务院办公厅印发的《关于深化高等学校创新创业教育改革的实施意见》，全面部署深化高校创新创业教育改革工作。

国家多个部门共同出台创业新规，鼓励劳动者自主创业，通过创业带动整体就业。从就业政策上来讲，国家对大学生自主创业还是很支持的，目前主要以减免一些行政费用为主，比如，国家工商总局规定，高校毕业生从事个体经营的，1 年内免交 5 种行政费用。具体规定参考如下内容。

(1) 大学毕业生在毕业后 2 年内自主创业，到创业实体所在地的工商部门办理营业执照，注册资金(本)在 50 万元以下的，允许分期到位，首期到位资金不低于注册资本的 10%(出资额不低于 3 万元)，1 年内实缴注册资本追加到 50% 以上，余款可在 3 年内分期到位。

(2) 大学毕业生新办咨询业、信息业、技术服务业的企业或经营单位，经税务部门批准，免征企业所得税 2 年。新办从事交通运输、邮电通信的企业或经营单位，经税务部门批准，第一年免征企业所得税，第二年减半征收企业所得税。新办从事公用事业、商业、物资业、对外贸易业、旅游业、物流业、仓储业、居民服务业、饮食业、教育文化事业、卫生事业的企业或经营单位，经税务部门批准，免征企业所得税 1 年。

(3) 各国有商业银行、股份制银行、城市商业银行和有条件的城市信用社要为自主创业的毕业生提供小额贷款，并简化程序，提供开户和结算便利，贷款额度在 2 万元左右。贷款期限最长为 2 年，到期确定需延长的，可申请延期一次。贷款利息按照中国人民银行公布的贷款利率确定，担保最高限额为担保基金的 5 倍，期限与贷款期限相同。

(4) 政府人事行政部门所属的人才中介服务机构，免费为自主创业毕业生保管人事档案(包括代办社保、职称、档案工资等有关手续)2 年；提供免费查询人才、劳动力供求信息，免费发布招聘广告等服务；适当减免参加人才集市或人才劳务交流活动收费；优惠为创办企业的员工提供一次培训、测评服务。

📖 知识链接

北京市、上海市大学生优惠创业政策

北京市大学生优惠创业政策

根据北京市教委与市财政局联合公布的《北京高校大学生就业创业项目管理办法》，将对每个优秀大学生创业团队给予最多 5 万元奖励，对遴选出的"高校示范性创业中心"给予每校 50 万元的支持。

"大学生就业创业项目"包括"北京地区高校大学生创业园建设项目""北京高校示范性创业中心建设项目""支持北京高校大学生创新、创意、创业实践项目"。其中，"北京高校示范性创业中心建设项目"按照每个高校 50 万元标准给予支持，主要用于示范性创业中心建设校的创业教育与指导、创业教师培训、创业工作场地建设、大学生创业场地建设等；"支持北京高校大学生创新、创意、创业实践项目"按照每个创新创意实践团队支持额度不超过 5 万元、每个创业企业支持额度不超过 20 万元的标准补助。

上海市大学生优惠创业政策

据国家和上海市政府的有关规定，上海地区应届大学毕业生创业可享受免费风险评估、免费政策培训、无偿贷款担保及部分税费减免 4 项优惠政策，具体包括以下内容。

高校毕业生（含大学专科、大学本科、研究生）从事个体经营的，自批准经营日起，1 年内免交个体户登记注册费、个体户管理费、经济合同示范文本工本费等。此外，如果成立非正规企业，只需到所在区县街道进行登记，即可免税 3 年。自主创业的大学生，向银行申请开业贷款担保额度最高可达 7 万元，并享受贷款贴息。

上海专门设立了大学生创业"天使基金"。大学生创业贷款最高 30 万元，大学生开办企业可获 5 万~30 万元支持。"天使基金"下设两种创业资助计划："创业雏鹰计划""创业雄鹰计划"。分别以债权与股权两种方式，对青年创业者提供资金上的帮助，并提供相应的后续支持与服务。

注意：

各地政府鼓励政策的具体内容可以在当地政府部门及网站咨询获得最新资料，也可访问"新职业"(教育部大学生就业网)浏览相关政策最新动态。

复习与思考

1. 创业者主要由哪几种类型组成？其主要特点是什么？
2. 创业者在创业过程中需要着重规避的思维误区有哪些？
3. 大学生创业相对社会人士创业的优势和劣势分别是什么？
4. 你觉得大学生应该如何利用自身优势开展创业活动？

上机与实训

基于本章学习的内容，开展网络创业前期市场调研。根据自身实际情况及市场需要选择创业方向，并通过互联网进行目标市场和目标客户群体的调研，形成创业调研报告。

要求：不少于 1500 字。

第 2 章

创 业 十 问

学习背景

如今，大学生、企业员工、公务员、退休职工，越来越多的人前赴后继投身创业的浪潮之中，但是创业的人虽多，成功的却很少。究其原因，主要是"盲目"。绝大多数的创业失败者是在尚未了解自身、了解市场的情况下盲目地进行创业，其结果可想而知。

学习目的

1. 明确创业动机。
2. 根据自身优势和特色选择正确的创业方向。
3. 了解商业模式和融资相关知识。

2.1　创业前期的自我测评

2.1.1　你的创业动机是什么

1. 创业动机的含义

创业动机是指引起和维持个体从事创业活动，并使活动朝向某些目标的内部动力。它是鼓励和引导个体为实现创业成功而行动的内在力量。

2. 基于不同学历的创业动机比较

不同学历的创业者创业动机存在显著差异。学历高的创业者更多是机会型创业，趋向于为了开创事业的追求，把创业当作一项具有挑战性的工作对待；学历低的创业者以生存型创业类型为主导，更趋向于希望致富或为了生存的需要。

3. 大学生创业动机

根据美国研究机构 ErkkoAutio 的研究成果显示，创业的动机大体上可归纳为以下三类：对成就的需要、对独立性的偏好、改变家庭和个人的经济状况。

大学生的创业动机往往有一定的特殊性，归纳起来主要有以下四种类型。

1) 生存的需要

首先，个别家庭由于经济的原因，可能无法负担大学学费，而国家的助学贷款、奖学金制度也不能完全解决问题。在沉重的经济压力之下，一些学生为了完成学业，只好利用课余时间打工来维持正常的学习和生活开支。在打工的过程中，一部分具有创业素质的人可能会在工作中发现商机，并开始走上创业的道路。

其次，当前我国高校学生中，很多人的自理、自制能力较差，培养他们的独立性已经成为当务之急。目前已经有一部分学生开始独立承担自己的学习、生活费用，在他们中也产生了一定数量的创业先行者。这部分创业者通常都以学习经营、拓展人脉为主要目的，从事一些需要投入时间、精力较少的行业，对经济回报要求较低。

2) 积累的需要

一部分大学生为了增加自己的实践经验，丰富社会阅历，或者为了自身以后的发展或实现某个目标做好经济上的准备，在条件成熟的情况下也会利用课余时间走上创业的道路。这个类型的创业者往往以锻炼自身能力为目的，承受失败的能力较强。同时由于压力较小，失败和半途而废的比例也比较高。

3) 自我实现的需要

心理学研究表明，25~29 岁是创造力最为活跃的时期，这个年龄段的青年正处于创造能力的觉醒时期，对创新充满了渴望和憧憬。他们思维活跃、创新意识强烈，同时所受的约束和束缚较少，渴望突破自我、实现自我的需要也更为强烈。另外，由于大学生所处的环境，往往更容易接触一些新的发明和学术上的新成果，甚至一些人本身拥有具有自主知识产权的科研成果。为了早日实现自我价值，一部分大学生便开始了自己的创业生涯。

4) 就业的需要

当前，我国大学生的就业形势相当严峻，一方面表现为需求不足，另外一方面表现为大学毕业生的工资待遇较低。在这种情况下，为了得到自己满意的收入，一部分大学生也开始进行创业。

4. 大学生创业模式研究

大学生的创业模式，按照大学生参与创业的时间可以划分为以下三种：兼职创业、休学创业和大学毕业后创业。下面我们将分别讨论这些创业模式的特点和适用性，并且对这三种模式进行比较，以期为大学生在创业模式的选择上提供一些帮助和指导。

1) 兼职创业

(1) 兼职创业的形式。兼职型创业是指大学生在课余时间从事创业活动的创业模式。我国目前的大学生创业者对于这种模式倾向性很高，根据有关调查结果显示，大学生创业活动中此种模式的比例占98%以上。这种模式要求学生在创业的同时不能影响大学课程的学习，因此选取此种模式的创业者在创业活动中所涉及的行业,通常都是对创业者时间投入要求较灵活的行业,而创业者本人对于学习和创业的时间、精力安排必须合理,否则将会对学习和事业都造成影响。

(2) 兼职创业的情况如下。

① 创业的目的是为大学学习服务的,即大学生创业是为了更好地完成大学的学习而开展创业活动,通常可以归为两类:一是为了筹集学费而开展创业;二是为了锻炼自己的实践能力而开展创业。

② 大学生创业者因害怕创业的风险,为了给自己创业失败后多一种选择,因此选择了兼职型创业。

③ 迫于社会、家庭的压力,基于对家庭、社会的依赖,所以大学生在对创业模式进行选择时,往往需要征得家庭、社会的同意。

(3) 兼职创业模式的特点如下。

① 企业经营模式多样性。由于不仅要面对创业的风险和挑战,还要完成繁重的大学课程,创业者只能利用课余时间从事创业活动,而由于我国的教育体制不灵活的原因,所创企业的运营模式只能根据创业者的学业情况进行调整。

② 企业组织形式多样性。一方面这是因为创业资本来源的多样性造成的;另一方面由于大学校园相较于社会的相对独立性,一些创业者的创业活动仅局限其中甚至没有正规的法律形式。

③ 创业企业的平均科技含量较低。这一方面是由我国创业大学生的整体现状决定的;另一方面在校大学生尤其是低年级学生的专业技术知识不完备也是一个重要的原因。

2) 休学创业

(1) 休学创业的形式。休学创业是指学生为了创业而申请休学从事创业活动的一种模式。这种模式受教育体制的影响较大,因为我国高校中现在还有很大一部分实行的是学年制或不完全学分制,学生由于创业提出的休学申请很难获得批准。这种现状的改变还需要社会、学校进一步加强对大学生创业的认识,深化我国教育体制改革。目前我国创业的大学生中采用此种模式的比例很小,选择这种模式的大学生不仅要面对创业的风险和挑战,还要应对周围环境的压力。在创业过程中要有充分的应对风险和困难的准备。这部分创业者如果创业失败,还可以回到大学继续读书,这种模式也可以称之为缓冲模式,即创业大学生在休学期内通过自己的实践和创业企业的发展能更有针对性地对创业模式做出选择。

(2) 休学创业模式的特点如下。

① 创业大学生有较为充裕的时间和精力进行创业。休学可以为大学生创业者提供更为充足的时间和精力,这对于创业的成功是大有裨益的。

② 创业者承受失败的能力相对较强。

③ 可变性,由于休学的时间限制,最终大学生创业者还要根据学业和创业情况,在两种模式之间做出选择。

3) 大学毕业后创业

(1) 大学毕业后创业的形式。这种模式是指大学生在结束大学课程之后走上创业的道路。选择此种模式的大学生其动机通常都是出于自我实现或就业的需要。这种模式不会影响创业者的学业,他们在接受高等教育的过程中实践能力、自身知识水平等各方面的素质也会有较大提高。由于自身素质较高，其在创业的过程中可选择范围也较大。这对创业者的成功能够起到很大的作用。从大学生的从业意义角度来讲，这种模式的大学生创业对于社会经济发展和缓解大学生就业压力有积极的作用。因此，这种模式是我国应该大力提倡并推出相应政策加以引导的。

(2) 大学毕业后创业的特点如下。

① 对高等教育没有冲击。

② 创业企业的组织形式、经营模式相对稳定。大学生毕业后创业直接面对市场经济的机遇和挑战，正规的企业形式是不可或缺的，因此选用此种模式要求创业者必须提高自己的管理技能。

③ 创业企业普遍技术含量较高。大学生在接受完大学教育之后，自身的专业技能、社会实践能力都有很大的提高，使得利用自有技术创业的可能性得以增大，同时对于相关技术领域的发展也会有更好的把握，这提高了创业企业利用先进技术的可能性。

5. 大学生创业动机与创业模式之间的关系

大学生是大学生创业的主体，也是创业模式的最终决定者。因此，创业者的个人动机会对模式的选择产生很大的影响。具体来说，大学生创业模式选择的核心问题是大学生如何有效地达到自己的创业目的，而其中的有效性表现在创业目的与进入大学目的的统一性。所以首先我们来分析大学生上大学的目的。从短期目标来看，大学生进入大学是为了掌握更高层次的文化知识、提高自己的专业实践能力。但是从进入大学的最终目标来讲，包括大学学习在内，青年阶段所有形式和内容的学习均是为了提高自身的素质，从而掌握未来参加社会竞争的手段和方法，并以此为社会的发展和进步贡献自己的力量。从经济学的角度来讲，大学期间人力和财力的投入是为了获得将来参与社会竞争时的收益，因此大学生在创业的预期收益超过大学学习预期收益的时候，就会选择部分或全部占用大学时间进行创业。

某大学针对大学生创业进行了一次问卷调查，共发放问卷 200 份，有效问卷 195 份。被调查对象涉及理、工、管理三个学科的在校大学生。被调查男、女比例为 130∶65。其中，高年级与低年级的比例为 47∶148。调查的内容主要包括以下几个方面：大学生的创业态度、大学生的创业模式、大学生创业的困难及需要提供的帮助、大学生的创业动机。调查结果如下。

从对创业的态度来看：70.4%的学生支持大学生的创业活动，23%的学生不支持大学生的创业活动，其余 6.6%的被访者表示中立。自己有创业愿望的学生为 21.4%。

对大学生创业成功率的估计：77.5%的学生认为成功率不高，22.5%的学生认为成功率极低。

对大学生创业失败的看法：66.3%的学生认为是正常的，32%的学生认为大学生创业的自身条件尚未成熟。

创业存在的困难：51.4%的学生认为创业最缺的是资金，33.7%的学生认为缺乏创业的知识，12.6%的学生认为缺少自己开发的新产品。

在创业模式的选择方面：在有创业愿望的学生里，67.4%的学生选择了大学毕业后创业，25.9%选择了兼职创业，只有 6.7%的学生表示会在条件成熟时选择休学创业。

在创业愿望方面：有创业愿望的学生中，工科学生占 17.4%，文科学生占 36.3%，管理类学生占 46.3%。

在创业动机方面：约 75%的学生认为大学生创业的目的在于检验和锻炼自己的能力，20%

的学生认为是自我实现，9%的学生认为是要筹集大学费用，1.8%的学生认为大学生创业就是挣钱。

2.1.2 你是否适合创业

不是每个人都适合创业，那么，哪些人适合创业呢？哪些人在创业时更容易成功呢？

从性格方面来说，有些人不愿意遵守既定的规则，喜欢打破常规，按照自己的意志去接受新事物、创造新规则。这些人喜欢站在团队的前端，喜欢指挥别人。一般来说，这种性格的人更适合创业。

成功的创业者都拥有一些异于常人的特质。因此，在创业之前，创业者必须进行自我评估，认清自己的性格，再判断自己是否适合所选择的创业道路。

1. 创业素质自检

在创业之前，创业者必须潜心思考如下几个问题。

(1) 你为什么要创业，你是否有足够的决心，愿意承担风险吗？

(2) 你是否具备创业者应有的能力与素质，是否能承受挫折？

(3) 你创业成功的核心资源优势是什么？

(4) 你是否有足够的耐心和耐力度过创业期的消耗，估计需要通过多长时间走过创业"瓶颈"阶段，有多长时间的准备？

(5) 你创业最大的风险是什么，最坏的结果是什么，你是否能承受？

(6) 你是否愿意放下安稳的生活，重新投入一个全新且充满变数的环境之中？

(7) 遇到困难或问题时，你是否能不怕艰辛、一一应对，并且能够做出正确决策？

(8) 你是否不怕失败，甚至将每一个危机视为转机？

(9) 你是否愿意每天辛勤工作，甚至一天工作长达 20 小时以上，牺牲个人时间？

(10) 你是否喜欢接触新鲜事物，并且具备追根究底的精神？

(11) 你是否是个实践家，做事绝不拖拖拉拉、延误进度？

(12) 你是否意志坚定，同时也能从善如流、广纳他人建议？

(13) 你是否愿意将企业所获得的利润与合伙人、员工分享？

(14) 你是否愿意尽到自己的社会责任，尽可能地回馈社会？

将以上问题考虑清楚之后，再决定是否创业也不迟。

有非常多的创业失败者，就是因为前期自我认识不足、准备不充分，匆忙地进行创业，最后一败涂地。如果前期准备不充分，或者觉得自己根本满足不了创业的要求，那么还是不要创业，或者晚一些创业为好。

2. 创业者应具备的条件

创业者应了解自己创业和在公司上班有很多方面是明显不同的。所以，除了明确上面的问题外，创业者还应具备下面 4 个条件。

条件1：你是否拥有一种让竞争对手无法匹敌的产品或者服务？

有时候，创业者只是向往企业家的"生活方式"——自主经营、大权在握、富甲一方。可是却没有想过，所有的一切都建立在一个好的商业模式上。真正的企业家必须有一个针对市场情况而制定的经营方案，如独特的商品和服务，并且能够坚持不懈地完善它。而这些产品和服务一旦被推向市场，便能够满足很多人的相关需求。

条件2：你是否能够时刻保持好心态，在遭到多次拒绝后仍能笑脸相迎？

创业者要具备应对困难的勇气、不畏阻挠的决心。而创业的第一步便是创业者必须投入大量时间去说服(有时候甚至是乞求)风险投资家、银行和其他投资者为你投资，这个阶段碰壁是难免的；在后期的产品营销、推广等阶段，被拒绝更成了家常便饭。没有人愿意被拒绝，可是，当创业者面对这些困境时，必须具备百折不挠的毅力，以及永远不在困难面前退缩的精神。

条件3：你是否讨厌前途未卜的未来？

创业的道路从来都不是一帆风顺的，创业者可能会面临种种问题，如缺资金、缺技术、缺人才、缺品牌、缺推广等，如果创业者顶不住这些压力，无法适应这种前途未卜的境遇，便无法成为合格的创业者。

条件4：你是否具有人格魅力？

找到志同道合的人共同奋斗，对于创业者来说是很重要的，特别是一群拥有各方面资源的员工能够为创业者开辟平坦的创业之路。而吸引这些优秀的人才，则取决于创业者的个人魅力。当你找不到合适的朋友和自己共同创业时，建议还是把创业的念头稍微放一放，因为你暂时还不适合创业。

3. 创业性格小测验

【问题】当你和朋友到饭店用餐，你点菜时通常是(　　　　)。

A. 不管别人，只点自己想吃的菜

B. 点和别人同样的菜

C. 先说出自己想吃的东西

D. 先点好，再视周围情形变动

E. 犹犹豫豫，点菜慢吞吞的

F. 先请店员说明菜的情况后再点菜

【答案】

选A：你是个乐观、完全不拘小节的人。做事果断，容易跨出创业的第一步，但是否能成功却难说。

选B：你是顺从型的人，做事慎重，往往忽视了自我的存在。对自己的想法没有自信，容易顺从别人的意见，这种人易受他人影响，不适合创业。

选C：性格直爽、胸襟开阔，难以启齿的事也能轻而易举、若无其事地说出来。这种人待人不拘小节，有时说话尖刻，适合创业。

选D：做事一丝不苟，安全第一。但你的谨慎往往是因为过分考虑对方立场所致。你能够真诚地听取别人的劝说，但不应该忘掉自己的观点，这种性格比较有创业优势。

选E：你是个小心谨慎，在工作和交友上易犹豫的人。此类型的人给人的印象是软弱的。

想象力丰富，但太拘泥于细节，缺乏掌握全局的意识，在创业中千万不可犹豫不决。

选F：你是个自尊心强的人，讨厌别人的指挥，在做任何事之前，总是坚持自己的主张。做事积极，尊重他人，这种类型的人做任何事都追求不同凡响，如能谦虚，将对创业更有帮助。

2.1.3　创业者应该具备哪些素质

1. 创业者的四大性格特征

据国外媒体报道，世界上最大的创业孵化机构——"创业者学院"（Founder Institute，FI）通过对成功创业的人进行统计分析，发现这些人普遍具备四大性格特征，即专业经历、主动思考、流体智力和亲和力。

FI 通过对 15 000 名申请者进行了一系列的测试，能够以 85%的概率预测申请者创业的成败。根据他们的研究，四大性格特征和创业成功有着密切的联系。

1) 专业经历

年轻的创业者绝对不乏新点子，但专业经历是否丰富对最终能否成事影响重大。根据统计，34 岁左右并且有一些领域的工作经验和管理能力的创业者总体来说表现最好。是否超过 28 岁并且有一些社会经验和完整的项目经历是对创业结果进行预测的重要因素。

2) 主动思考

创造力、积极思维、好奇心三者相辅相成，能够发挥出惊人的能量。与众不同的思维方式、不安于现状的心态、不断探寻新契机总是能够让企业家们找到解决手头问题的新思路。

3) 流体智力

智商并不是决定成败的最重要因素，而拥有创业者特有的智慧能够帮助他们在商场上如鱼得水。逻辑思维、抽象思维、探寻规律的能力都是创业者至关重要的技能。在如今竞争日益激烈、商业环境日新月异、各种工具迅猛进化的背景下，创业者必须具备一定的才智，以求生存发展。

4) 亲和力

坦率直接、考虑周到、善于合作的人总是更容易让人接受，也能赢得更多的合作机会。如果你想开始创业，一定需要很多的帮助。朋友越多，能帮你的人就越多，事情也容易做得更好。广撒人际网能够大大增加创业成功的概率。

如果以上四个特征你都具备，那创业成功的概率就比较高了。

2. 八大创业特质

事实上，优秀创业者的特质都是类似的。他们领袖欲望强烈，从不轻言放弃，善于谋划全局，敢于承担风险。那么，一个优秀的、合格的创业者应该具备哪些特质呢？

1) 具有远见卓识

优秀创业者能看见别人看不见的东西，他们强烈渴望开发新技术、提供新服务、建立新的组织结构。换句话说，他们具有远见卓识，不满足现状，能够坚定地去实现自己的梦想。

2) 喜欢当领导

创业者是拥有权力欲望的人，能够团结和激励一个团队为了创业理想而奋斗。喜欢当领导的人，总是不喜欢被别人指挥，不甘心被约束，具有独立的性格，经常发号施令，并且享受发号施令带来的成就感。

3) 意志坚定

创业者是意志坚定的人，这样才能不畏惧创业道路的崎岖。面对困难，他们反而愈战愈勇，努力尝试解决问题。创业道路上既有成功，也有失败，无论是面对成功还是失败，创业者都要有坚定的意志和不屈不挠的品格。同时，创业者不仅要培养自己面对失败坚忍不拔的品质，还应在公司内部建立一套宽松的机制，允许员工犯错，鼓励员工勇敢地去创新。

4) 善于经营

创业是一个系统的经营过程，一个优秀的创业者除了要有创业理念，也要懂得采取有效的经营策略。理念是源头，策略是源头流出的活水。如果创业者缺乏经营的能力，不懂得在有限的创业资源中把握好源头和活水，企业经营就会出现诸多危机。

5) 承担风险

创业必然存在风险，创业者必须有勇于承担风险的能力。不少创业者都是中等风险偏好者，即一方面敢于放手一搏，另一方面也给自己留有后路。

6) 追求自我实现

创业者都有做企业家的梦想，成为企业家除了拥有物质财富外，更多的是自我价值得以实现，这也是创业者最引以为傲的。

7) 控制力强

优秀的创业者具有良好的控制力，不会轻易为外界所影响。他们能够控制住自己的情绪，冷静积极地把事业向前推进。

8) 懂财务

一个优秀的创业者，必须了解基本的财务知识，懂得精打细算，能够量入为出。所以许多成功的创业者平日都非常勤俭，而面对看中的项目却舍得一掷千金。财务是创业成功的基础，懂得投资与理财是非常重要的。

2.1.4　创业者的必备技能

作为一个成功的创业者，除了上面谈到的那些特质外，还应该具备一定的技能。

1. 工作经历

"如果缺少 5 年的工作经历，最好不要创业。"在前面的章节中，多次提到，工作经历对于创业者来说是非常重要的。

虽然有不少的例子证明大学没毕业就开始创业并且大获成功的创业者也存在，可是基本的工作经验和受雇的经历对于创业成功来说是必不可少的。创业者只有在工作中学到专业的知识，并发现商业机会，才能增加创业成功的概率。

2. 管理才能

创业并不是单打独斗，而是需要团结一帮人为了同一个目标而奋斗，所以必要的管理才能也是必不可少的。特别是在创业初期，创业者要担当最重要的管理角色。如果创业者拥有管理经验的话，无疑能够为你的事业加分。

3. 商业才能

既然是创业经商，就必须了解基本的商业知识。商业知识包括经营企业不可或缺的法律、会计、财务、税收、销售、人力资源、宏观经济、企业组织结构、企业战略等专门知识。对于这些知识，创业者可以自学，也可以招聘专业人士来帮忙打理。

4. 专业知识

作为企业的所有者和经营者，在某些领域内，创业者必须成为专家。如果你的公司是一家金融服务公司，那么创业者必须是金融方面的专家；如果你的公司是一家快速消费品公司，那么创业者就必须是市场营销方面的专家。

5. 学习技能

不管你掌握多么全面的知识，面对日新月异的社会来说都是不够的，因为社会环境是时刻变化的。要成为成功的创业者，需要不断地学习，通过读书、培训学习理论知识，在日常工作中积累实践经验。

2.2　创业过程的难题分析

2.2.1　创业者的无形资本

作为一名合格的创业者，除了上面提到的特质和技能外，还应该具备一些无形的资本。

1. 独立意识

所谓独立意识，从本质上来说是思想上的独立，不盲从，要懂得用自己的头脑去思考。真正决定创业的人，要认识到什么是真正的独立性。每个人从一出生，就具备了独立性和依赖性的双重个性。一个合格的创业者要能够认识到这个双重性，善于摆脱依赖性，努力实现自身独立性。

2. 诚信

风险投资界有句名言："风险投资成功的第一要素是人，第二要素是人，第三要素还是人。"这句话说明风险投资家对创业者个人素质的关注程度，而诚信是一个人最重要的品质。从本质上说，市场经济是一种诚信经济。作为一种特殊的资本形态，诚信已成为创业者的立足之本与发展源泉。项目、计划和商业模式等都可能变化，只有诚信的个人品质可贵而恒久不变。所以如果具备了诚信这个无形资本，就有机会获得长久的市场声誉和发展空间。不守诚信，或可赢一时之利，但必然失长久之利。对此，创业者要有深刻的认识。

3. 自信

对于创业者来说，信心是创业的动力。要对自己有信心，对未来有信心，要坚信成败全靠自己努力，更要坚信自己能战胜一切困难。许多创业者一遇到困难，就感到绝望、失去信心，甚至坐以待毙。而充满自信的创业者，则总是相信天无绝人之路，不管遇到多大的困难，他们都勇于挑战，这样的心态往往可以支撑他们面对困难不屈不挠，最终能够峰回路转，渡过难关。

4. 领袖精神

俗话说："一只狮子领着一群羊，胜过一只羊领着一群狮子。"创业者的领袖精神非常重要。任何企业的成功都离不开团队，而团队需要领袖。从某种意义上讲，创业者就是企业的一面精神旗帜，是公司的精神支柱。

5. 敏锐眼光

在企业的发展中，创业者的眼光起到很重要的作用。很多资金不多的小创业者就是依靠准确抓住某个不起眼的信息而挖到"第一桶金"。现在，市场竞争越发激烈，在微利时代，要想创业成功，必须依靠创业者自身敏锐的眼光，去洞察、去发掘新的商机。

6. 社交能力

如今，人际关系在创业中的作用逐渐加大，人脉圈日益成为创业信息、资金和经验的"蓄水池"，在商业活动中可能会帮助创业企业渡过难关，获得收益，甚至使企业取得更好的发展。创业者应注意扩大社交圈，认识更多的朋友，也许能够开辟创业的捷径。

7. 耐力

创业，就像是一场马拉松比赛，想获得胜利，不但起步要快、要踏实，而且要保持耐心。创业最忌讳的是五分钟热度，最不允许有虎头蛇尾的习性。在创业途中若缺少耐力，即使你有再远大的计划、再崇高的理念，也无法实现，更不可能取得最终的成功。

8. 爱心

创业者必须有爱心。当创业者充满爱心时，他会乐于承担社会责任，积极参与慈善事业，使企业在大众心中形成良好的口碑，更愿意接受企业的产品或服务，对企业形象能够起到正面的作用。爱心有的时候可能成为创业成功的催化剂。

9. 竞争能力

商场如战场，竞争是很残酷的，只有那些善于竞争、勇往直前的人才能获得成功。

心理学研究表明，人的内心都有脆弱的一面。根据内心脆弱性的不同，可以将人分为两类，一类是鸵鸟型，一类是豹子型。鸵鸟型的人面对危险时，第一反应就是逃避，就像鸵鸟一样，遇到危险时会把头藏在沙子里或其他地方，它以为只要看不见敌人，自身就会安全了，这是典型的掩耳盗铃，自欺欺人；豹子型的人，在面对危险时心中也有畏惧，但他们不会选择逃避，因为他们知道一味地逃避，永远无法占据主动地位。面对危机，他们会保持清醒的头脑，像豹子一样勇于面对，寻找良机。

2.2.2 选择正确的创业方向

大学生创业方向的选择应该始于熟悉擅长的领域。大学生创业有优势，也有局限性。优势是大学生思维活跃、充满活力、喜欢接受新鲜事物，经过多年的专业学习使大学生具备了一定的知识水平；但由于没有进入社会，商业意识、社会经验、企业管理、财务及营销等方面的知识都比较欠缺。因此大学生在创业方向的选择上应扬长避短，寻找适合自己发展的道路。

1. 科技成果

大学是科研成果和科技人才聚集的地方，作为大学生，如果在某一领域有科技成果，则可以利用自己的科研成果走科技创业的道路。将科技成果转化成商品，是用科技成果创业能否成功的一个重要因素。在进行科技创业时，可以充分利用学校的资源，包括科技成果、技术、设备、老师、同学等。

许多科技成果是与我们的生活息息相关的，但缺少应用方面的开发，许多科技成果往往被束之高阁。大学生可以利用自身的知识及学校资源，进行科技成果的应用开发。科技成果不一定非要是能改变社会生活的大项目，只要能找到与人们日常生活相结合的点，小商品也可能做成大市场。比如我们把食品科技的成果用于休闲食品领域；把种植、养殖方面的科技成果用于家庭种花、养宠物；把材料表面处理新工艺用于工艺品、饰品等。

2. 科技服务

一些企业特别是一些大中型企业，在各类业务开发中会遇到科技难题，大学生可以通过老师、学校与这些企业取得联系，为企业提供科技服务。在长期的服务中展现优秀的专业技能、积累良好的口碑，这就为创业者奠定了一个稳定发展的基础。

3. 智力服务

随社会经济的发展，服务业在我们的生活中已占据越来越重要的地位。大学生创业者可发挥自己的专业优势，选择一些需要专业技能的服务工作，如翻译、电脑维修维护、家教培训等，或把软件设计应用到一些传统行业、中小企业、商业连锁领域中。

4. 电子商务

现在网络早已普及，它已成了人们生活中必不可少的学习、工作、社交工具。电子商务成本低，不受时间、空间限制，大学生可以利用掌握的专业技能进行网上创业。网上创业不局限于网上开店、买卖传统商品上，大学生还可以结合自己的专业特点提供一些网上智力服务，或开展一些有创意的电子商务技术与服务。比如国际贸易专业的同学可以通过网络寻求国际订单；为要走出去的中小企业提供外部信息；建立虚拟办公服务等。

5. 创意小店

大学生年轻有朝气，思维活跃，喜欢接受新鲜、时尚的事物。小店的经营相对简单，对社会经验、管理、营销、财务的要求不高，大学生可以利用自己的专常和爱好开一些有创意的小店。比如创意甜品店、幼儿绘画坊、工艺品 DIY 店、个性家饰、饰品店等。

6. 连锁加盟

在很多发达国家，连锁加盟是很常见且成功率较高的商业模式，在商业经营中占有很高的比例。在我国，连锁加盟的形式运用得不够，还有很大的市场空间。连锁加盟可以为加盟者提供成功的模式和经验。对大学生来说，通过连锁加盟进行创业，可以弥补自身的不足，快速掌握经营所需的经验和知识，降低风险，提高创业成功率。通过连锁加盟创业的关键，是要寻找一个连锁加盟体系相对完善、适合自己的项目。

2.2.3　创业的基本流程是什么

创业的道路虽然充满曲折和艰辛，但是掌握一些重要的技能则可帮助创业者减少不必要的探索和失败。掌握市场调查的途径和方法、寻找到盈利模式并能看懂财务报表、能将创业构思转化为一份完整的创业计划书，这些基本技能都是创业者，尤其是大学生创业者所必须掌握的。

1. 了解自身创业素质

1) 创业前应思考的几个问题

在加拿大一家为毕业生提供创业信息的政府网站上，有这样一个板块，即毕业生在创业前要思考如下几个问题。

(1) 关于你自己——有没有创业的动力？自我创业的念头是不是很坚定？是否具有创业者必须具备的性格？在困难的状态下，是否有足够的独立性生存下去？有没有专业技术？能不能解决经营一个企业必须面对的问题？什么是创业必须学习的，应该向谁学习？

(2) 关于你的企业——是否有人愿意购买你的产品和服务？你如何探寻商机？

(3) 关于创业支持——有没有资金？除了现有资金之外，是否还有其他资金来源？还需要其他什么方面的投资？有哪些法律方面的问题需要思考？这些是毕业生面对就业和自我创业选择时需要思考和衡量的。与那些生活相对稳定的雇员相比，做一个创业者将经历更多风险。毕竟开创新事业不仅仅需要勇气和才能，还需要运气。

2) 创业素质框架

创业基本素质是由创业意识、创业心理品质、创业能力、创业知识四个部分构成的一个完整的素质框架。

(1) 创业意识，是指在创业实践活动中对个体起支撑作用的个性意识倾向。创业意识主要包括创业的需要、动机、兴趣、理想、信念和世界观等心理成分。

(2) 创业心理品质，是指在创业实践活动过程中对人的心理和行为起调节作用的个性意识特征。创业心理品质主要包括独立性、敢为性、克制性、合作性、适应性、坚韧性、义务感、道德感等。

(3) 创业能力，是指影响创业实践活动效率，促使创业实践活动顺利进行的主体心理条件。创业能力主要包括专业、职业能力、经营管理能力和综合性能力。

(4) 创业知识，是指创业实践活动过程应具有的个体知识系统及其结构。创业知识主要包括专业知识、职业知识、经营管理知识、综合性知识。

2. 充分的市场调查

市场调查是创业相当重要的一环。市场调查主要是寻找目标市场可能的商机，为自己进入该商业领域提供定性定量依据。一个好的市场调查，要可信、可靠，能够帮助创业者确定市场定位和产品价格。市场调查报告，一定要经过调查、经得起推敲，不仅要对市场有所了解，还要能够了解竞争对手的状况。市场调查的关键是调查的质量和方法、对深浅程度的把握。可以请专业的市场调查公司来做，也可以自己看一看、查一查，只要找到适合自己企业的市场调查方法即可。

3. 客观的财务分析

大学生在创业时首先碰到的可能是创业资金的问题，即创业的钱从何而来；在有了创业资金后又如何有效使用。要想成功融资，大学生必须能够找到盈利项目，从而说服投资人；而要用好创业资本，大学生必须学会分析几种基本的财务报表。财务报表是公司的财务状况、经营业绩和发展趋势的综合反映，是投资者了解公司、决定投资行为的最全面、最可靠的第一手资料，财务报表分析简称财务分析。大学生在创业时必须了解和掌握的财务报表是：成本费用表、资产负债表、收益表和现金流量表等。

4. 创业计划书撰写

撰写创业计划书是大学生创业的一项重要工作之一。由于创业计划书要求创业者描述公司的创业原因，阐述创立公司的进程，说明所需要的资源，揭示风险和预期回报，并提出行动建议。因此，它是对创业者创业可行性的一次全面考察。创业者，尤其是缺乏创业经验的大学生，应该学会撰写创业计划书，并按照创业计划书的要求审视自己创业计划的可行性。同时，一份思路清晰、目的明确、内容完整的创业计划书也是创业者取得投资人信任，得到资金及其他资源投入的重要保证。

5. 到会计师事务所验资

企业的创办者需带下列材料去会计师事务所验资。

(1) 资金来源证明，包括现款(存折、支票)；设备费用(购买设备的发票)、财产转移单、房产权证明、无形资产评估等文件。

(2) 企业章程。

(3) 经有关单位批准的文件。

验资完毕，带验资报告及有关文件去市场监督管理部门申请登记。

6. 申请营业执照

申请营业执照时，须向当地市场监督管理部门提供下列资料：名称、地址、负责人、资金数额、经济性质、经营范围(主营、兼营)、经营方式、经营期限(见原件复印件)和个人有效证件、照片、验资报告等。

2.2.4　如何组建优秀的创业团队

1. 知己知彼的团队成员

绝大多数创业团队的核心成员都很少，一般为 3～4 人，多的也不过十来人。创业团队核心成员虽少，但是都有自己的想法和观点，因此，我们对创业团队中每个成员的态度和想法都要进行充分的了解。

优秀创业团队的所有成员都应该相互熟悉，应非常清醒地认识到自身的优劣势，同时对其他成员的长处和短处也要一清二楚。这可以很好地避免团队成员之间因为相互不熟悉而造成的各种误会和矛盾，迅速提高团队的向心力和凝聚力。

2. 才华各异、相得益彰的创业团队

创业团队虽小，但应"五脏俱全"。创业团队成员不能是清一色的技术人员，也不能全部是销售人员。优秀的创业团队成员应各有所长，大家相互补充。一般来说，一个优秀的创业团队必须包括以下几种人：创新意识非常强的人，他将决定公司未来的发展方向，相当于公司的战略决策者；策划能力极强的人，这个人能够全面周到地分析整个公司面临的机遇与风险，考虑成本、投资、收益的来源及预期收益，甚至包括公司的管理规范章程、长远规划设计等工作；执行能力较强的成员，负责具体的执行过程，包括联系客户、接触终端消费者、拓展市场等。

3. 创业团队必须有胜任的带头人

在企业管理和市场营销中，我们经常谈论领导者的核心竞争力。而在创业团队中，带头人的作用更加重要。

创业团队中必须有可以胜任的领导者，这种领导者，不能只靠资金、技术、专利来决定，而是需要员工发自内心地认可。

不管创业者多么优秀，都不可能具备所有的经营管理经验，这就要借助团队的力量。优秀的领导者善于利用企业员工所掌握的资源为企业提供所需要的经验，例如顾客经验、产品经验和创业经验等。此外，创业者的人际关系也是很重要的一个条件，人际关系网络会帮助创业者解决资金、技术、资源、销售渠道等问题，提高创业企业成功的概率。

一项针对创业者能力的研究报告指出，组成团队与管理团队是成功创业者需要具备的重要能力之一。由于组成创业团队的基石在于创业远景与共同信念，因此创业者需要提出一套能够凝聚人心的远景与经营理念，形成共同的创业目标与企业文化，作为互信与利益共享的基础。组成创业团队是一种结合远景、理念、目标、文化、共同价值观的机制，使之成为一个生命与利益共同体的组织。

2.2.5　如何打造商业模式

商业模式，是指各种独特战略选择的集成，体现了创业者独特的客户价值主张，以及创业者怎样去配置资源和行为来提供价值，并且赚取可持续性利润。因此我们经常会听到、用到"商业模式"这个词，但出人意料的是，这个看起来再清楚不过的词，对不同的人却存在不同的意味。

如果我们不能对其形成统一的理解，那么对商业模式问题的讨论就会变得复杂。

📖 情景模拟

某移动医疗公司的管理会议上，所有的高级经理坐在会议桌边，这时董事长发话了："各位，现在世界变化很快，有必要重新思考一下我们的商业模式了。"

销售经理发言："我们的服务水平远远达不到有些智能手机客户的要求，应该提高移动端的服务质量。"

市场经理指出："从最近的市场趋势来看，我们应该将焦点放在医患平台市场。"

产品开发经理说："我们现在的技术已经落后，市面上出现了新的软件开发技术……"

UI设计经理说："现在UI设计流行扁平化，我们的设计已经过时。"

几个小时以后，大家的讨论还在继续……

其实，像案例中这种没有结果的讨论经常会在企业中发生，尤其是在大公司，最终的结局往往都是老板拍板做出决定。并不是说与会者不够聪明，只是他们拘泥于自己部门的利益，缺乏全局观。

针对以上问题，我们可以用图形和可视化的语言来让问题更加清晰明了，即"商业模式画布"。商业模式画布用直观的方式使商业模式的讨论变得更有效率。因为不论是什么商业模式，其本质都是描述企业如何创造价值、传递价值、获取价值的基本原理。

我们可以将商业模式画布分为四个视角，并进一步分为九个板块，如图 2.1 所示。

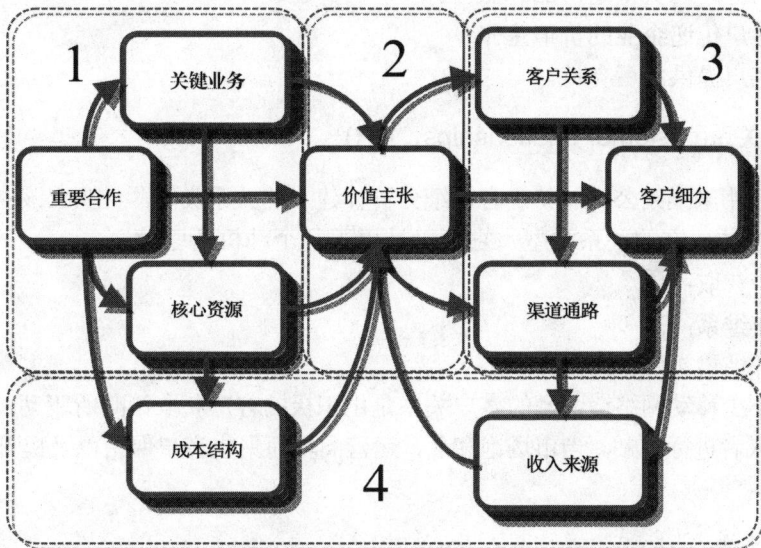

图2.1　商业模式画布

四个视角分别为：如何提供，提供什么，为谁提供，以及成本收益是多少。

下面分别就图中的九个板块进行详细描述。

1. 客户细分(customer segments，CS)

客户细分是用来描绘一个企业想要接触和服务的不同人群或组织。客户构成了任何商业模式的核心。没有客户，企业就无法长久生存。企业可能把客户分成不同的细分类别，每个细分类别中的客户都具有共同的需求、共同的行为和其他共同的属性。到底该服务哪些客户细分群体，该忽略哪些客户细分群体。一旦企业做出决议，就可以凭借对特定客户群体需求的深刻理解，仔细设计相应的商业模式。

2. 价值主张(value propositions，VP)

价值主张用来描绘为特定客户细分创造价值的系列产品和服务，它解决了客户困扰或者满足了客户需求，是客户选择你而非别人的重要原因。每个价值主张都包含可选系列产品或服务，以迎合特定客户细分群体的需求。在这个意义上，价值主张是公司提供给客户的受益集合或受益系列。

价值主张可分为两类：一是创新的，并表现为一个全新的或破坏性的提供物(产品或服务)；而另一类则是与现存市场提供物(产品或服务)类似，只是增加了功能和特性。

3. 渠道通路(channels，CH)

渠道通路用来描绘公司是如何沟通、接触其客户，传递其价值主张和销售产品或服务的。这些渠道构成了公司相对于客户的接口界面。渠道通路在客户体验中扮演着重要的角色，主要包含以下功能：

(1) 提升公司的产品和服务在客户中的认知度；

(2) 协助客户购买特定产品和服务；

(3) 向客户传递企业的价值主张；

(4) 为客户提供售后支持。

4. 客户关系(customer relationships，CR)

客户关系用来描绘公司与特定客户细分群体建立的关系类型。企业应该弄清楚其希望和每个客户细分群体建立的关系类型，它可以被以下几个动机所驱动：

(1) 客户获取；

(2) 客户维系；

(3) 提升销售额(追加销售)。

例如，不少移动网络运营商的客户关系是由积极的客户获取策略所驱动，包括入网赠送免费移动电话或者进行补贴。当市场饱和后，运营商转而聚焦客户保留以及提升单个客户的平均贡献度。

5. 收入来源(revenue streams，RS)

收入来源用来描绘公司从客户群体中获取的现金及其他形式的收入。如果客户是商业模式的心脏，那么收入来源就是动脉。企业必须明白，什么样的价值能够让各客户细分群体真正愿意付款？只有明确了这个问题，企业才能在各客户细分群体上发掘一个或多个收入来源。每个收入来源的定价机制可能不同，例如固定标价、谈判议价、拍卖定价、市场定价、数量定价或收益管理定价等。一个商业模式可以包含几种不同类型的收入来源：

(1) 通过客户一次性支付获得的交易收入；

(2) 经常性收入来自客户为获得价值主张与售后服务而持续支付的费用；

(3) 转移支付。

6. 核心资源(key resources，KR)

核心资源是用来描绘使商业模式有效运转所必需的最重要因素。每个商业模式都需要核心资源，这些资源使得企业、组织能够创造和提供价值主张、接触市场、与客户细分群体建立关系并赚取收入。不同的商业模式所需要的核心资源也有所不同，例如微芯片制造商需要资本密集型的生产设施和固定资产投入，而芯片设计商则需要更加关注"高精尖"的人才资源。

核心资源可以是实体资产、金融资产、知识资产或人力资源，既可以是自有的，也可以是公司租借的或从重要伙伴那里获得的。

7. 关键业务(key activities，KA)

关键业务用来描绘为了确保其商业模式可行，企业必须做的"最重要"的事情。任何商业模式都需要多种关键业务活动，这些业务是企业得以成功运营所必须实施的动作。正如核心资源一样，关键业务也是创造和提供价值主张、接触市场、维系客户关系并获取收入的基础。而关键业务也会因商业模式的不同而有所区别。例如对于微软等软件制造商而言，其关键业务是软件开发；对于戴尔等计算机制造商来说，其关键业务主要是供应链管理；对于麦肯锡等咨询企业而言，其关键业务主要是问题求解。

8. 重要合作(key partnerships，KP)

重要合作用来描述使商业模式有效运作所需的供应商与合作伙伴的网络。企业会基于多种原因打造合作关系，合作关系正日益成为许多商业模式的基石。很多公司采取创建联盟的策略来优化其商业模式、降低风险或获取资源。我们可以把合作关系分为如下四种类型：

(1) 在非竞争者之间的战略联盟关系；

(2) 在竞争者之间的战略合作关系；

(3) 为开发新业务而构建的合资关系；

(4) 为确保可靠供应，构建的"购买方— 供应商"关系。

9. 成本结构(cost structure，CS)

成本结构用来描绘运营一个商业模式所引发的所有成本。创建价值和提供价值、维系客户关系以及产生收入都会引发成本投入。这些成本在确定关键资源、关键业务与重要合作后可以相对容易地计算出来。然而，有些商业模式，相比其他商业模式更多的是由成本驱动的。例如，那些号称"不提供非必要服务"的航空公司，是完全围绕低成本结构来构建其商业模式的。

从四个视角把这九大板块理顺之后，我们就可以一窥整个商业模式的画布细分(见表 2.1)。

表 2.1　商业模式画布细分

重要伙伴	关键业务	价值主张	客户关系	客户细分
	核心资源		渠道通路	
成本结构			收入来源	

案例分析：移动医疗公司 Glooko

Glooko公司想解决血糖仪和智能电话数据传送缺乏可操作性以及标准化的问题，最终建立统一的糖尿病管理解决方案。

第一步，从超过25款不同品牌的血糖仪上，将血糖数据直接同步到30多个不同型号的苹果或安卓手机上。

第二步，糖尿病患者可以在APP上互动，也可以及时在APP或网上浏览到图表和统计数据，还可以通过邮件、打印或传真等方式将报告转发给家庭医生。

第三步，充分利用Glooko的移动和云端解决方案为机构提供大数据收集和分析，可以让机构进行糖尿病人群风险分层管理等。

根据Glooko公司的以上需求，进行商业模式画布细分(见表2.2)。

表2.2　Glooko商业模式画布细分

重要伙伴	关键业务	价值主张	客户关系	客户细分
Joslin 糖尿病中心	1. 数据库管理 2. 医院关系 3. 分析功能开发	1. 发病率预测及数据分析 2. 血糖、用药记录APP 3. 数据线	与专业人士分享数据	1. 糖尿病患者 2. 保险公司 3. 医院管理者 4. 诊所医生
	核心资源		**渠道通路**	
	1. 食品数据库 2. 大数据		1. 手机 APP 2. 血糖仪 3. 在线云端	
成本结构		**收入来源**		
1. 工资 2. 软件和分析功能开发 3. 数据库维护		1. 数据线收费 2. 会员费 3. APP(广告等)		

2.2.6　创业初期如何融资

对于初创企业来说，无论是办公室设备、日常开销，还是员工工资、出差支出，都需要资金。创业公司要想顺利发展，在创业初期必然需要一笔庞大资金的支持。

没有外部资金的支持，很多创业公司仅凭创业者手中的资产，很难从竞争激烈的市场中存活下来。创业公司从成立到发展成熟，虽然只是时间问题，但时间耗人，更耗金钱，这个过程是最需要资金支持的。

初创公司有三种融资方式：第一种是向亲友借款；第二种是向风险投资机构提交商业计划书，并证明公司的前景，以此申请资金；第三种是向银行贷款，因为大学生刚毕业，所以拿到银行贷款的可能性较低。

1. 如何找到投资人

投资平台或众筹平台是一个最便利的渠道，如"创新工场""鲸准·对接平台""沪投联盟"等专业投资服务平台，可到该类平台注册并上传自己的项目。也可以到车库、咖啡馆、创业吧蹲点儿，微博、微信发布项目信息，拜托别人引荐……寻找投资人信息的方法多种多样，需要创业者不畏艰难、不惧辛苦，找到适合的并愿意为自己投资的机构和个人。

2. 如何才能获得融资

初创企业要获得融资，必须要说服投资人，使他们愿意给你的初创公司投资。既然要说服投资人，创业者需要把自己的想法、产品等统统展示给对方。此外，投资者还需要明白你的创业项目是否具有可持续性，你的产品或服务是否可以满足市场需求，是否是市场刚需，未来是否依然拥有足够大的市场，盈利有多少。只有在把创业公司的项目或产品规划清晰地告诉或展示给投资人时，才有希望获得融资机会。

3. 好项目的特征

一个好的创业项目 = 好的想法 + 创新的产品 + 优秀的团队 + 强有力的执行

(1) 好的想法。想法是创业的第一步，有了想法才能有后续的产品和项目。好的项目，其想法是清晰简单的，同时这些想法也一定是经过充分思考，立足于现实需求，直戳用户痛点的。

(2) 创新的产品。真正成功的公司，所依赖的都是优秀的产品。产品应该有自己的核心优势或者壁垒，建立一定用户反馈机制，方便应对用户的沟通和反馈，并且拥有一个专属于产品的故事，便于在用户心目中建立品牌形象。

(3) 优秀的团队。早期投资，最看重创始团队的素质和能力，很多投资人说"投的不是项目，是团队"。同时，创始团队的核心成员的互补性很重要，知识能力结构搭配合理、分工明确也是必要条件。

(4) 强有力的执行力。执行力考验的是把一切想法、愿景、战略等变成现实的能力，通过执行来检验"想法""产品""团队"是否真的可靠。执行力具体的表现形式包括：实现业务增长、产品的迭代完善、招聘和管理、融资等。一些投资机构会用较长时间，比如几个月，来验证创业者能否兑现融资时的承诺，期待创业企业运营发展的数据表现，这就更需要创业团队有很强的执行力，尽早达到投资机构满意的成绩。

4. 融资的方法

(1) 准备充分。准备工作包括几方面：首先，充分分析自己的产品和自己所处的行业，有足够的数据做支撑，准备商业计划书和路演汇报；其次，假设自己是投资人，找出几十个不投资这家公司的理由，对此一一分析给出最合适的回答方案和文字表述；最后，给创始人留一段足够长的时间专心负责融资，其他成员要能够维持公司正常运行。

(2) 创始人现场演讲能力也很重要。创始人要充分表现创业团队的激情、信心、专业能力和强大的执行力；要反应快速，回答得体，不卑不亢。

5. 融资的阶段

融资可划分为下面几种常见的阶段：种子期、天使轮、A 轮、B 轮、C 轮等。

(1) 种子期：只有概念想法，没有实际产品。

创业者只有对未来企业的一个设想的蓝图，此时的企业就如种子般需要浇水才能成长，水即投入企业的资金。但由于初创者缺乏初始资金投入，要自己拿出一部分资金或者从身边亲戚朋友处获得资助。

投资量级：10 万～100 万元人民币。

(2) 天使轮：产品已经有雏形，有初步的商业模式并积累了一些核心用户。

因为产品已经有了样本，可利用样本更好地与投资人进行洽谈，投资来源一般是天使投资人、天使投资机构等。

投资量级：200 万～800 万元人民币。

(3) A 轮：产品已经成熟，但仍然可能亏损。

公司正常运作并有详细完整的商业及盈利模式，在行业内拥有一定地位和口碑。公司通过在各类媒体投入资金购买广告等烧钱的方式来吸引广大用户，争取用户量或者人流量。投资来源于专业的风险投资机构(VC)。

投资量级：1000 万～1 亿元人民币。

(4) B 轮：经过一轮烧钱后，公司开始具有较大的知名度和社会认可度，已经开始盈利。

商业、盈利模式没有任何问题，可能需要推出新业务、拓展新领域。投资来源大多是上一轮的风险投资机构跟投、新的投资机构加入，私募股权投资机构(PE)也开始加入。

投资量级：2 亿元以上人民币。

(5) C 轮：公司很成熟，开始有了比较稳定的盈利，已筹划上市。

这时的公司除了拓展新业务，也需要补全商业闭环、准备上市的资金。

投资量级：2 亿元以上美金。

复习与思考

1. 创业动机与创业模式之间存在怎样的关系？
2. 创业者的必备技能有哪些？
3. 创业者的无形资本有哪些？
4. 诸多创业流程中你认为哪个环节最重要？为什么？

上机与实训

基于本章学习的内容，初步选定一个创业项目，根据第 1 章完成的创业调研报告，通过网络搜索更多资料，并根据相关内容填充商业模式画布(见表 2.3)。

表2.3　商业模式画布

第 2 篇

创业营销推广

　　创业活动的顺利开展离不开营销与推广，创业营销是创业过程中必不可少的关键环节。有好的创意和技术支撑固然重要，然而不重视营销和推广的创业活动注定无法取得成功。

　　本篇着重介绍基于移动互联网的新媒体营销，如微博营销、微信营销以及微信小程序的开发和应用、视频营销等。通过学习，读者可以根据创业项目选择复合的营销方式，为创业助力。

第 3 章

社会化网络营销

学习背景

网络营销是新一代的营销手段，其费用低、见效快的特点，能帮助企业和个人快速完成市场调研、网站策划及建设、网站优化、网络推广等一系列的营销活动。而新兴的以网络人际关系为核心的社会化网络社区——SNS社区，其作为媒介进行传播是与传统营销方式完全不同的营销模式，如Facebook、Twitter、微博、微信等都是社会化网络营销的经典媒介。社会化网络营销是集广告、促销、公关、推广为一体的营销手段，是典型的整合营销行为，只不过是在精准定位的基础上展开的，偏重于口碑效应的传播。

学习目的

1. 了解搜索引擎优化，掌握搜索引擎优化方法。
2. 掌握微博营销方法。
3. 掌握微信营销方法。
4. 了解移动互联网APP开发。
5. 了解互联网广告联盟盈利模式。

3.1 搜索引擎优化

搜索引擎优化是开展网络营销的一种形式。企业可利用搜索引擎优化策略，对网页中的关键词、内容以及链接等各种因素进行相关的优化，使得优化后的企业网站能被各大主流搜索引擎优先抓取并收录，在索引目标页面中排名靠前，吸引点击率，从而达到提高企业形象、推广企业网站的目的。

3.1.1 搜索引擎运行机制

搜索引擎(search engine)是指根据一定的策略，运用特定的计算机程序从互联网上搜集信息，在对信息进行组织和处理后，为用户提供检索服务，将用户检索的相关信息展示给用户的系统。

搜索引擎的运行基本上分为以下四个步骤。

1. 爬行和抓取

搜索引擎派出一个能够在网上发现新网页并能抓取文件的程序，这个程序通常被称作"蜘蛛"。搜索引擎从已知的数据库出发，像正常用户的浏览器访问这些网页并抓取文件一样，搜索引擎会跟踪网页中的链接，访问更多的网页，这个过程就叫作"爬行"。这些新的网址会被存入数据库等待抓取，所以跟踪网页链接是搜索引擎"蜘蛛"发现新网址的最基本的方法，反向链接成为搜索引擎优化的最基本因素之一。搜索引擎抓取的页面文件与用户浏览器得到的页面文件完全一样，抓取的文件可存入数据库。

2. 进行索引

将"蜘蛛"抓取的页面文件进行分解、分析，并以巨大表格的形式存入数据库，这个过程即是索引(index)。在索引数据库中，网页文字内容和关键词出现的位置、字体、颜色、粗细、正斜体等相关信息都有相应记录。

3. 搜索词处理

用户在搜索引擎界面输入关键词，单击"搜索"按钮后，搜索引擎程序即对搜索词进行处理，判断是否需要启动整合搜索、是否有拼写错误或错别字等情况，对搜索词进行快速处理。

4. 进行排序

对搜索词进行处理后，搜索引擎程序便开始工作，从索引数据库中找出所有包含搜索词的网页，并且根据排名算法计算出哪些网页应该排在前面，然后按照一定格式返回到"搜索"页面。

3.1.2 搜索引擎优化简介

搜索引擎优化(search engine optimization，SEO)，是企业营销的一种方法。即通过了解搜索引擎内部的"爬虫"程序、索引排序规则以及对一些关键词的排序技术等原理，对网站进行有计划的相关优化，使优化之后的企业网站能被各大主流搜索引擎优先抓取并收录，在索引目标页面中排名靠前，更加吸引点击率，从而提升企业的形象。

在目前所有网络营销的形式中，搜索引擎优化是能在短时间内扩大影响、提升企业网站形象的最好途径。原因有两个：第一，搜索引擎已经成为网民获知网站的第一大途径，特别是百度、谷歌这样的搜索引擎，广大网民在获取知识信息的时候，更倾向于用知名的搜索引擎进行搜索；第二，利用搜索引擎的优势可使用户在最短的时间内找到企业和产品的网站或者网页。

3.1.3　搜索引擎优化相关专业术语

1. 导航

网站导航应以 html 的形式链接。所有页面之间应该有广泛的互联，要满足站内任何页面可以通过回链到达主页，如果无法实现这一点，可以考虑建立一个网站地图。

2. 首页

网站的首页(index 或 default 页等)应该采用文本的形式，而不是 flash 等。这个文本里面要包含站长们的目标关键字或目标短语。

3. 标签

- <title>< /title>是标题标签，里面应当包含最重要的目标关键词。
- <keywords></keywords>是关键词标签。
- <description></description>是描述标签。

4. PR值算法

$$PR(A) =[PR(B)/L(B)+PR(C) /L(C)+PR(D)/L(D)+\cdots+PR(N)/L(N)]q+1-q$$

其中，PR(A)指网页 A 的佩奇等级(PR 值)。PR(B)、PR(C)、……、PR(N)表示链接网页 A 的网页 N 的佩奇等级(PR)。N 是链接的总数，这个链接可以是来自任何网站的导入链接(反向链接)。L(N)是网页 N 往其他网站链接的数量(网页 N 的导出链接数量)。q 为阻尼系数，介于 0～1 之间，Google 将其设置为 0.85。

5. 站外策略

站外策略包括：归类总结策略，增加文章内容的权威性，巧妙利用新闻站点和简易信息聚合(RSS)；利用网址站、目录站和社会化书签，合作伙伴、链接交换；利用互动平台，巧妙地留下链接，撰写评论及答疑方面的文章；利用社会关系在特定场合或利用特殊人物，借机炒作等。

3.1.4　站点排名影响因素分析

1. 正面因素

(1) 关键词：关键词在网站 title 上的使用；关键词在网页内容上的应用；页面内容和关键词的相关性(语义分析)；关键词在 H1、H2、H3 标签中的使用；关键词在网站域名中的使用；关键词在页面 URL 中的使用；关键词在 Meta Description 中的使用；关键词在 Meta Keywords 中的使用等。

(2) 外部链接：外部链接的锚文字；外部链接页面本身的链接流行度；外部链接页面的主

题性；外部链接页面在相关主题的网站社区中的链接流行度；外部链接的创建和更新时间；外部链接网站的 PR 值等。

(3) 网站品质：网站的外部链接流行度、广泛度；域名年龄(从被搜索引擎索引开始计算)；域名的特殊性(.edu .gov 等)；网站收录数量；用户查询的关键词与网站主题的相关性等。

(4) 页面质量：网站内部链接结构；页面的年龄；页面内容的质量；网站的结构层次；URL 中"/"符号出现的次数；拼写和语法的正确性；html 代码是否通过 W3C 认证等。

2. 负面因素

(1) 服务器经常无法响应。

(2) 链向低质量或垃圾站点。

(3) 网站大量页面存在重复的 Meta 标签。

(4) 过分堆砌关键词。

(5) 参与链接工厂或大量出售链接。

(6) 服务器响应时间非常慢。

(7) 网页主要 Meta 更改频率过高。

(8) 非常低的流量，用户行为反映差。

3.1.5　搜索引擎无法优化的网站特征

(1) 网页中大量采用图片或者 flash 等富媒体(Rich Media)形式，没有可以检索的文本信息，而搜索引擎优化最基本的就是文章搜索引擎优化和图片搜索引擎优化。

(2) 网页没有标题，或者标题中没有包含有效的关键词。

(3) 网页正文中有效关键词比较少(最好自然而重点分布，不需要特别地堆砌关键词)。

(4) 网站导航系统让搜索引擎"看不懂"。

(5) 大量动态网页影响搜索引擎检索。

(6) 其他已经被搜索引擎收录的网站没有与该网站的链接。

(7) 网站中充斥大量欺骗搜索引擎的垃圾信息，如"过渡页""桥页"颜色与背景色相同的文字。

(8) 网站中缺少原创的内容，完全照搬别人的内容等。

3.1.6　搜索引擎优化步骤

搜索引擎优化并不是简单的几个建议，而是一项需要足够耐心和细致的脑力劳动。大体上，搜索引擎优化主要分为以下八个步骤。

1. 关键词分析(也叫关键词定位)

关键词分析是进行搜索引擎优化最重要的一环，关键词分析包括关键词关注量分析、竞争对手分析、关键词与网站相关性分析、关键词布置、关键词排名预测。

2．网站架构分析

网站架构若符合搜索引擎的"爬虫"喜好则有利于搜索引擎优化。网站架构分析包括剔除网站架构不良设计、实现树状目录结构、网站导航与链接优化。

3．网站目录和页面优化

搜索引擎优化不只是让网站首页在搜索引擎中有好的排名，更重要的是让网站的每个页面都带来流量。

4．内容发布和链接布置

搜索引擎喜欢有规律的网站内容更新，所以合理安排网站内容发布日程是搜索引擎优化的重要技巧之一。链接布置则把整个网站有机地串联起来，让搜索引擎明白每个网页的重要性和关键词，实施的参考是第一点的关键词布置，友情链接也是在这个时候展开。

5．与搜索引擎对话

网站开发者可以向各大搜索引擎登录入口提交尚未收录的站点，并且可以通过各类高级命令在搜索引擎中看搜索引擎优化的效果。通过"site：网站域名"，了解站点的收录和更新情况；通过"domain：网站域名"或者"link：网站域名"，了解站点的反向链接情况。若要更好地实现与搜索引擎的对话，建议采用百度网站管理员工具。

6．建立网站地图SiteMap

根据自己的网站结构，制作网站地图，让网站对搜索引擎更加友好化。让搜索引擎通过SiteMap 就可以访问整个站点上的所有网页和栏目。

7．高质量的友情链接

建立高质量的友情链接，对于搜索引擎优化来说，可以提高网站 PR 值以及网站的更新率，这些都是提高网站访问量的非常关键性的因素。

8．网站流量分析

网站流量分析从搜索引擎搜索的结果上指导下一步的搜索引擎优化策略，同时对网站的用户体验优化也有指导意义。流量分析工具，建议采用 Google Analytics 分析工具或百度统计分析工具。

3.1.7　搜索引擎优化案例

本节以 B2B 类型网站"某现代服务交易网"为例(见图 3.1)，介绍搜索引擎优化的步骤和方法。

图3.1 某现代服务交易网

1. 某现代服务交易网存在的不足

(1) 网站收录数量少。"某现代服务交易网"建成上线后,前两个月基本没有收录网站,5个月后收录网站数量仅为147个。

(2) 外链数量。外链数量5个月后只有1000个左右。具体查询后发现,指向首页的链接太少,这造成了以"某现代服务交易网"为关键词查询时,其排在100名以外的原因之一。此外,外链在广度和质量方面还有待提高。

(3) 关键词排名。网站权重为0,暂时无任何关键词排名。具体分析发现,网站核心关键词没有确定,因此在前期做的外链锚文本中,关键词都是杂乱、分散的。

(4) 内部结构。网站二级频道,如"展会信息"之类的大标题竟然在文章内页出现,造成文章标题过长,影响收录,类似的情况还出现在多个频道的内页中。

2. 某现代服务交易网搜索引擎优化措施

(1) 在确定以"现代服务业"为核心关键词后,在网站标题及网站首页添加几处"现代服务业"关键词,以增加首页关键词的密度。

(2) 文章内页中增加"某现代服务交易网"的后缀标题,大大提高网站与"某现代服务交易网"这个关键词的相关性。

(3) 通过调整网站辅助导航,增加指向首页的链接,更改网站文章内页模板标题,增加无关链接的nofollow标签等手段,提高网站权重。

具体措施为:一是增加"现代服务业"栏目为二级频道,以供专门添加"现代服务业"的相关文章;二是将辅助导航设定为"现代服务业→文章标题","现代服务业"直接链接到首页;三是为了不影响首页版面,在首页头部或底部增加"现代服务业"关键词入口;四是让"现代服务业"关键词出现在友情链接及博客和论坛当中,最后优化的还有"某企业""某电商""企业服务""中小企业网""某企业名录"等多个关键词。

(4) 经常更新网站原创内容和外链，不管搜索引擎怎样变化，始终站在用户的角度来考虑搜索排名结果，以不变应万变的方法是最稳妥的。

3.2　微博营销

微博，即微博客(MicroBlog)的简称，是一个基于用户关系的信息分享、传播以及获取平台，用户可以通过 Web、WAP 以及各种客户端组建个人社区，以 140 个左右的文字更新信息，并实现即时分享。

微博最大的特点就是集成化和开放化，用户可以通过手机、IM 软件(Gtalk、MSN、QQ、Skype)和外部 API 接口等途径在微博客中发布消息。

比较博客的"被动"关注，微博的关注则更为"主动"，只要轻点"follow"，即表示你愿意接受某位用户的即时更新信息。从这个角度上来说，微博对于商业推广、明星效应的传播更有价值。

微博影响力的提升和用户规模不断扩大，人气与目光的集聚自然代表着巨大的营销价值，微博逐渐成为企业营销的新工具。

3.2.1　微博营销简介

微博是一种有效的网络营销工具，微博的运营商可以与企业共同进行策划，以企业微博、代言人微博、用户微博为载体，针对新产品、新品牌等进行主动的网络营销。

1. 微博营销的特点

(1) 立体化。微博可以借助多种多媒体技术手段，以文字、图片、视频等展现形式对产品进行描述，从而使潜在消费者更形象直接地接受信息。

(2) 高速度。微博最显著的特征就是传播迅速。一条热度高的微博在各种互联网平台上发出后短时间内转发就可以抵达微博世界的每一个角落。

(3) 便捷性。微博营销优于传统推广，无须严格审批，从而节约了大量的时间和成本。

(4) 广泛性。通过粉丝形式进行病毒式传播，同时名人效应能使事件传播呈几何级放大。

(5) 效率高。可在微博中针对企业产品的常见问题进行解答(FAQ)，提高客户服务效率，并且能快速建立与客户互相了解的通道。

2. 微博营销的目的

(1) 有效地实现品牌的建立和传播。

(2) 树立行业影响力和号召力，引导行业良性发展，传播企业价值观。

(3) 产品曝光和市场推广。

(4) 发现目标客户，精准互动营销，完成客户转化和订单销售，全面分析营销效果。

(5) 对企业的口碑进行实时监测，有效防止负面影响和及时做好危机公关。

(6) 自媒体宣传，产品广告营销活动宣传。

3. 微博营销分类

(1) 企业微博营销。微博具有巨大的商业价值,利用微博营销不仅能推广新品牌,也能做好企业公关,或者放大企业传统广告的效应,商家利用微博可以与消费者更好地沟通。

(2) 政府组织微博营销。因为微博社交化媒体的低成本、高时效、容易沟通等因素,所以在微博上开设政务微博的政府组织越来越多,进行相对应的政府威信营销。这类微博的营销目的大多是为了提高政府部门的信用度,控制舆论导向,及时获得真实有效的民众反馈。

(3) 名人微博营销。"名人效应"在微博的世界里直接的显现方式便是微博的粉丝关注人数。这样的关注度不但能提高明星自身的威信度,更是商家品牌选定代言人或合作方的评定方式之一。

名人在微博中进行的自我营销与品牌微博营销有很大的相似性,都是在吸取大量粉丝关注的基础上进行传播,最终达到营销的目的。

(4) 专职营销微博。利用 140 字的内容直接传达某产品的使用效果、销售信息等。一般为了避免广告信息的单一性,这类微博惯用的名称多为"全球时尚""欧美街拍""精选语录""时尚人气排行"等,并在日常发布与名称相关的信息,从而吸引粉丝,同时转发其小号的广告内容。

3.2.2 微博营销流程

微博营销的含义可以分为狭义和广义两种。

狭义的微博营销,是指利用红人微博和海量的普通账号进行直发或者转发的营销行为。目前微博红人资源主要是指新浪微博排行榜上的内容类账号,粉丝基本都在百万以上,这些账号的粉丝数量含有一定的水分,但其信息覆盖面的能力还是不容忽视的。

广义的微博营销,是指基于微博平台的整合性营销行为,涵盖红人微博转发、微博活动策划、微博内容运营、微博外部推广、微博价值分析、微博托管运营、基本信息构建(标签、简介、域名、背景)等。

市面上主流的微博营销流程如表 3.1 所示。

表3.1　微博营销流程

定位	倾听	分享	互动	评估
根据公司营销战略确定微博营销定位	从相关且有影响力的沟通与交流中发现时效性见解	为用户分享有价值的信息,而不是直白的广告	参与用户的讨论互动,建立关系	根据网站分析及社会化媒体矩阵,达到监测、分析、追踪、对话的评估目标
优化				

对于企业来说,一般是以盈利为目的,而运用微博的目的主要是增加企业的知名度,最后达到能够将自己的产品卖出去的目的。由于知名度有限,企业微博营销往往要难上许多,短短的微博不能让消费者直观地理解商品,而且微博更新速度快,信息量大。因此,企业利用微博

进行营销时应当建立起自己固定的消费群体，与粉丝多交流、多互动、多做企业宣传工作。企业微博运营的实战流程如下。

1. 微博账号的建立

1) 账号的开通

腾讯、新浪、网易、搜狐等多个门户网站都有微博平台。目前应用最多的是新浪微博，其微博用户群以年轻人为主，如学生、白领等。企业可根据自身的特点来开通微博。

2) 微博装修

(1) 微博昵称：简洁、易记，以公司名称、品牌为宜。

(2) 个性域名：以公司、品牌的中英文为宜。

(3) 头像：以产品或企业 Logo 为宜。

(4) 背景：简洁、清晰为主，根据微博尺寸合理设计，充分利用其广告价值。

(5) 标签：根据公司、产品或人群定位设置关键词，便于潜在用户搜索。

3) 企业微博认证

企业品牌微博最好进行认证，以增加信赖感，也防止混淆。认证流程可参考微博官方要求。

2. 日常运营

1) 内容建设

(1) 发布时间有规律。企业在日常发布信息时切忌混乱随意发布，建议每天早 9 点和晚 23 点问早安、晚安，其他以相同时间间隔来发布信息。具体的也可以根据企业用户的习惯来合理安排。

(2) 信息的采集和制作。根据内容规划中的话题制作内容和配图，每天第一条和最后一条微博分别是"#早安#"和"#晚安#"语，这样给用户一个很有规律、很亲切的感觉，企业相关的信息要原创，其他话题内容可摘自微博或网络，但与关注公司人群的相关度要高。

(3) 信息发布。信息发布时间可确定为每天 7:00 — 23:00，可定时发布信息，遇特殊情况也可随时发布。

(4) 信息维护。转发并回复好的留言，删除言语恶劣的评论，并做好沟通。

2) 活动策划

微博活动一般分为微博平台活动与企业独立活动。

(1) 微博平台活动。基于微博活动平台发起的活动，如大转盘/砸金蛋/有奖转发、通过微博抽奖系统抽奖等。

(2) 企业自建活动。企业在自己微博中发起的各种活动，如有奖转发、晒单有礼、盖楼、随手拍等各种形式话题的活动。可分为独立活动和联合活动，独立活动就是自己发起的，联合活动就是与其他异业微博开展的活动。

活动技巧：以标题、奖品、中奖率吸引人，普遍适用潜在客户。

企业自建活动的开展步骤：①确定主题；②撰写活动方案，包括活动形式、奖品、时间、执行人、宣传文案；③活动发布和维护，跟踪活动效果，互动维护；④公布活动结果、发奖等事宜；⑤活动分析，对转发、评论、粉丝数、ROI 等数据进行分析，并做好记录。

3) 客户管理

微博让企业与用户直接对话，走近用户，聆听用户的声音，与用户互动。微博上客户管理工作主要包括如下内容。

(1) 处理投诉。处理微博上用户的紧急投诉，避免其四处发帖。

(2) 粉丝互动。针对粉丝的评论做相应的回复或转发互动。

(3) 咨询答疑。解决用户的各种疑问。

(4) 发券、发奖品。

(5) 意见收集调查。

4) 微博推广

微博也需要推广，它犹如企业官方网站一样，需要通过多种渠道来进行宣传推广，可将微博推广归结为站内推广和站外推广，具体如下。

(1) 站内推广：①活动推广，微博平台和自建活动，吸引粉丝参与，增加搜索结果数；②普通账号推送，请大号转发；③异业合作，通过赞助奖品等形式与其他微博开展联合活动；④微应用，开发微博 App 应用，吸引用户参与，同时可以推广企业微博；⑤主动关注，通过搜索相关关键词，找到潜在用户，主动求关注；

(2) 站外推广：①在博客、论坛、贴吧、企业官网上发布企业微博信息；②微博组件推广，如在官网上添加一键关注、关注、分享等微博按钮；③有条件的企业可以在 EDM、DM 宣传册、名片中添加微博信息。

5) 商务合作

企业微博营销过程中不可避免地会与合作伙伴、第三方服务公司等展开一些商务合作，以利于微博营销工作的开展。

(1) 与微博平台服务商合作，如新浪、腾讯开展微博组件合作、App 应用合作、活动参与等商务往来。

(2) 与其他企业微博合作，之前提及的异业合作就是如此，去其他企业的微博中开展活动，并留下友情链接等合作。

(3) 与第三方服务公司合作，如微博代运营公司、微博营销分析工具供应商等。

6) 运营日志

微博营销是一个实时的动态营销方式，它本身包含很多数据指标，如粉丝数、微博数、评论转发数、订单销售、流量等。企业可通过微博分析行业内其他企业微博的运营情况，也需要跟踪观察，做好一些记录。运营日志一般包括微博日志、活动报表：

(1) 微博日志。微博日志是最重要的，应该保持每天更新记录，包括粉丝增量(增长率)、每日发微博数、转发评论数、搜索结果数(增长率)、订单数、IP(PV)、活动数量等，具体可根据公司情况而定。

(2) 活动报表。活动报表可以周为单位做汇报并进行分析，报表中一般包括活动类型、时间、参与人数、转发评论数、粉丝增长数、奖品价值、ROI 等必要条件。

3. 数据分析

微博自身涉及的数据大致有微博信息数、粉丝数、关注数、转发数、回复数、平均转发数、平均评论数、二级粉丝数、性别比例、粉丝分布数；微博营销运营指标有粉丝活跃度、粉丝质量、微博活跃度；企业考核 KPI 指标有粉丝增长数、搜索结果数、销售/订单、PV/IP(PV 指页面浏览量)、转发数、评论数。

1) 部分指标说明

(1) 粉丝数。关注微博的人数，可以直接反映微博的人气(不造假)。

(2) 关注数。主动关注的微博数量，最高上限为 2000 人，日关注最高上限为 500 人。

(3) 评论数。用户对微博内容的回复，可以反映微博内容的受欢迎程度和微博用户的活跃度。

(4) 转发数。用户对微博内容进行的二次传播行为，同样反映微博内容的受欢迎程度和微博用户的活跃度。

(5) 平均转发数。每条信息的转发数之和 / 信息总数量，一般计算日平均转发数或月平均转发数，平均回复数原理类似。平均转发数(评论数)与粉丝总数和微博内容质量相关，粉丝总数越高，微博内容越符合用户需求，转发数和评论数就会越高。所以这个数据可以反映粉丝总数、内容和粉丝质量的好坏。粉丝基数越大，理论上转发数会越高，内容越契合用户，或者粉丝中你的目标人群越多，这个数据就越会上升。

(6) 粉丝活跃度。这是一个综合数据，一般可以通过平均转发数或回复数来衡量。

(7) 微博的活跃度。一般是用作竞品微博或其他微博之间的比较，对于企业理性地看待微博营销的效果有指导意义。

(8) 搜索结果数。指在微博搜索框中输入指定关键词得到的结果数，可以反映企业品牌或产品名称被提及的总数。

2) 日常报表

日常报表的内容一般包括粉丝增量(增长率)、每日发微博数、转发评论数、搜索结果数(增长率)、订单数、PV/IP、活动数量等，具体可根据公司情况而定。

3) 活动分析

活动以每周为单位进行分析，报表中一般包括活动类型、时间、参与人数、转发评论数、粉丝增长数、奖品价值、ROI 等必要条件。

4) 粉丝分析

粉丝分析包括性别、地区、粉丝占比、活粉率、二级粉丝等数据。目前有些企业提供的微博分析工具，会有影响力、曝光率、眼球数等指标，实际上也是围绕之前的系列数据展开的模型计算出来的，仅供参考。

4. 团队建设

1) 团队构架

根据微博运营的流程工作来看，团队构架主要包括运营负责人(CWO)、商务拓展专员(BD)、文案写手、客服人员、活动策划、美工编辑这几类，具体根据公司的情况来合理配置。

2) 成员考核

团队成员根据各自的工作建立日常的报表，对每日工作进行分析。微博运营团队的工作是密切相关的，在考核方面不应孤立来看每个人的关键绩效指标(KPI)，可以对整个团队制定指标，如粉丝数、搜索结果数、订单或销量、活动数量等进行考核，但是每个人对应的具体指标的侧重点又不同，具体可结合公司的实际情况来定。

5. 微矩阵建设

常见的微矩阵模式主要包括以下三种:

(1) 蒲公英模式,适合拥有多个子品牌的集团。

(2) 放射式模式,即由一个核心账号统领各分属账号,分属账号之间是平等的关系,信息由核心账号放射至分属账号,分属账号之间信息并不进行交互,这是适合地方分公司比较多并且为当地服务的业务模式。

(3) 双子星模式,即老板经营一个很有影响力的账号,公司官方也经营一个具有影响力的账号,账号之间形成互动。

微矩阵是企业微博营销发展到一定程度,演化的各种形式。不同企业的微博,其工作侧重点应该有所不同。一般应根据微博的定位和功能进行分类,如是产品销售、品牌传播还是客户管理,或是公共关系,没有明确的功能定位,不仅无法形成有力的微矩阵,连主微博的运营都会成问题,因为微博的内容更新、活动策划、粉丝互动都要根据微博本身的定位来运作。

3.2.3 微博营销技巧

微博的作用与商业价值是建立在一个微博运作成功的基础之上。试想,如果你的微博关注者非常少,怎么可能达到宣传营销的效果呢?只有了解企业微博的操作技巧,才能帮助企业正确、快速地操控这一网络营销工具,经营好企业微博。

1. 注重价值的传递

企业微博经营者首先要改变观念——企业微博的"索取"与"给予"之分。企业微博是一个给予平台,只有那些能为浏览者创造价值的微博自身才有价值,此时企业微博才可能达到期望的商业目的。企业只有认清了这个因果关系,才可能从企业微博中受益。

2. 注重微博个性化

微博的特点是"关系""互动",因此,虽然是企业微博,但也不能是一个冷冰冰的官方发布消息的窗口。最好的方式是让关注者觉得企业的微博有感情、有思考、有回应、有自己的特点与个性。

如果浏览者觉得你的微博和其他微博没有差别,那么企业的微博营销就是不成功的。这和品牌与商品的定位一样,必须塑造个性,只有这样的微博才具有很高的黏性,具有不可替代性与独特的魅力。

3. 连续性

微博就像一本随时更新的电子杂志,要注重定时、定量、定向发布内容,让关注者养成观看的习惯。当其登录微博后,能够想着看看企业的微博新动态,这无疑是成功微博营销的最高境界。

4. 注重加强互动性

微博的魅力在于互动，拥有一群不说话的关注者是很危险的，因为他们会慢慢变得不再关注企业信息，甚至取消对企业的关注。因此，互动性是使微博持续发展的关键。企业若想以微博吸引大众，第一个应该注意的问题，就是在发布的消息中企业宣传信息不能超过 10%，最佳比例是 3%～5%。更多的信息应该融入大众感兴趣的内容。

"活动内容＋奖品＋关注(转发/评论)"的活动形式一直是微博互动的主要方式，但实质上奖品比企业想宣传的内容更吸引大众的眼球，相较赠送奖品，如果企业的微博能认真回复留言，用心感受大家的想法，则更能得到关注者的情感认同。如果微博的内容是情感与"利益"(奖品)的结合，那就更完美了。

5. 注重系统性布局

任何一个营销活动，想要取得持续而巨大的成功，都不能脱离了系统性。微博营销虽然看起来很简单，对大多企业来说效果也很有限，从而被很多企业当作可有可无的网络营销小工具。其实，微博这种全新形态的互动形式，它的潜力是无限的，发挥的作用小，可能与企业投入的精力与重视程度不高有关。企业想要发挥微博更大的效果，就要将其纳入整体营销规划中。

6. 注重准确的定位

微博关注量高当然是好事，但是对于企业微博来说，关注者的质量更重要。因为企业微博最终能否转化为商业价值，或许就需要这些有价值的关注者。这涉及微博定位的问题，很多企业抱怨："微博人数都过万了，可转载、留言的人很少，宣传效果也不明显。"这其中一个很重要的原因就是定位不准确。企业在发布微博时，应围绕一些产品目标顾客关注的相关信息，而非只考虑吸引眼球，导致吸引来的都不是潜在消费群体。很多企业微博在起步阶段都会陷入这个误区当中，完全以吸引大量关注者为目的，却忽视了关注者是否为目标消费群体这个重要问题。

7. 企业微博专业化

企业微博定位精准很重要，但是专业更重要。同场竞技，只有专业才可能超越对手，持续吸引关注目光，专业是一个企业微博重要的竞争力指标。

微博不是企业的装饰品，如果不能做到专业，倒不如不去耗费人力、财力建设企业微博，因为，作为一个"零距离"接触的交流平台，不专业的服务也许会导致负面的信息与不良的用户体验，这些会很容易迅速传播开，给企业带来不利的影响。

8. 注重方法与技巧

作为企业微博，其开设的目的不是为了消遣娱乐，而是以创造企业价值为己任。想把企业微博变得有声有色，持续发展，单纯在内容上传递价值还不够，必须讲求一些技巧与方法。比如，微博话题的设定，表达方法就很重要。如果你的博文是提问性的，或是带有悬念的，引导粉丝思考与参与，那么浏览和回复的人自然就多，也容易给人留下印象；反之一篇新闻稿似的博文，会让关注者觉得索然无味，丧失阅读的兴趣。

3.2.4 微博营销案例

案例一：特仑苏——公关代理，收集民调，提升体验

特仑苏于2010年2月开始在新浪微博开设官方账号(见图3.2),与有些企业是由内部员工(通常来自市场部门)进行维护不同,特仑苏官方微博的运营,由公关公司来代理,而日常工作则只需一人。

图3.2 "特仑苏"微博

具体的微博营销目的、实现途径，以及内容分类如表 3.2 和表 3.3 所示。

表3.2 微博营销的目的和实现途径

微博运营目的	实现途径
与特仑苏的直接消费群体和非直接消费群体建立面对面的沟通平台，收集最真实的消费者"民调"，通过"爱猜特仑苏"等一系列活动的展开，进一步提升特仑苏的品牌体验	富有人情味的交流沟通；一些有着浓烈特仑苏印记的互动活动的设计

表3.3 发布微博的内容分类

类型	具体内容
转发或评论与品牌相关话题	与品牌直接相关的，通常包含品牌关键字的微博信息
转发或评论与品牌无关话题	与品牌并不直接相关，多为当前社会热点
有奖活动	特点是有一定趣味性，可参与，有奖品
发布相关线下活动	与品牌直接相关的线下活动信息，通常包含品牌关键字
对话	主要是通过转发或回复，主动接触提及特仑苏的微博用户，并产生进一步对话的可能
无关主题	与品牌不直接相关的信息，不排除某些看似无关的内容，其实是有意针对目标受众喜好而设计的

通过发布微博的内容效果分析,企业发现有奖活动的效果是最好的(见表 3.4)。"有奖活动(爱猜特仑苏)"数量不多,只占全部微博数的12%,所获得的转发和评论数却分别占78%和82%,

同时虽然没有直接的数据能够证明，但因为得到大量的转发，粉丝数也会有所增加。

表3.4 发布微博的内容分类

类别	数量	转发总量	平均每条转发	评论总量	平均每条评论
转发或评论与品牌相关的话题	22	313	14	220	10
转发或评论和品牌无关的话题	8	15	2	7	1
有奖活动	9	1812	201	1659	184
发布相关线下活动	7	17	2	10	1
对话	24	55	2	29	1
无关主题	5	118	24	110	22
综合	75	2330	31	2035	27

从数值上看，举办有奖活动显然是效果最好的渠道，但要考虑如下因素：

(1) 需要花更多钱。相对于其他几乎免费的活动类型而言，有奖活动通常意味着需要企业立刻付出一部分资金或产品。

(2) 需要花更多时间。制定规则、统计并发放奖品，都需要花比发布一两条微博多得多的时间，而这部分工作暂时还没有专用的工具，只能依靠手工劳动，更加降低了效率。

奖品的激励可能导致带来类似虚假流量的"虚假关注"和"虚假评论/转发"。

案例二：野兽派——故事营销

"野兽派花店"这个名字被很多文艺青年所熟悉。没有实体店，甚至没有淘宝店，仅凭微博上几张花卉礼盒的照片和140个字的文字介绍，从2011年12月底开通微博到现在，野兽派花店已经吸引了超过97万粉丝，甚至连许多演艺界的明星都是它的常客(见图3.3)。

图3.3 野兽派花店微博

为什么传统简单的花店生意会有如此鲜活的生命力？

答案是，他们卖的不仅仅是花。

2011年末，顾客 Y 先生在野兽派花店订花，希望能表现出莫奈的名作《睡莲》的意境，可是当时并没有合适的花材进行创作。几个月过后，店主兼花艺师 Amber 想起日本直岛的地中美术馆，从中获得灵感，做成了后来野兽派花店的镇店作品之一——"莫奈花园"。与其他花店不同的是，野兽派花店倾听客人的故事，然后将故事转化成花束，每束花因为被赋予了丰满的故事而耐人寻味。这其中，有幸福的人祝自己结婚周年快乐的、有求婚的、有祝父母健康的、有纠结于暗恋自己的男同事的……在日复一日的寻常生活中，阅读140字的离奇情节，也成为粉丝们的一种情绪调节剂。

野兽派花店所选用的花束绝不是市场上常见的，这些进口花卉品种经过精心雕饰之后，针对不同的人群、送花与收花人的心境，颇有文艺范儿的名字，包装完成的花束，只在微博上出售。顾客也都是花店的关注者，在微博上通过私信下订单，客服通过私信回答顾客的问题，最终达成交易。和传统的花店相比，野兽派花店绝对算得上是花店中的奢侈品品牌。从野兽派出品的花卉礼盒少则三四百元，多则近千元，然而即使是如此高的价格，仍然有众多顾客追捧。

野兽派的花艺在上海花艺圈绝对不算是最好的，但它的成功源自于故事营销。对于许多花店关注者来说，成为故事的男女主角，围观寻常生活中有趣的细节，已经成了一种买花之外的附加值。野兽派的成功告诉我们，原来电商有这样一种经营方式。利用微博病毒式的故事传播免费获得大量的潜在客户。而动辄几百上千元的礼盒又保证了毛利，这完全颠覆了传统电商只靠拼价格的悲催局面。

后续发展：野兽派在2012年8月上线了网店，除了花艺外，还扩展到了干花、香氛蜡烛、配饰等更多的品类。

3.3 微信公众平台

微信公众平台是腾讯公司在微信的基础上新增的功能模块，通过这一平台，个人和企业都可以打造一个微信公众号，可以群发文字、图片、语音、视频、图文消息五个类别的内容。微信公众平台支持计算机端网页、移动互联网客户端登录，并可以绑定私人账号进行群发信息。微信公众平台是一个自媒体平台，商家可以通过基于微信公众平台对接的微信会员管理系统展示商家微官网、微会员、微推送、微支付和微活动。

3.3.1 微信公众平台使用

1. 平台功能定位

微信公众平台的主要价值在于让企业的服务意识提升。在微信公众平台上，企业可以采用多种运营方式更好地为客户提供服务。微信公众平台主要具有如下功能。

(1) 群发推送，公众号主动向用户推送重要通知或趣味内容。

(2) 自动回复，用户根据指定关键字，主动向公众号提取常规消息。

(3) 一对一交流，公众号针对用户的特殊疑问，为用户提供一对一的对话解答服务。

2. 平台类型

微信公众平台分成订阅号和服务号两种类型。

（1）订阅号是公众平台的一种账号类型，为用户提供信息和资讯。订阅号每天可以发送一条群发消息，消息将会显示在用户的订阅号文件夹中。在发送消息给用户时，用户不会收到即时消息提醒。

（2）服务号是公众平台的一种账号类型，旨在为用户提供服务。服务号一个月内仅可以发送 5 条群发消息。服务号发给用户的消息，会显示在用户的聊天列表中，并且在发送消息时，用户将收到即时的消息提醒。

3. 微信公众平台的注册

（1）查找微信公众平台的入口。用计算机登录微信官网，网址为 https://mp.weixin.qq.com/，如图 3.4 所示。

图3.4　微信公众平台

（2）注册需要用到邮箱，在注册界面填写好邮箱之后，进入邮箱并打开微信发来的邮件，然后点击其中激活账号的链接。

（3）选择账号类型。账号一旦成功建立，类型不可更改，这里选择的是订阅号，如图3.5所示。

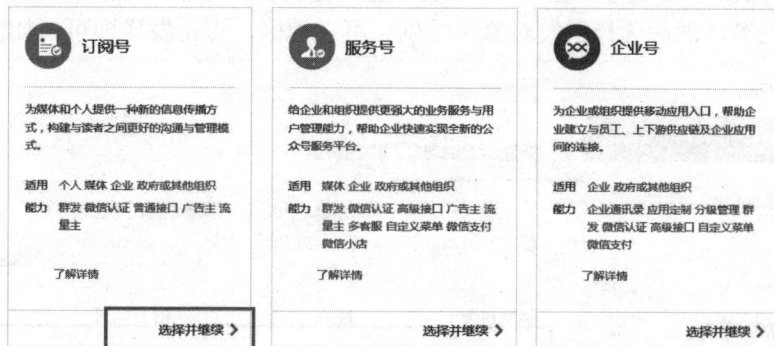

图3.5　账号类型选择

（4）认证。如果是企业，点击企业的选项卡，需要提供企业的营业执照和法人代表的身份证照片，需要本人手持身份证拍照。如果是个人，就少了一个营业执照的认证，需要个人手持身份证拍照。这里选择的是个人，需输入身份证姓名、身份证号码、手持身份证照片上传、运营者手机号码及短信验证码。

(5) 公众号信息。输入账号名称、功能介绍，选择国家，如图 3.6 所示。

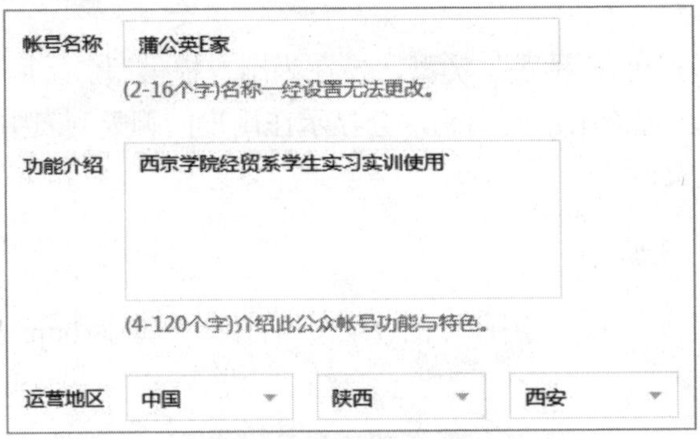

帐号名称	蒲公英E家
	(2-16个字)名称一经设置无法更改。
功能介绍	西京学院经贸系学生实习实训使用`
	(4-120个字)介绍此公众帐号功能与特色。
运营地区	中国　　陕西　　西安

图3.6　输入公众号信息

注册申请通过之后就可以进入微信公众平台。进入之后，可先把自己的微信二维码保存下来，这样其他人关注你的公众号时可直接扫描二维码。二维码在"设置"中，进入"设置"之后在最下面就可以看到微信二维码，如图 3.7 所示。

图3.7　微信二维码

4. 微信公众平台的使用

1) 群发信息

登录微信公众平台，在"功能"→"群发功能"选项中，根据需要填写文字、语音、图片、视频、录音等内容，然后选择群发对象、性别、群发地区，点击发送即可，如图 3.8 所示。

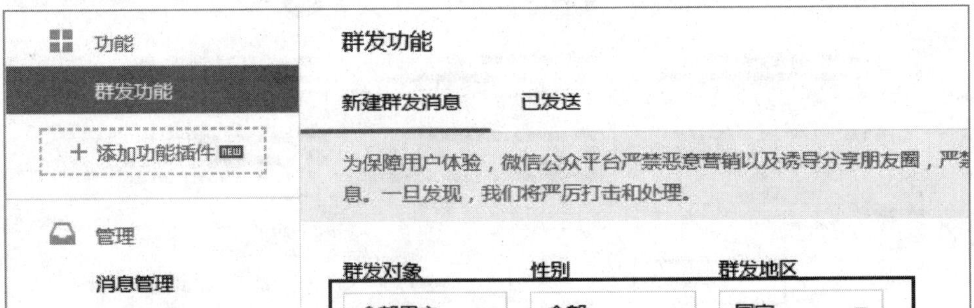

图3.8　微信公众平台功能

2) 申请微信认证

第一步，对于没有申请认证的订阅号和服务号，单击公众平台网页右上角登录账号旁显示的"未认证"。微信认证需要审核服务费一人次 300 元，单击右上角的"开通"按钮，如图 3.9 所示。

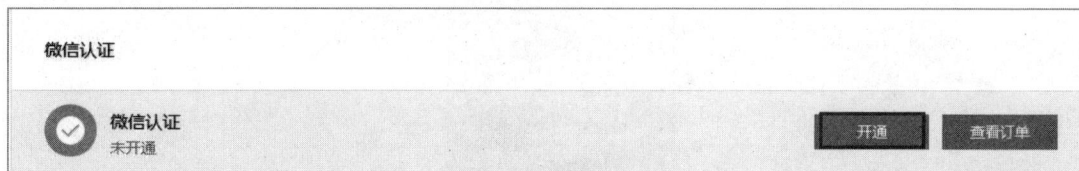

图3.9　申请微信认证

第二步，仔细阅读微信公众平台认证服务协议，在最下方选择同意协议，单击 "下一步"按钮。

第三步，选择需要申请的类型，单击"确定"按钮，填写认证资料。微信认证的要求很严格，信息越齐全且真实就更容易通过审核。

各类型需要提交的资质材料包括但不限于如下几种。

企业：《组织机构代码证》《企业工商营业执照》。

网店商家：《组织机构代码证》《企业工商营业执照》等。

媒体：《组织机构代码证》《企业工商营业执照》或《事业单位法人证书》；广播电视应上传《广播电视播出机构许可证》或《广播电视频道许可证》；报纸需上传《中华人民共和国报纸出版许可证》；期刊需有《中华人民共和国期刊出版许可证》；网络媒体需要提供《互联网新闻信息服务许可证》或《信息网络传播视听节目许可证》。

政府及事业单位：《组织机构代码证》。

第四步，支付费用。

完成以上步骤后，一般 3～5 个工作日即可审核完毕。通过认证后，关注一栏会显示微信认证信息。

3.3.2　微信公众平台开发接口简介

公众平台是为微信用户提供服务的平台，而公众平台开发接口则是提供服务的基础，开发者在公众平台网站中创建公众号、获取接口权限后，可以开发使用。

公众平台开发接口提供与用户进行消息交互、自定义菜单交互的功能。对于成功接入公众平台开发接口的公众账号，当用户发消息给公众号，微信公众平台服务器会使用 http 请求对接入的网址进行消息推送，第三方服务器可通过响应包回复特定结构，从而达到回复消息的目的。

值得借鉴的公众账号主要是服务号，如招商银行信用卡中心，如图 3.10 所示。

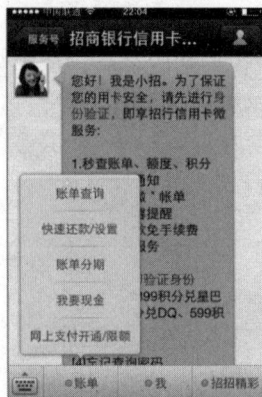

图3.10 招商银行信用卡中心

如果你是持卡人，可快捷查询信用卡账单、额度及积分；快速还款、申请账单分期；微信转接人工服务；信用卡消费，微信免费交易提醒。如果不是持卡人，可以微信办卡。招商银行公众号通过提示消息引导用户将自己的微信号和信用卡号安全绑定。用户可以通过该公众号享受查询账单、收取刷卡通知等服务，这是由招行开发人员通过公众号接口实现的功能。

3.3.3 微信公众平台功能开发

1. 自定义菜单

通过编辑和发布自定义菜单进行便携管理，如具备开发能力，可更灵活地使用该功能。可创建最多三个一级菜单，每个一级菜单下可创建最多五个二级菜单。

2. 添加功能插件

每个公众号都可以在添加功能插件页面看到该账号能申请的所有功能。单击"添加功能插件"链接，可以添加需要的功能，如图 3.11 所示。

图3.11 添加功能模块

3. 微信支付

便于企业或商家认知及申请微信支付功能，创建集推广销售、支付收款、经营分析等功能为一体的整套营销解决方案。

4. 开发者中心

开发者中心可以统一管理开发资源、权限和配置等功能，主要包括：

(1) 接收消息。验证消息真实性、接收普通消息、接收事件推送、接收语音识别结果。

(2) 发送消息。发送被动响应消息、发送客服消息、高级群发接口、模板消息接口。

(3) 用户管理。分组管理接口、设置用户备注名接口、获取用户基本信息、获取关注者列表、获取用户地理位置、网页授权获取用户基本信息、网页获取用户网络状态。

(4) 多客服功能。将消息转发到多客服、获取客服聊天记录、计算机客户端自定义插件接口。

(5) 自定义菜单。自定义菜单创建接口、自定义菜单查询接口、自定义菜单删除接口、自定义菜单事件推送。

(6) 推广支持。生成带参数的二维码、长链接转短链接接口，详情可阅读微信公众平台开发文档。

(7) 微信小店。它是基于微信支付，包括添加商品、商品管理、订单管理、货架管理、维权等功能，开发者可使用接口批量添加商品，快速开店。已接入微信支付的公众号，可在服务中心申请开通微信小店功能。

(8) 设备功能。设备功能是微信为服务号提供的互联网解决方案，设备功能建立在微信硬件平台之上。设备功能允许硬件设备厂商通过服务号，将用户与其拥有的智能设备相连。

(9) Weixin JS 接口。隐藏微信中网页右上角的按钮、隐藏微信中网页底部导航栏、网页获取用户网络状态、关闭当前网页窗口。

5. 微信第三方平台

微信第三方平台即为企业或机构提供微信二次开发、运营、培训、推广等相关解决方案的服务商。在移动互联网商业活动中，微信与使用微信公众号的企业为两个相互联系的客体。但是微信公众号本身拥有的基础商业化功能并不能很好地满足企业进行社会关系管理、品牌展现与推广等服务需求。但是微信公开了相关接口，有相关开发能力的企业通过此接口进行微信二次开发，为拥有微信公众号的企业进行相关需求服务。

微信第三方平台完善了因微信公众平台自身功能不足、针对性不强、交互性不高的问题，为商家公众号提供了更贴心，且有核心需求的功能和服务。为公众号提供包括但不限于客户管理、微信投票、微信砍价、微信拼团、公众号团购、公众号投票、产品推广、客户互动、在线交易、市场调查、产品订单、在线预约等一整套流程的微信第三方应用插件营销服务平台。可以帮助那些不懂技术的个人或企业建立属于自己的接口程序，通过简单的配置，即可拥有强大的功能。

微信第三方平台提供的服务一般都是收费服务，除了少量功能是免费的以外，大部分需要注册收费会员才能享受相应等级的服务，其收费价格从几十元到几百元不等。不同等级的会员对功能使用次数也有所限制，具体可参考表 3.5。

表3.5 微信第三方平台会员功能对比

基本信息	基础免费版	普通会员	高级会员
套餐默认价	免费使用	199 元/12 个月	168 元/1 个月
购买及版权说明	无	1. 去除公众号手机端页面显示的"微讯云端免费版"文字 2. 同时支持自行设置任意版权文字和版权链接 3. 支持累积购买，时间自动延长 4. 购买商业特权版赠送公众号版权(限时)	
免费浏览量(PV)	6 万/月 2000/日	6 万/月 2 万/日	180 万/月 6 万/日 年付不限流量
内容创建数量	部分限制	不受限制	不受限制
首次关注	支持	支持	支持
图文素材	支持	支持	不支持
个性化菜单	支持	支持	支持
百度直达号	支持	支持	支持
微喜帖	支持	支持	支持
高级图文素材	不支持	不支持	支持
H5 单页海报	不支持	不支持	支持
超级推送	支持	支持	支持
高级会员卡	支持	支持	支持
智能客服	支持	支持	支持
微信连 WiFi	不支持	不支持	支持
……			

　　受篇幅限制，表 3.5 中仅罗列了部分微信第三方平台提供的功能，通过对比不难发现收费会员提供的功能要远多于免费会员，免费会员虽可以使用一部分功能，但是在使用过程中需要添加该第三方平台的广告信息，创业者可以酌情选用。

　　具体接入流程在各第三方平台官网有详细教程，接入方法较多，此处不再赘述。下面举例说明目前最新的绑定二维码接入方式。

　　(1) 注册或登录第三方平台后，进入管理中心，再点击绑定公众号，如图 3.12 所示。

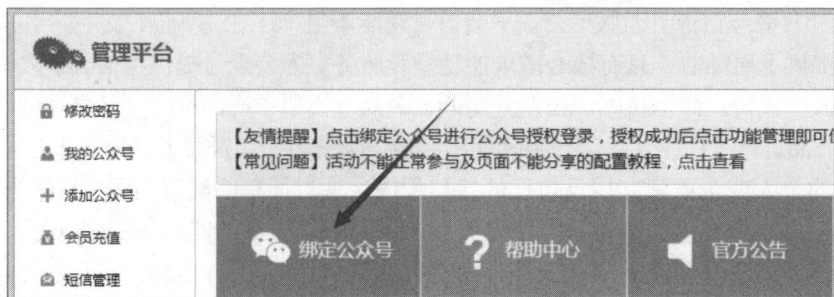

图3.12 第三方平台后台绑定公众号

(2) 微信公众账号管理员用个人微信扫码选择公众号，如图 3.13 所示(此处仅做演示，实际操作中应扫描前述生成的微信公众号二维码)。

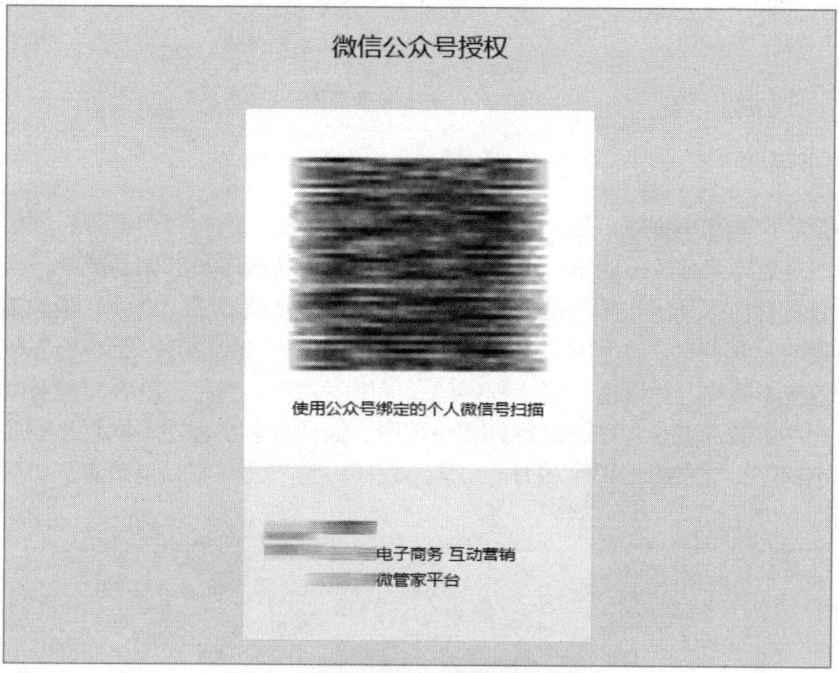

图3.13 管理员账号扫码绑定第三方平台

(3) 微信公众号管理员在手机端选择要绑定的公众号，点击"授权"即可，如图 3.14 所示。

图3.14 微信公众号管理员授权(手机端)

(4) 绑定成功后，进入微信第三方平台后台，点击刚才绑定的公众号后面的"功能管理"即可使用，如图 3.15 所示。

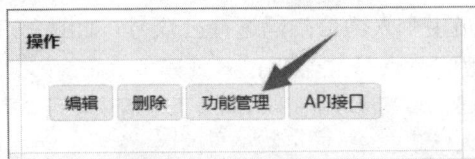

图3.15　进入管理界面

6. 微信小程序

微信小程序，简称小程序，是一种不用下载就能使用的应用程序，也是一项门槛非常高的创新。小程序是近年来 IT 行业里一个真正能够影响到普通程序员的创新成果，现在已经有超过 150 万的开发者加入到了小程序的开发，小程序应用数量超过了 100 万，覆盖 200 多个细分行业，日活用户达到两亿。小程序的发展带来更多的就业机会，2017 年小程序带动就业 104 万人，社会效应不断提升。目前微信小程序已经能围绕社交、支付、LBS 定位等功能，提供诸如微官网小程序、微商城小程序、餐饮外卖小程序、活动报名小程序、同城小程序、酒店小程序、会员卡小程序、洗衣店小程序和万能门店小程序，为广大商家和消费者提供服务平台，如图 3.16 所示。

图3.16　微信小程序能力结构

微信小程序由类似微信第三方平台提供技术支持和服务，商户和创业者只需要申请微信小程序然后接入到微信第三方平台即可使用相关服务。小程序开发和注册可以在现有微信公众平台的认证信息基础上进行，也可以独立全新注册，具体注册流程、限制条件、使用说明可以参考腾讯公司关于小程序注册和绑定流程的官方教程。微信小程序使用流程和开发流程如图 3.17 所示。

微信小程序 使用流程和开发简述

图3.17　微信小程序使用和开发流程

下面举例说明接入微信第三方平台小程序的具体流程。

1) 微信官方平台端设置

本案例将在已经通过认证的"西京学院商学院"微信公众平台基础上，开始微信小程序开发。

(1) 在腾讯微信公众平台官方网站创建小程序。

① 登录后台选择"小程序"→"小程序管理"，在打开的界面中有两种不同的小程序创建方式，如图 3.18 所示。如果微信公众账号已经认证，则可以选择"快速注册并认证小程序"。

关联小程序

本月还可关联同主体的10个小程序，不同主体的3个小程序。

快速注册并认证小程序

支持已认证公众号快速注册并认证小程序

图3.18　选择小程序创建方式

因为所有的小程序都是需要认证才能上线，"快速认证"的好处是可以直接使用之前认证的资料，不需要重新提交小程序认证资料。当选择快速认证后系统会提示"复用资质"，直接点击"下一步"提交即可。

② 需要重新提交一个新的邮箱，作为微信小程序的独立登录账号，如图 3.19 所示。需填写未被微信公众平台注册、未被微信开放平台注册、未被个人微信号绑定的邮箱。

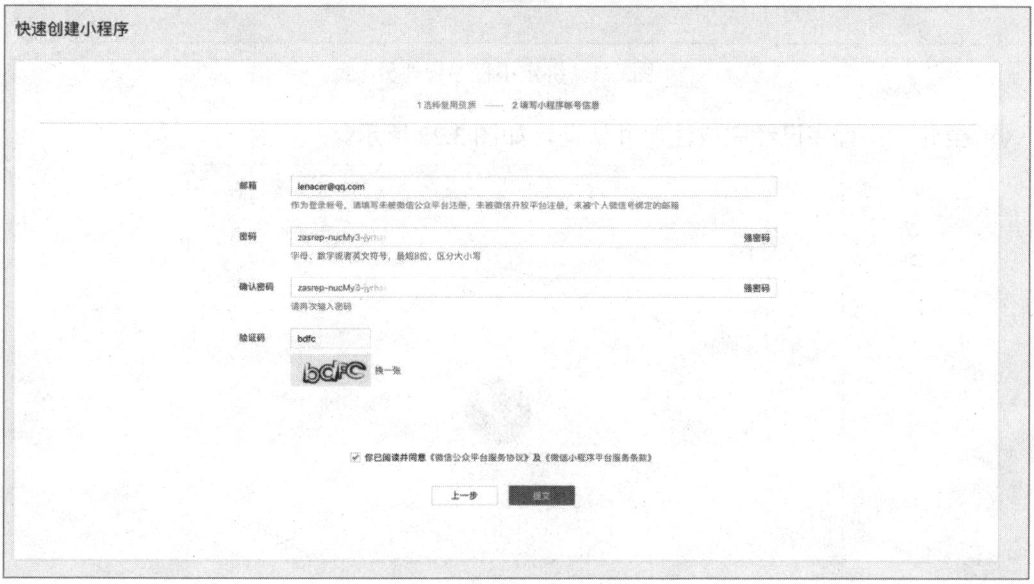

图3.19　提供一个新邮箱

③ 提交资料后，前往个人邮箱激活公众平台账号即可，如图 3.20 所示。

④ 为了方便后期对小程序的管理和升级，这里还需要给小程序绑定管理员，如图 3.21 所示。

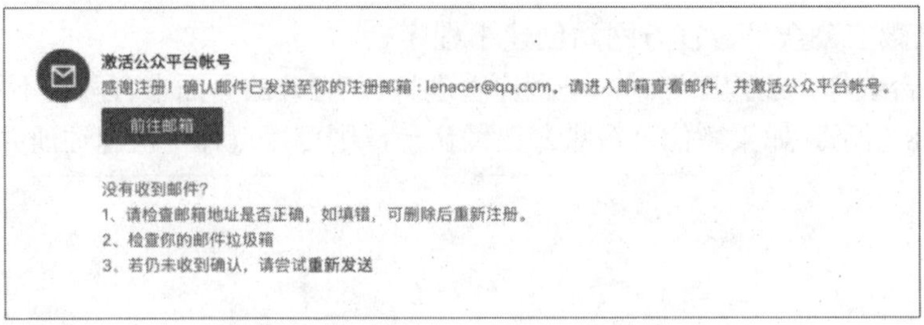

图3.20 在邮箱中激活微信公众平台账号

图3.21 绑定小程序管理员

⑤ 至此，小程序已经完成注册并认证，如图 3.22 所示。

图3.22 完成小程序注册并认证

　　单击"前往首页"按钮，可以跳转到微信小程序的官方后台，今后对小程序所有的管理都将在此后台进行，具体界面如图 3.23 所示。可以直接通过刚注册的小程序专用邮箱和密码进行登录。

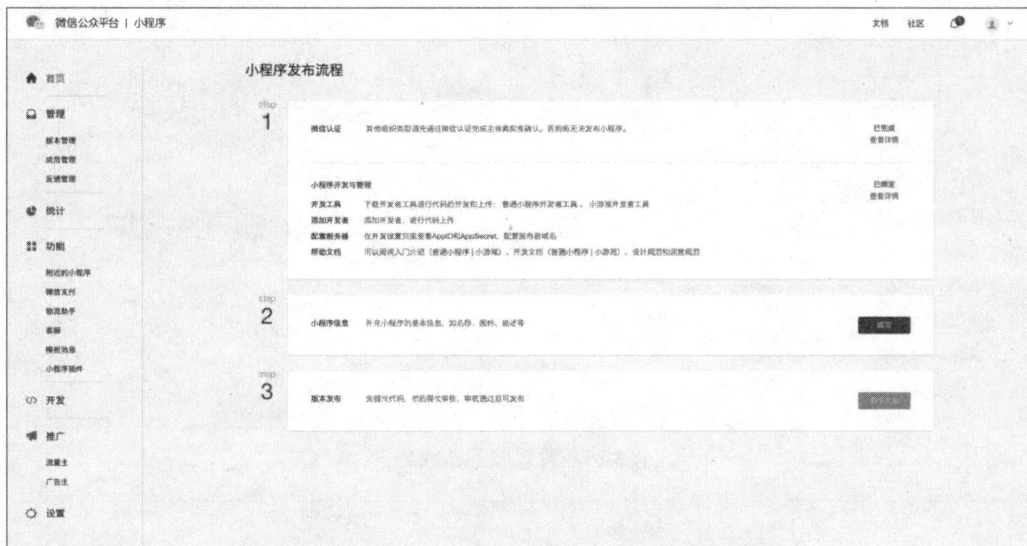

图3.23 微信小程序官方后台管理页面(小程序发布流程)

(2) 进行小程序的基本配置。

① 单击左侧菜单中的"开发"→"开发设置",第一步先生成开发者小程序密钥(AppSecret)，此信息需要妥善保管并存储，后面会用到，如图 3.24 所示。

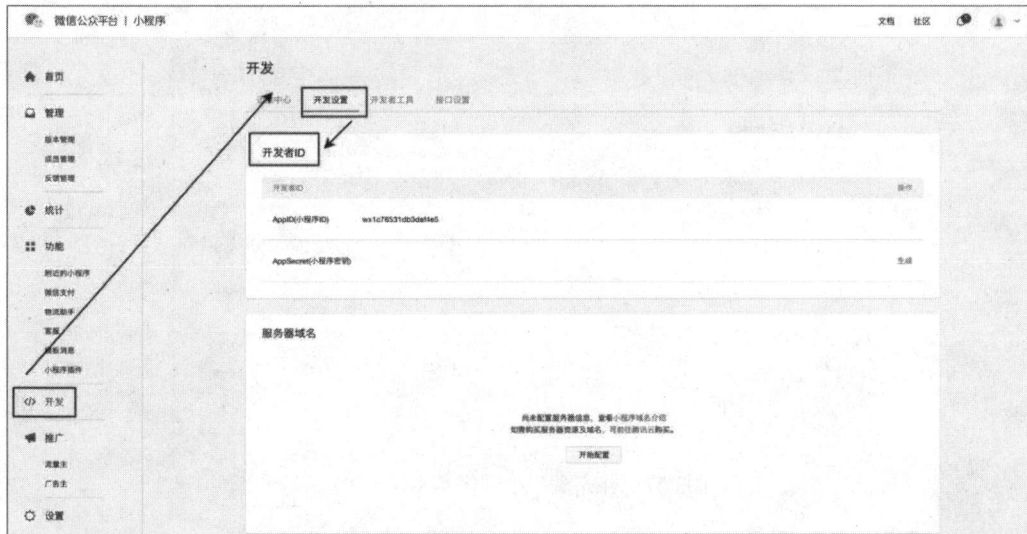

图3.24 获取开发者小程序密钥(AppSecret)

② 在相同页面，单击服务器域名菜单下的"开始配置"，对服务器域名进行设置，此信息需要从第三方小程序提供平台获取，如图 3.25 所示。

③ 下面进行小程序基本信息的填写补充，单击"首页"菜单下小程序信息后的"填写"按钮，补充小程序的基本信息，如名称、图标、描述等，如图 3.26、3.27 所示。

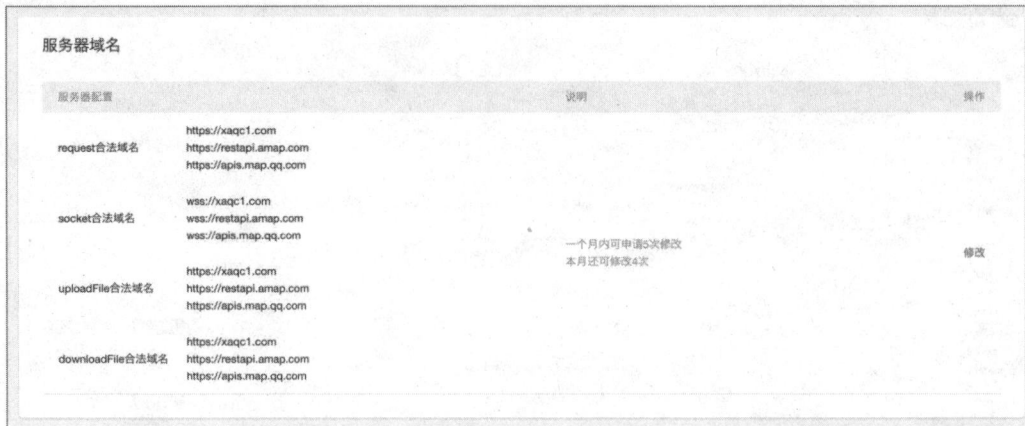

图3.25　设置服务器域名

图3.26　补充微信小程序基本信息(1)

图3.27　补充微信小程序基本信息(2)

2) 第三方微信小程序平台端设置

(1) 第三方微信小程序初始设置。

① 登录第三方微信小程序平台(本案例中，第三方名称设置为"浅苍网络")，如图 3.28 所示。点击"注册"按钮，进行账号注册。

图3.28　注册第三方微信小程序平台

② 注册完成后，点击"去创建"，如图 3.29 所示。

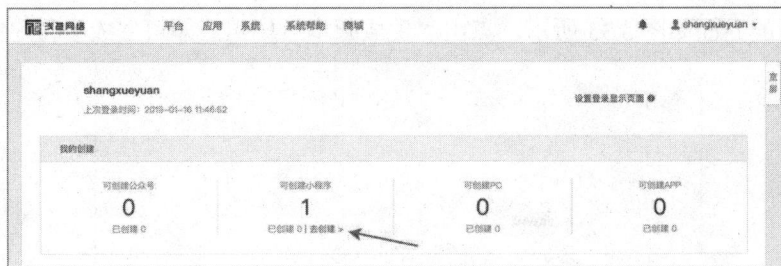

图3.29 新建小程序

③ 在打开的"新建小程序"页面中选择"手动添加小程序"选项，如图 3.30 所示。

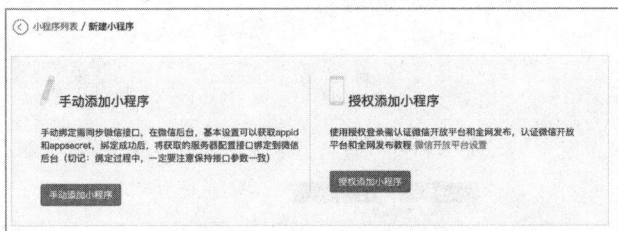

图3.30 手动添加小程序

④ 在打开的页面中选择"新建单个小程序"，如图 3.31 所示。

图3.31 新建单个小程序

⑤ 在设置小程序信息中填写小程序参数(此参数获取自图 3.24 获取开发者小程序密钥，填写版本号为 1.0)，如图 3.32 所示。填制完成后点击"下一步"按钮。

图3.32 填写小程序基本信息

⑥ 完成后的界面如图 3.33 所示，点击"生成版本"按钮，即可生成小程序的上线版本。

图3.33　生成小程序版本

(2) 第三方小程序模块设置。

① 在小程序后台"版本管理"中，选择刚才创建好的小程序，如图 3.34 所示，单击"修改"按钮。

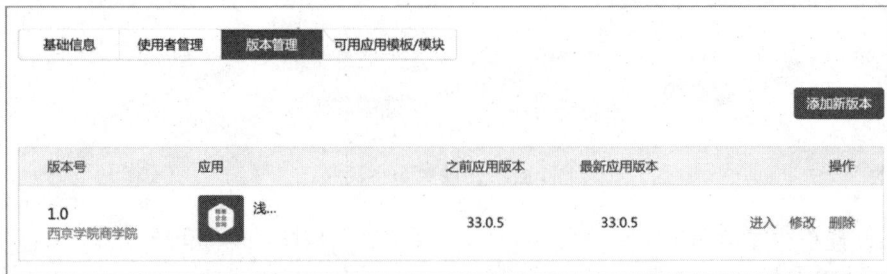

图3.34　生成小程序版本

② 单击应用模块后的"+"号，为刚才创建的应用选择基础程序，如图 3.35 所示。

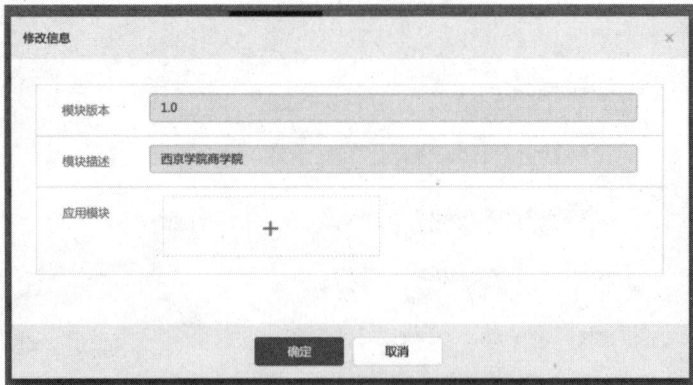

图3.35　修改应用模块

③ 微信小程序第三方平台一般都预置了各行各业常见的小程序应用模块,直接单击需要的应用模块即可完成安装,如图 3.36 所示。此处选择浅苍官网小程序。

图3.36　选择微信小程序

④ 小程序选择完成后,填写其基本信息,如图 3.37 所示。为西京学院商学院搭建一个官网小程序。

图3.37　填写小程序基本信息

⑤ 管理员通过账号扫描二维码,确认上传,如图 3.38 所示。

图3.38　扫描二维码确认上传

⑥ 上传代码成功后，可以在微信小程序的后台管理页面进行预览，单击"预览"按钮可以查看小程序效果，确认无误后单击"去提交审核"按钮即可，如图3.39所示。

图3.39　上传代码成功

(3) 第三方小程序内容设置。

上传成功后，先不要急着去微信小程序官方后台提交审核，这里需要先对小程序进行内容设置。

① 在"西京学院商学院"小程序的管理页面，单击"应用"菜单下的"浅苍官网小程序"，进入小程序的设置页面，在此对小程序的页面进行基本的参数设置，如图3.40所示。可以通过"快速创建"功能，对小程序内容进行快速填充。

② 确认无误后可以进行小程序上传，上传成功后，登录腾讯公司微信小程序官方后台，在左侧"管理"→"版本管理"→"开发版本"下，会显示刚刚上传成功的小程序，单击"提交审核"按钮，如图3.41所示。

图3.40　设置小程序基本参数

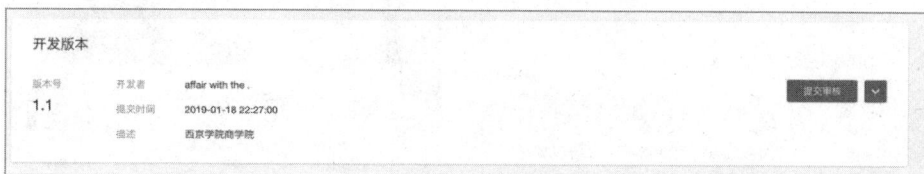

图3.41　提交小程序审核

③ 配置功能页面，对小程序基本参数进行深入设置，可根据实际情况参考设置，如图 3.42 所示。

图3.42　设置功能页面

④ 进入等待审核阶段，将由腾讯公司后台进行审核，审核通过后小程序即可上线正常浏览。如审核不通过，根据报错信息进行完善修改即可，如图 3.43 所示。

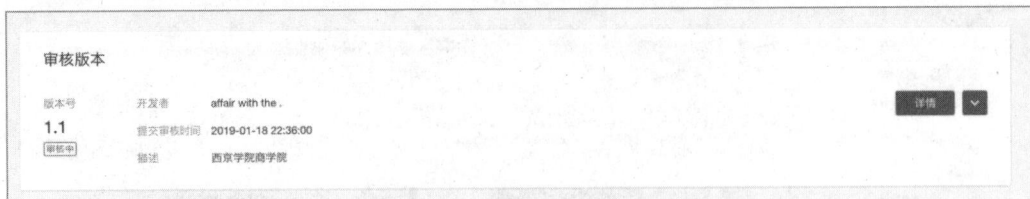

图3.43　等待审核阶段

⑤ 正式上线后，需要填充更多内容信息，如图 3.44 所示，为西京学院商学院的演示版本小程序。

图3.44　西京学院商学院微信小程序

3.4　互联网广告营销模式

3.4.1　互联网广告营销模式

近二十年来，国内先后诞生了无数家互联网企业，其中有数十家某一细分领域的佼佼者，如腾讯、百度、阿里巴巴、新浪等，为世人所瞩目。如果我们仔细研究这些互联网企业的盈利模式，就会发现，其主要盈利模式不外乎以下三种：

(1) 虚拟广告，如在新浪门户看到的各类广告、百度的竞价排名等。

(2) 虚拟销售，如腾讯的 Q 币、盛大的游戏点卡、手机应用下载收入等。

(3) 实体电子商务，淘宝、京东等网上商城、各类团购网站实体商品、服务销售。

按照是否具备衡量标准维度，互联网广告营销模式可分为如下两类。

(1) 具备衡量标准的广告营销模式。广告主可以按照可量化的计费模式付费，如各类销售分成(CPX)模式，如表 3.6 所示。

表3.6　销售分成模式

模式	定义	应用场景
CPM	按照每千人浏览计费	如新浪、搜狐门户网站的广告展示
CPC	按照用户每次点击计费	如百度的竞价排名
CPA	按照用户每次行为计费	如引导用户注册成为网站会员
CPS	按照用户实际销售额计费	如淘客、QQ 返利

其中，CPM、CPC 对渠道商有利，对广告主不利，因为广告主无法衡量广告效果。相比而言，CPA、CPS 则对广告主有利，因为广告主是按照效果付费的。

(2) 不具备衡量标准的广告营销模式。广告主无法按照可量化的计费模式付费，比如广告主找一家网络营销公司，准备策划一个品牌推广活动，双方只能按照谈好的价格付费。

3.4.2　CPS网盟模式

1996 年亚马逊首创了基于 CPS 模式的网络渠道联盟，称为 Amazon Affiliate Marketing。经过十几年的发展，CPS 已成为一种可持续的、稳定增长的收入模式，关键之处在于这是一种健康的广告模式，而且能真正地为广告主带来价值。

1. 什么是CPS

CPS(cost per sale)是一种基于成功销售而收取一定比例佣金的商业合作模式，其主要价值链为：用户→广大加盟 CPS 联盟的中小网站(媒体)→CPS 联盟→B2C(广告主)。具体如表 3.7 所示。

比如用户在某网站看到京东商城的广告(广告是该网站向 CPS 联盟申请投放的)后很感兴趣，然后通过点击该广告跳到京东并产生了订单，那么京东就会将一定比例的佣金反馈给 CPS 联盟，最后 CPS 联盟再将其中部分佣金反馈给该网站。

表3.7　CPS模式对价值链各方的意义

角色	意义
用户	不参与利益分配
中小网站	通过向 CPS 联盟输送下单用户获取返佣
CPS 联盟	通过向 B2C 输送下单用户获取返佣
B2C	通过 CPS 联盟获取订单

2. 国内CPS模式的主要业务形式

(1) B2C 网站自建 CPS 联盟，如京东 CPS、当当 CPS、卓越 CPS 等，网站站长可直接向 B2C 的 CPS 联盟申请广告链接并进行分成结算。

(2) 第三方 CPS 联盟，如亿起发、领克特、成果(国内 CPS 联盟三巨头)，优势是支持众多 B2C 网站，免去站长的麻烦，缺点是要抽取一定分成。

(3) 返利网站，如 QQ 返利、返利网、易购、豆瓣等。其中很多返利网都是基于第三方 CPS 联盟建立的，其价值链为返利网注册用户→返利网→CPS 联盟→B2C。

3. CPS模式对于B2C网站的意义

CPS 模式对于广告主而言，好处在于预算可控、风险低、投放效果明显，所以该模式广受 B2C 网站的喜爱。且 CPS 的市场表现也很出色，目前国内 B2C 网站的流量及订单除了自主流量之外，其销售量主要来源于如下三类。

(1) CPS 联盟，如亿起发、QQ 返利等。

(2) SEM，搜索引擎营销，如竞价排名。

(3) 导航网站，如 hao123。

3.4.3 阿里妈妈与返利网

1. 阿里妈妈

阿里妈妈隶属阿里巴巴集团，拥有阿里集团的核心商业数据，旨在打造面向大型品牌主、代理公司以及中小企业的大数据营销平台，兼具电商与品牌效果推广特色，运用阿里大数据，实现数字媒体(计算机端+无线端+互联网电视端)的一站式触达，帮助客户实现高效率的营销推广(见图 3.45)。

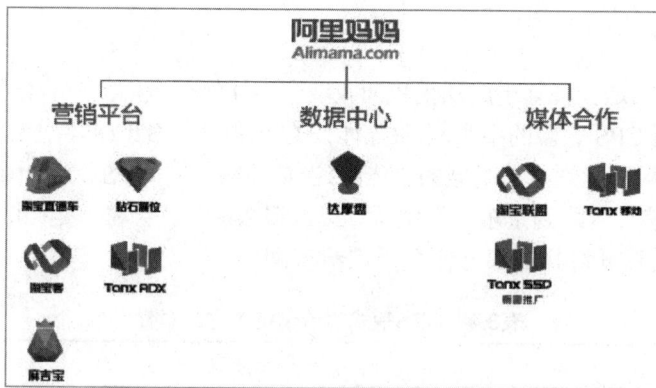

图3.45　阿里妈妈业务框架

针对网站广告的发布和购买平台，它首次引入"广告是商品"的概念，让广告第一次作为商品呈现在交易市场里，让买家和卖家都能清清楚楚地看到。各网站把自己的广告位列出来，广告商来挑挑拣拣，看到合适的就买下来。这里是把广告位作为一种商品来销售了，明码标价，各取所需。阿里妈妈主要的广告形式包括时长计费广告、推介广告、按成交计费广告和按点击计费广告。主推按时长计费广告。

(1) 用户。按照阿里妈妈网站(以下简称"阿里妈妈网")注册程序规定的条件，完成注册的单位或者个人。

(2) 卖方。拥有合法经营的网站或者网页空间，并可按约定提供信息牌链接位的阿里妈妈用户。

(3) 买方。有意在卖家提供的空间，建立定向网络信息牌投放的阿里妈妈用户。

(4) 服务提供商。在阿里妈妈网上发布信息，以其技术、产品或服务为买、卖双方提供交易服务的单位或个人。

(5) 网络定向广告。买卖双方的交易对象，即通过"网络广告自助管理系统"将买方要投放的信息牌有针对地投放到卖方提供的空间。

2. 返利网

作为电子商务的重要导购环节，返利网一方面根据用户在京东商城、天猫、苹果、当当网、1 号店、苏宁易购等在内的多家知名 B2C 电商网购产品的成交量，即合作电商实际销售产品的数量结算佣金，并把佣金的一定比例按照各自返利比例返还给网购用户，具体返利流程如图 3.46 所示。在此过程中，佣金相当于电商支付的一笔可量化广告刊登费用，即 CPS 效果营销费用，在电商运营成本高的背景下，受到高度重视。另外，帮助用户发现并实现网购需求。

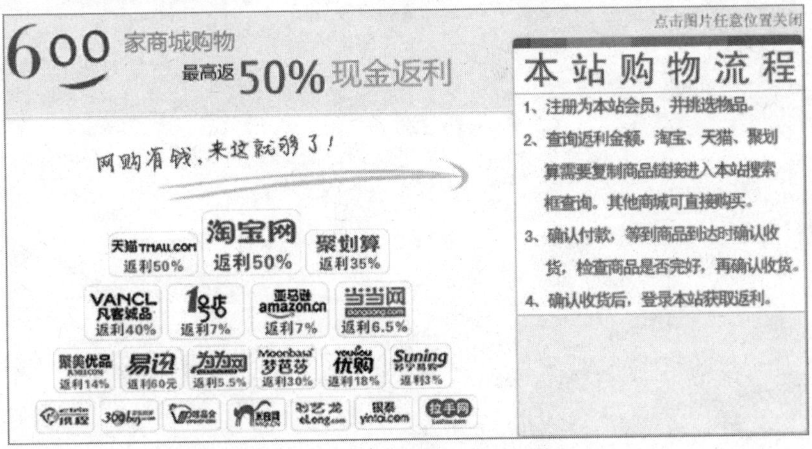

图3.46 国内某返利网返利流程说明

复习与思考

1. 市面上常用的搜索引擎有哪些？任意选择两个进行比较分析。

2. 微博营销的主要特点有哪些？

3. 微信公众平台开发者中心可以提供哪些服务？

4. 在互联网广告盈利模式中 CPM、CPC、CPA、CPS 分别有什么含义？

上机与实训

1. 请在互联网寻找一家有网站的实体企业，分析其网站搜索引擎优化方面存在的问题，制定相应的改进措施，不少于 1000 字。

2. 针对本校或者本院系的官方微博，进行微博营销测评，并针对不足制定优化解决方案，不少于 1000 字。

3. 通过微信公众平台，创建个人微信公众账号，并尝试通过互联网微信第三方平台为自己的微信公众平台添加个性功能。

4. 针对校园周边的实体企业，利用微信小程序建立 APP，并进行相应的推广。

第 4 章

视觉营销与平面设计

学习背景

随着互联网越来越成熟，推广成本在不断攀升，当竞争进入白热化阶段时，企业竞争的传播成本也随之越来越高。在互联网时代，在网上购物、获取信息的时候，视觉的沟通尤为重要，所有信息都须通过"看到"这个动作来作为所有营销手段的开始，而且也将贯穿始终，在品牌视觉营销的维度，就是如何通过视觉达到最大传播面、最短传播距离和最有效的传播方式。让传播成本的有效性最大化，是视觉营销工作所要完成的内容。

学习目的

1. 了解视觉营销的概念。
2. 明确视觉营销的意义及基本策略。
3. 掌握Adobe photoshop的基本使用方法。
4. 掌握After Effects的基本使用方法。

4.1 "互联网+"时代的视觉营销

4.1.1 视觉营销

视觉营销概念产生于 20 世纪 70 — 80 年代的美国，是作为零售销售战略的一环登上历史舞台的。

1. 视觉营销的概念

视觉营销(visual merchandising)存在的目的是最大限度地促进产品(或服务)与消费者之间的

联系，最终实现销售(购买)，同时提升视觉冲击，是影响品牌文化的手段之一。

同时，视觉营销也可以理解为市场营销层面上一部分销售技术的总和，这部分销售技术可以使我们向(潜在的)消费者在最好的条件下，包括物质和精神两方面，展示我们用于销售的产品和服务。视觉营销可以用一个公式来表示："视"(看到的所有一切) + "觉"(感受和想到的) + "营"(营造) + "销"(销售机会)。

视觉营销是通过一系列的视觉传达来表现视觉营销的理念及核心部分。其主要包括以下内容：

- 空间，通过空间立体视觉效果营造品牌氛围；
- 平面，通过平面视觉以及海报等来作为一种视觉效应；
- 传媒，通过推广形式来表达视觉营销的概念；
- 陈列，完成内部的构造变化；
- 造型，完善形象的优化整合。

2. 视觉营销的意义

视觉营销存在的目的是最大限度地促进产品与消费者之间的联系，最终实现购买，同时提升视觉冲击，影响品牌的文化。优秀的视觉营销能抢占买家视线，让买家迅速接收企业想传达的信息，刺激买家的购物欲，是转化为订单的关键一环。

3. 视觉营销的功能

1) 吸引眼球

人在观察外界事物时，总有一个视觉集中点，我们称之为聚焦点。而这个聚焦点通常会停留在色彩鲜明、形状独特、轮廓清晰、具有整体性和容易理解的形象上。

2) 激发兴趣

如果我们在被一个事物吸引后，考究起来却觉得索然无味，事物也就失去了价值。因此，一个出色的设计方案，不仅能用新、奇、特吸引顾客的注意力，还能让顾客发现它的内涵、了解它的文化，从而达到激发兴趣的目的。

3) 传播品牌文化

视觉是无声的语言，通过视觉传播企业品牌文化，引导大众深刻理解品牌，是视觉营销最重要的展现部分。当标志、图片、产品、橱窗、陈列等营造出品牌的消费意境和情调时，能够立刻发挥出启发思维、引导销售和加深印象的作用。

4.1.2 互联网视觉营销案例

企业在推广自身业务时，视觉内容的作用可以说是一图胜千言。视觉内容能在短时间内产生更大的影响力。研究表明，大脑处理视觉内容的速度比文字内容快 60 000 倍。此外，93%的人际交往是非言语的，因此可视化的在线业务显得至关重要。或许很多公司在概念层面上能够理解视觉内容的重要性，但只有少部分公司能够抓住机遇将文本和视频内容有效结合。下面要介绍的是在多个社交媒体平台上以新颖独特的方式进行视觉营销的几个品牌案例。

案例分析 4.1：大众的 Facebook

　　大众汽车在Facebook上为品牌曾经的"光辉岁月"创建了可视化的时间轴(见图4.1)。当大众汽车发展是以时间轴视觉效果在粉丝眼前呈现时，观看者会对这家始于1938年的德国汽车公司产生更深入的了解。

　　当读者滚动时间轴时，他们会觉得自己好像是历史的一部分。他们将会见证大众汽车最初在沃尔夫斯堡的工厂的建立，参与大众汽车突破百万生产量的庆典，仿佛身临其境。

图4.1　大众企业的Facebook

　　这种寓教于乐的方式不仅有趣，而且是一种适用于所有受众的策略。无论是汽车发烧友还是普通民众都将通过浏览时间轴，学到有关大众汽车背景的人文课程。

案例分析 4.2：AMC 剧场的 Pinterest

　　从AMC剧场入驻Pinterest的那一刻起，它们的受众就被带入了一个精彩纷呈的电影世界(见图4.2)。从好莱坞黄金时代老照片到蝙蝠侠热潮剧照，AMC的Pinterest简直就是一座电影爱好者大事记的金矿。

图4.2　AMC剧场的Pinterest

尽管Pinterest并没有直接推销AMC，但显而易见的是，它们的目的就是作为电影专家(这与品牌相关)取悦电影爱好者。此外，它们还会经常上传赠品、有趣的发现和粉丝照片，以保持受众参与的活跃度。

AMC剧场可能不像它们的竞争对手那样总是发布一些推销型的内容，但它们还是凭借始终如一地提供高品质内容，在业内建立起美誉度。

📖 案例分析 4.3：耐克的 Instagram

耐克公司很早就采用Instagram打造品牌形象，对Ins的巧妙使用也说明它们熟稔社交网络背后的心理学，洞悉目标受众心态。从使用打上#字标签短语鼓舞人心的策略，到始终传递"以粉丝为先"的信息，耐克公司一直坚持以客户为中心的使命(见图4.3)。

诸如#Make It Count和#Never Not Running 这样的内容很容易让粉丝们感到备受鼓舞。耐克的图片记录下日常生活中的运动瞬间，用"Just Do It"这样的话语激励普通人。

图4.3 耐克的Instagram

耐克公司的创意点子还不仅限于对Instagram的简单运用。通过Photoid，粉丝们可以将自己的Instagram照片作为自己所心爱的耐克鞋背景。Photoid使得粉丝们能够构思、设计并分享他们的创意。耐克也由此获得了更多的关注，调动了粉丝参与的积极性。

📖 案例分析 4.4：IHOP 餐厅的 Tumblr

当你在IHOP的Tumblr页面驻足时，即使你刚享用过丰盛的一餐，还是会被一系列诱人的美食图片轰炸得肚子咕咕叫(见图4.4)。从外观甜美的草莓松饼到一次性可以吃下一堆的美味煎饼，IHOP的Tumblr页面实在是名副其实的吃货天堂。

也许浏览者一开始只是随便看看照片，但很快他们就会被吸引住。除了诱人的美图之外，IHOP同样充满着敏锐的幽默细胞，它们的语言风格幽默、充满吸引力，赋予了品牌充满活力、青春洋溢的气息。

图4.4　IHOP餐厅的Tumblr

　　IHOP一直密切关注着受众的动态，它们为吸引年轻粉丝群体做足了功课。流行meme、狂热吃货的新发现、来自社交网络的客户上传内容都是它们用来迎合受众需求的视觉营销策略。

案例分析 4.5：塔可钟在 Snapchat

　　大概没有比塔可钟(Taco Bell，世界上规模最大的提供墨西哥式食品的连锁餐饮品牌，隶属于百胜全球餐饮集团)更愿意冒风险的品牌了，因为它使用Snapchat为自己打造影响力。只有为数不多的品牌愿意拥抱这个神秘的社交网络，塔可钟从短小精悍、定位精准的视频广告campaign中发现了价值(见图4.5)。

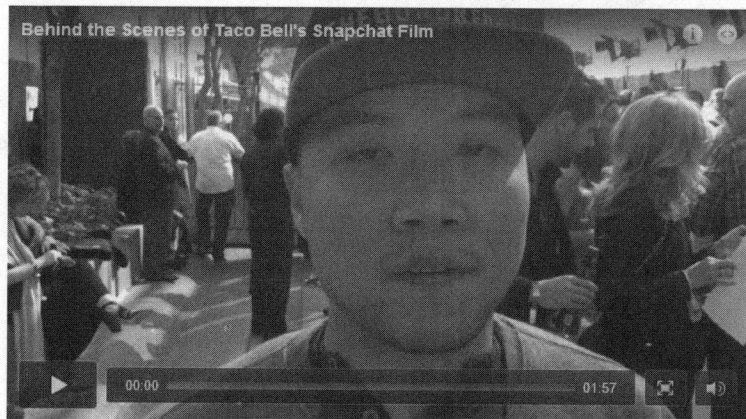

图4.5　塔可钟在Snapchat的视觉营销

　　Snapchat背后的理念是"阅后即焚"，即你的内容或者"故事"只能在线保存24个小时。塔可钟成为首个使用Snapchat为品牌打造第一支电影的品牌，该片宣告了新产品Doritos Loco taco的上市。

　　此次广告的成功以及对于Snapchat的使用归功于塔可钟一贯的承诺：提供社交网络上的独家精彩内容。

4.1.3 互联网视觉营销策略

互联网时代，视觉营销的首要目的是缩减传播内容的传播成本。如何以最少的投入，在最短的时间里吸引消费者的眼球，是商家最想达到的目标，也是视觉营销的最终目的。

1. "视"的关键：打造注意力

在互联网时代，再好的产品如果不能引起关注，也无法为企业带来利益。视觉营销里的"视"指的就是要"看到"并且"停留"，注意力是关键。在互联网相对成熟的阶段，每天在网上产生的新品牌飞速增长，平均每一小时就有成百上千个店铺开业。如何在众多品牌中脱颖而出是企业面临的首要问题。以服装的展现方式为例，大部分企业都是找模特把衣服展示出来就可以了，但这种早已让消费者麻木的视觉体验是远远不够的，因为没新意。展现出来的东西要有意思，消费者才愿意留下来。唤醒消费者的注意力，就是留住消费者的第一步。人的视觉永远会关注特别的事物，就像在人群中大家关注的一定是那个最漂亮的、最高的、最特别的人。

2. "觉"的关键：唤醒记忆点

重复和坚持能够有效地使消费者记住产品，随着时间点的推移，品牌文化不断深挖以及在画面上的植入，消费者会对这种符号的价值认知越来越明显。有些企业认为广告语才是品牌的记忆点和品牌内涵的诠释，但是经相关研究发现，一个有效的记忆符号才是品牌的全部，通过视觉来完成的品牌传播就是视觉品牌符号。这样的符号企业可以在广告图中使用、在产品展现中使用、在活动中使用，这就变成了品牌价值传播后的高度浓缩，是品牌要传播内容最简单的记忆点。视觉上的记忆点解决的是传播品牌信息聚焦的问题，使消费者在阅读品牌时能够清晰，也节约了企业的传播成本。

3. "营"的关键：营造好感度

"营"就是营造氛围，目的是加强和消费者之间的连接，也就是通过对品牌的塑造来让消费者形成好感度，从而认可品牌所传播的价值观。互联网时代发生的最大变化就是，商品价值开始以产品为中心，发展成真正的用户至上格局，我们谈论的品牌忠诚度不是让消费者忠诚于品牌的行为，而是品牌要义无反顾地忠诚于消费者，因为互联网的竞争格局是以用户体验为中心，谁能够抓住消费者的内心，谁就能在市场上拥有一席之地。

4. "销"的关键：给予想象力

除了为消费者提供物质上的满足，企业更重要的是给消费者心理上的满足。如何让消费者产生购买动机？就是要给消费者以想象力，这就要求企业在宣传广告方面下功夫，通过画面的呈现给消费者最美的憧憬。特别是经营服装的企业，女性消费者对服装的要求不是服装本身，而是服装所创造出来的美感，即给消费者某种情绪联想，使其产生消费冲动。

视觉营销就是通过消费者看到的元素形成的感受来营造销售机会。也就是说，消费者所有能见到的都是视觉营销的一部分，这里包括图形、文字、标志、广告语、促销文字、产品内文等。在感官上，图形可以符号化，文字也可以图形化，视觉营销就是设计出漂亮的图片来吸引消费者。

在互联网时代，顾客更多地在网上购物，因此视觉的沟通就尤为重要，所有的一切信息都须通过"看到"这个动作作为所有营销手段的开始，而且也将贯穿始终。

4.2 基于Photoshop的平面设计

4.2.1 Photoshop CC简介

Adobe Photoshop 是一款功能强大的图像处理软件,由美国 Adobe 公司在 1990 年首次推出,在图像处理和电脑绘图领域中占据了很高的地位，经过多次更新换代，功能不断增强与完善。2013 年 7 月，Adobe 公司推出新版本 Photoshop——Photoshop CC(Creative Cloud)。在 Photoshop CS6 功能的基础上，Photoshop CC 新增相机防抖动功能、CameraRAW 功能改进、图像提升采样、属性面板改进、Behance 集成等功能，以及 Creative Cloud，即云功能。

Photoshop的应用领域很广泛,在图像、网页设计、视频、Web出版各方面都有涉及。Photoshop的专长在于图像处理，主要用于平面设计、网页设计、绘画、标志设计、数码照片处理及一些后期制作等方面。Photoshop常见的功能有如下几种。

1. 图像处理

Photoshop 的专长在于图像处理。图像处理是对已有的图像进行编辑加工处理，以及运用一些特殊效果，其重点在于对图像的处理加工。

2. 平面设计

平面设计是 Photoshop 应用最为广泛的领域，无论是图书封面，还是招贴、海报，这些平面印刷品通常都需要 Photoshop 软件对图像进行处理。

3. 广告摄影

广告摄影作为一种对视觉要求非常严格的工作，其最终成品往往要经过 Photoshop 的修改才能得到满意的效果。

4. 影像创意

影像创意是 Photoshop 的特长，通过 Photoshop 的处理，可以将不同的对象组合在一起，使图像发生变化。

5. 网页制作

网络的普及使更多人掌握了 Photoshop，因为在制作网页时 Photoshop 是必不可少的网页图像处理软件。

6. 后期修饰

在制作建筑效果三维场景图时，人物、配景，包括场景的颜色常常需要在 Photoshop 中增加并调整。

7. 视觉创意

视觉创意与设计是设计艺术的一个分支,此类设计通常没有非常明显的商业目的,但由于它为广大设计爱好者提供了广阔的设计空间,因此越来越多的设计爱好者开始学习 Photoshop,并进行具有个人特色与风格的视觉创意。

8. 界面设计

界面设计是一个新兴的领域,受到越来越多的软件企业及开发者的重视。当前,做界面设计的专业软件尚且不多,因此绝大多数设计者使用的都是 Photoshop。

9. 修复照片

Photoshop 具有强大的图像修饰功能,利用这些功能,可以快速修复一张破损的老照片,也可以修复人脸上的斑点等缺陷。

10. 艺术文字

利用 Photoshop 可以使文字发生各种各样的变化,并利用这些艺术化处理后的文字为图像增加效果。

4.2.2　Photoshop CC工作界面及功能组成

Photoshop CC 的工作界面由菜单栏、属性栏、图像编辑窗口、状态栏、工具箱、控制面板等组成,如图 4.6 所示。

图 4.6　Photoshop CC 工作界面

1. 菜单栏

菜单栏为整个 PS 环境下所有窗口提供菜单控制，包括文件、编辑、图像、图层、选择、滤镜、视图、窗口和帮助 9 项。

在 Photoshop 中通过两种方式执行所有命令：一是菜单；二是快捷键或组合键。

2. 属性栏

"属性"栏是动态变化的，选中某个工具后，属性栏就会变成相应工具的属性设置选项，可更改相应的选项。

3. 图像编辑窗口

图像编辑窗口是 Photoshop 的主要工作区，用于显示图像文件。图像编辑窗口带有自己的标题栏，提供了打开文件的基本信息，如文件名、缩放比例、颜色模式等。同时打开多幅图像，可通过单击图像窗口进行切换。图像窗口切换还可使用组合键 Ctrl+Tab。

4. 工具箱

工具箱中的工具可用来选择、绘画、编辑以及查看图像。拖动工具箱的标题栏，可移动工具箱。有些工具的右下角有一个小三角形的符号，这表示在工具位置上存在一个工具组，其中包括若干个相关工具。单击某个工具，属性栏会显示该工具的属性。

5. 控制面板

Photoshop CC 共有 14 个面板，可通过窗口菜单选择某一项命令，将会显示相应的控制面板。按 Tab 键，可自动隐藏控制面板、属性栏和工具箱等组件，再次按 Tab 键，显示以上组件。按 Shift+Tab 键，隐藏控制面板，保留工具箱。

从功能上看，该软件可分为图像编辑、图像合成、校色调色及功能色效制作等部分。

图像编辑是图像处理的基础，可以对图像做各种变换，如放大、缩小、旋转、倾斜、镜像、透视等；也可进行复制、去除斑点、修补、修饰图像的残损等。图像合成则是将几幅图像通过图层操作、工具应用，合成完整的、传达明确意义的图像，这是美术设计的必经之路；该软件提供的绘图工具让外来图像与创意很好地融合。校色调色可方便快捷地对图像的颜色进行明暗、色偏的调整和校正，也可在不同颜色间进行切换，以满足图像在不同领域如网页设计、印刷、多媒体等方面的应用。特效制作在该软件中主要由滤镜、通道及工具综合应用完成。包括图像的特效创意和特效字的制作，如油画、浮雕、石膏画、素描等常用的传统美术技巧都可借由该软件特效完成。

4.2.3 Photoshop PSD模板实例

对于绝大部分新手来说，从无到有进行平面设计是一道很大的门槛，灵感以及工具的把控对平面设计入门者来说仿佛遥不可及。对于新手而言，在学习 Photoshop 初期，可基于模板素材进行二次修改，从中获得灵感，使自身对颜色、文字的敏感度得到快速提升。

什么是模板素材？顾名思义就是用已经成型的平面设计作品为框架进行套用，可以在其 PSD 源文件的基础上修改一些信息，把这个平面设计作品的内容改变成自己需要的信息，最为直接的就是通过一些正版素材网站购买成型的 PSD 素材，它们最大的特点就是省时、省力、操作简单。

1. 素材准备

模板素材的获取可以从网上各大平面设计素材网站下载获取，如昵图网、设计无限、17 素材网、站长之家等，这些网站上存在数量繁多、种类齐全的平面设计素材可以免费下载。但是需要注意的是，平面设计素材存在版权，建议大家花少量的钱购买原创商业授权的平面设计素材，或者联系作者取得商业版权，避免不必要的麻烦。

这里以昵图网为例进行素材下载的说明。

(1) 确定素材主题并进行检索。这里以元旦为素材主题，进行素材建设，可以在素材主题后加上素材的应用范围，如网站标语、海报、名片、宣传单页等(见图 4.7)。

图4.7　素材检索

(2) 筛选素材。接下来在素材检索结果页面筛选合适的素材(见图 4.8)。

图4.8　素材检索结果页面

(3) 选定素材，并下载。选定素材后可根据素材质量进行支付，支付完成后即可进行下载(见图 4.9)。

2. 素材修改

素材下载完成后一般是压缩包形式，将压缩包解压缩后，打开其中的 PSD 文件(PSD 是 Photoshop 的源文件格式)，对其中的文字进行编辑修改。

图4.9　素材下载页面

打开后的模板文件如图 4.10 所示，所有对模板文件的修改都围绕图层进行。

图4.10　PSD模板

首次打开 PSD 文件时，可能会出现如图 4.11 所示的相关错误提示，单击"确定"按钮即可。

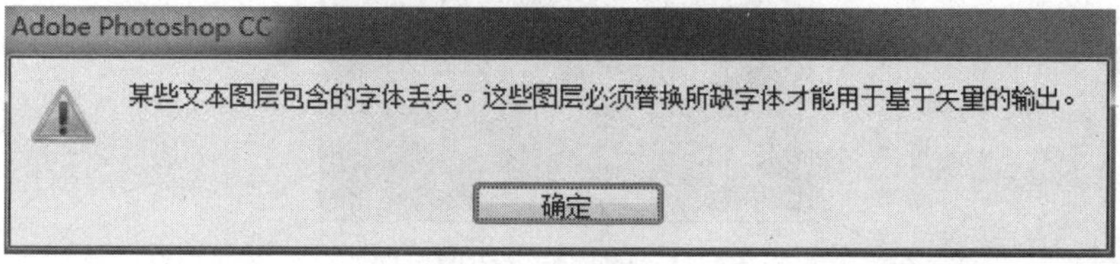

图4.11　错误提示

出现以上错误提示的主要原因是 PSD 模板的原设计者使用了本机中没有安装的字体所导致，缺少字体的文字图层会在图层左侧标志有警告提示 ，用"文字工具" 单击缺少字体的文字，会提示缺少的字体，根据报错信息，下载相关字体即可(注意字体版权)。当然，也可以选择使用其他相似字体替代，如图4.12 所示。

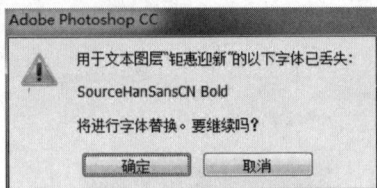

图4.12　字体替换提示

对于图片的基本修改，主要使用"移动工具" 改变元素位置和使用"文字工具" 修改文字内容两方面。修改过程比较简单，选择"移动工具"，在工具栏勾选"自动选择"选项，在图像编辑窗口单击欲修改的元素内容即可，最终效果如图4.13 所示。

图4.13　最终效果图

3. 图片输出

在完成了信息及内容修改后，点击快捷键 **Ctrl+Alt+Shift+s** 对图片进行输出。在图片输出界面可以选择图片的格式(gif、png、jpg 等)，并可以对图片的质量和大小进行调整，如图4.14 所示为 jpg 图片输出参数调整页面。

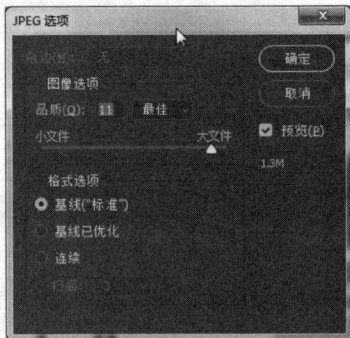

图4.14　图片输出选项页面

4.3　基于After Effects的视频特效

Adobe After Effects 简称"AE"，是 Adobe 公司推出的一款图形视频处理软件，适用于从事设计和视频特技的机构，包括电视台、动画制作公司、个人后期制作工作室以及多媒体工作室。属于层类型后期软件。Adobe After Effects 软件可以帮助设计师高效且精确地创建无数种引人注目的动态图形和震撼人心的视觉效果。利用与其他 Adobe 软件无与伦比的紧密集成和高度灵活的 2D 和 3D 合成，以及数百种预设的效果和动画，为电影、视频、DVD 和 Macromedia Flash 作品增添令人耳目一新的效果(本文将以 Adobe After Effects CC 版本为例进行讲解)。

4.3.1　After Effects CC工作界面及常用面板

1. After Effects CC工作界面

Adobe After Effects CC 的应用程序可针对特定任务优化面板布局的多个预定义工作区，还可以通过以最适合特定任务的工作样式布局排列面板来创建和自定义自己的工作区，如图 4.15 所示。可以将面板拖动到新位置、移动到组内或组外、并排放在一起以及创建浮动面板以便其飘浮在应用程序窗口上方的新窗口中。当你重新排列面板时，其他面板会自动调整大小以适应窗口。

默认选择工作区的方法有以下三种：

(1) 选择"窗口"→"工作区"，然后选择所需工作区；

(2) 从"工具"面板的"工作区"菜单中选择工作区；

(3) 如果工作区已分配键盘快捷键，请按 Shift+F10、Shift+F11 或 Shift+F12。

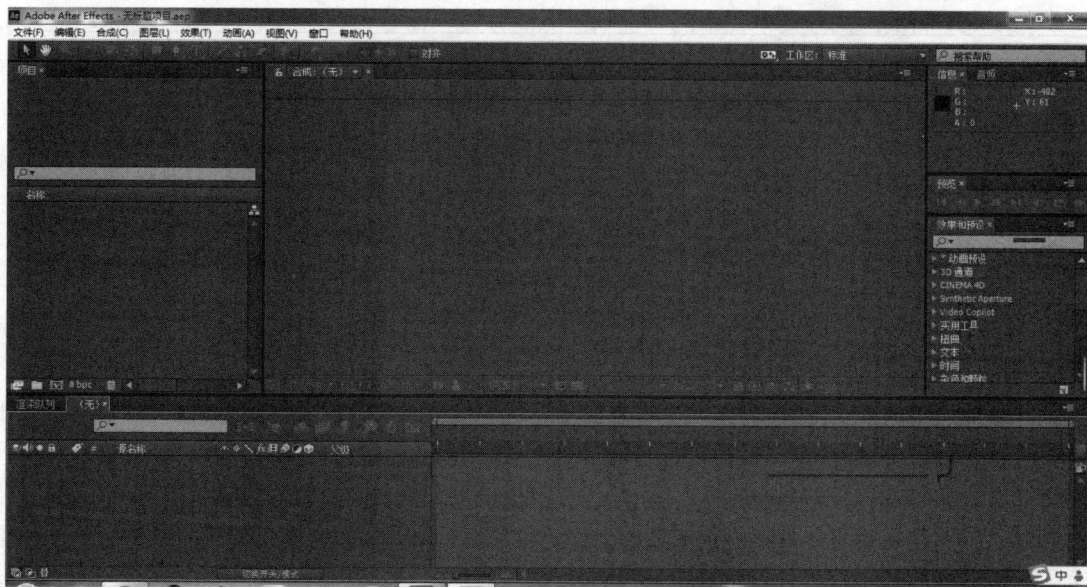

图4.15　After Effects CC工作界面

2. After Effects CC常用面板

After Effects CC 的常用面板主要包括：对齐与分布面板、信息面板、预览面板、项目面板、时间线面板、合成窗口、图层窗口、效果和预设面板等。

"对齐与分布"面板：执行菜单栏中的菜单"窗口"→"对齐"命令，可以打开或关闭对齐与分布面板，如图 4.16 所示。对齐与分布面板命令主要对素材进行对齐与分布处理。

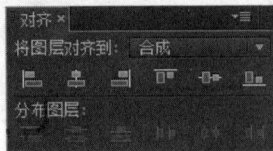

图4.16 "对齐与分布"面板

"信息"面板：执行菜单栏中的"窗口"→"信息"命令，或按 Ctrl+2 组合键打开或关闭"信息"面板，如图 4.17 所示。"信息"面板主要用来显示素材的相关信息，在"信息"面板的上部，主要显示如 RGB 值、Alpha 通道值、鼠标在合成窗口中的 X 轴和 Y 轴坐标位置；在"信息"面板的下部，根据选择素材的不同，主要显示选择素材的名称、位置、持续时间、出点和入点等信息。

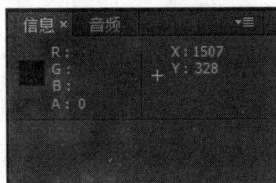

图4.17 "信息"面板

"预览"面板：执行菜单栏中的"窗口"→"预览"命令，或按 Ctrl+3 组合键打开或关闭"预览"面板，如图 4.18 所示。"预览"面板主要用来控制素材图像的播放与停止，进行合成内容的预览操作，还可以进行预览的相关设置。

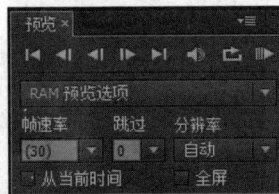

图4.18 "预览"面板

"项目"面板：执行菜单栏中的"窗口"→"项目"命令，或按 Ctrl+0 组合键打开或关闭"项目"面板，如图 4.19 所示。项目面板位于界面的左上角，主要用来组织、管理视频节目中所用到的素材，视频制作所使用的素材都要导入项目面板中。在此窗口中可对素材进行预览。可通过文件夹的形式来管理项目面板，将不同的素材以不同的文件夹分类导入，便于视频编辑时进行操作，文件夹可展开或折叠，这样更便于项目的管理。

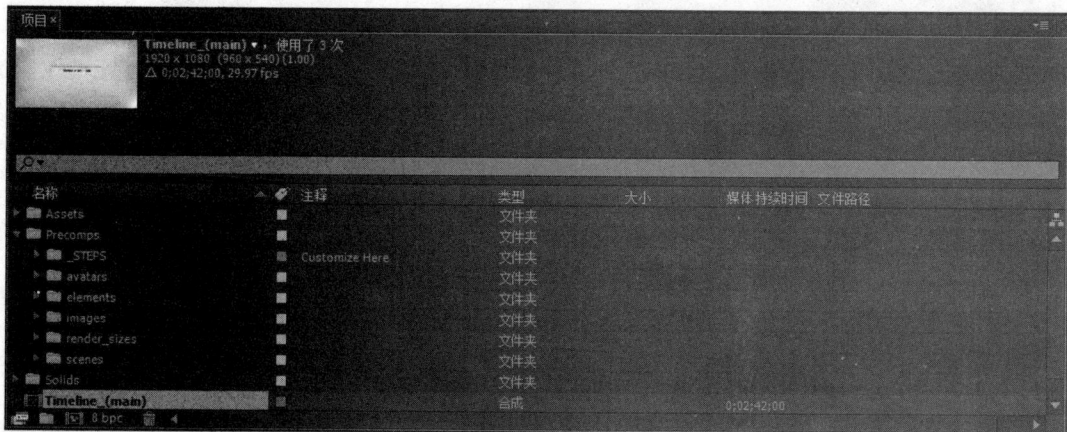

图4.19 "项目"面板

"时间线"面板:时间线面板是工作界面的革新部分,视频编辑工作的大部分操作都是在时间线面板中进行的,它是进行素材组织的主要操作区域,如图 4.20 所示。当添加不同的素材后,将产生多层效果,然后通过层的控制来完成动画的制作。

在时间线面板中,有时会创建多条时间线,它们并列排列在时间线标签处,如果要关闭某个时间线,可以在该时间线标签位置,单击关闭 ✕ 按钮即可关闭或选中该合成时间线,按 Ctrl+W 组合键关闭,如果想再次打开该时间线,可以在项目窗口中双击该合成对象即可。

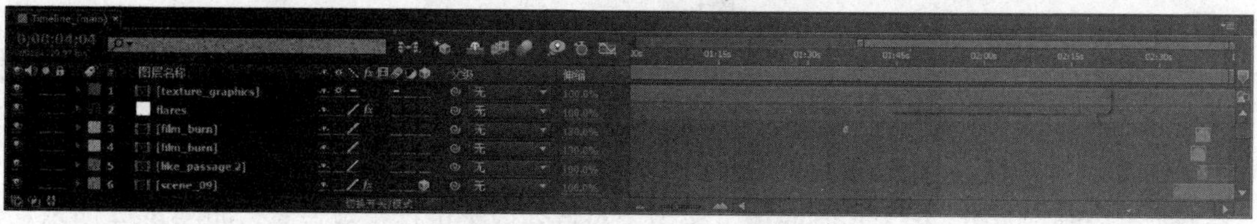

图4.20 "时间线"面板

合成窗口:合成窗口是视频效果的预览窗口,在进行视频项目的安排时,它是最重要的窗口,如图 4.21 所示。在该窗口可以预览到编辑时每一帧的效果,如果要在合成窗口中显示画面,首先要将素材添加到时间线上,并将时间滑块移动到当前素材的有效帧内,才可以显示。

图4.21 合成窗口

图层窗口：图层窗口是进行素材修剪的重要部分，如图 4.22 所示。一般素材的前期处理，如入点和出点的设置，处理的方法有两种：一种是可以在时间布局窗口，直接通过拖动改变层的入点和出点；另一种是可以在图层窗口中，移动时间滑条到相应位置，单击"入点"按钮设置素材入点，单击"出点"按钮设置素材出点。在处理完成后将素材加入到轨道中，然后在合成窗口中进行编排，以制作出符合要求的视频文件。

在图层窗口中，默认情况是不显示图像的。如果要在图层窗口中显示画面，有两种方法可以实现：一种是双击项目面板中的素材；另一种是直接在时间线面板中双击该素材层。

图4.22　图层窗口

"效果和预设"面板：效果和预设面板是进行视频编辑的重要部分，如图 4.23 所示。效果和预设面板中包含了动画预设、音频、模糊和锐化、通道、色彩矫正等多种特效，主要针对时间线上的素材进行特效处理，一般常见的特效都是利用效果和预设面板中的特效来完成。

"效果控制"面板：效果控制面板主要用于对特效效果进行参数设置，如图 4.24 所示。当一种特效添加到素材上时，该面板将显示该特效的相关参数设置，可以通过对参数的设置从而对特效进行修改，以便达到所需要的最佳效果。

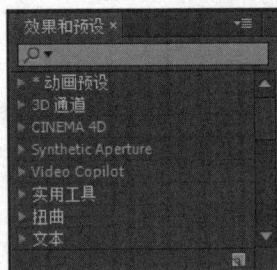

图4.23　"效果和预设"面板

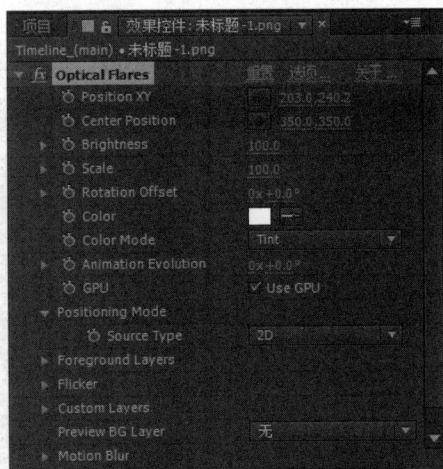

图4.24　"效果控制"面板

4.3.2　After Effects基于模板的二次修改

After Effects 是一款影视后期特效、合成及设计软件。华丽的特效能为作品增添意想不到的效果，但是 Adobe After Effects 是一款学习难度很大的影视后期软件，我们如何快速地利用这款软件来制作效果非常棒的影视作品呢？答案就是基于模板的二次开发。After Effects 模板是由 After Effects 软件生成的一种工程文件，其中包括音乐、图片、视频、脚本等素材，可以快速简单地制作出效果强大的影视作品。下面介绍 After Effects 模板的使用方法 (模板选用也应注重版权，可参考 Photoshop 中正版模板的购买方式)。

首先，挑选并下载我们需要的 AE 模板，打开 AE 软件，也可以直接打开 AE 模板中的 AEP 工程文件，有时候会跳出“此项目必须从版本 9.0(Windows)进行转换。原始文件保持不变”，如图 4.25 所示。一般这种现象是因为现有软件版本比此模板的软件版本新，所以会有此提示，点击“确定”按钮即可。

图4.25　提示对话框

在打开模板文件过程中时常会提示缺少插件，把缺少的插件根据其提示的名字在网上搜索下载，并安装到 AE 的插件目录中。

> **注意：**
> 插件目录为“X\Adobe\Adobe After Effects CC\Support Files\Plug-ins”。
> X一般代表的是安装的目录，Windows默认是C盘，如果安装AE时没有做路径的变更，地址默认为“C:\Program Files\Adobe\Adobe After Effects CC\Support Files\Plug-ins”。

打开工程文件后查看左上方的项目面板，如图 4.26 所示。根据文件夹的英文名知道里面素材所属类别，Main 是合成组。

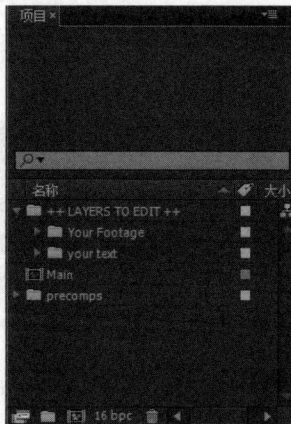

图4.26　项目面板

在项目面板中，根据英文名提示，知道文件夹代表的类别后，找到我们需要更换的图片素材、视频素材、音频素材、文字内容各自所属的文件夹，图片素材、音频素材、视频素材如果找到的是源文件，如图 4.27 所示，右击选择"替换素材"→"文件"命令，在弹出的对话窗口中选择自己的素材后单击确定即可(若发现图片素材或视频素材大小不协调，可以在时间线面板中找到该素材的合成，进入合成点击该素材后按 S 键，调整素材大小，按 P 键调整素材位置)。

打开文件夹找到的是素材的合成组，如图 4.28 所示，则需要首先导入自己的素材，双击项目面板空白处，或执行菜单栏中的"文件"→"导入"命令，按 Ctrl+I 组合键打开导入素材窗口，按住 Ctrl 键不放，可以导入多个素材。导入素材完毕后，点开合成组，将导入的素材拖曳至该合成组的时间线工作区，并删除我们要替换的文件。

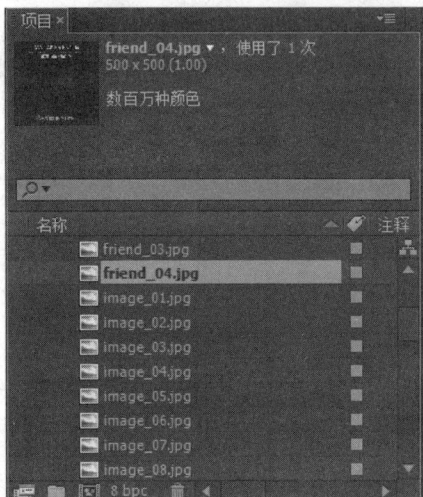

图4.27　素材源文件

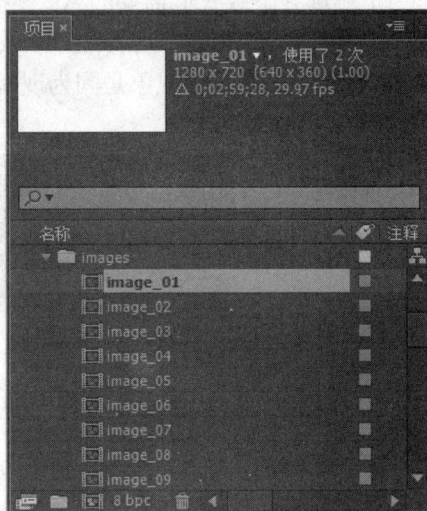

图4.28　素材合成组

文字素材同理，打开其对应合成组，在弹出的时间线面板中找到文字，双击进入编辑文字模式，修改成自己需要的文字后，可以利用"字符"面板对其进行调整。

4.3.3　After Effects影视输出

模板修改完成后，最后一步是输出影片。执行菜单栏中的"文件"→"创建代理"→"影片"命令，弹出"渲染队列"面板，如图 4.29 所示。

图4.29　"渲染列队"面板

单击"渲染设置"旁的三角符号，选择"自定义"，弹出"渲染设置"对话框，如图 4.30 所示。在"品质"栏选择"最佳"，"分辨率"栏选择"完整"，单击"确定"按钮。

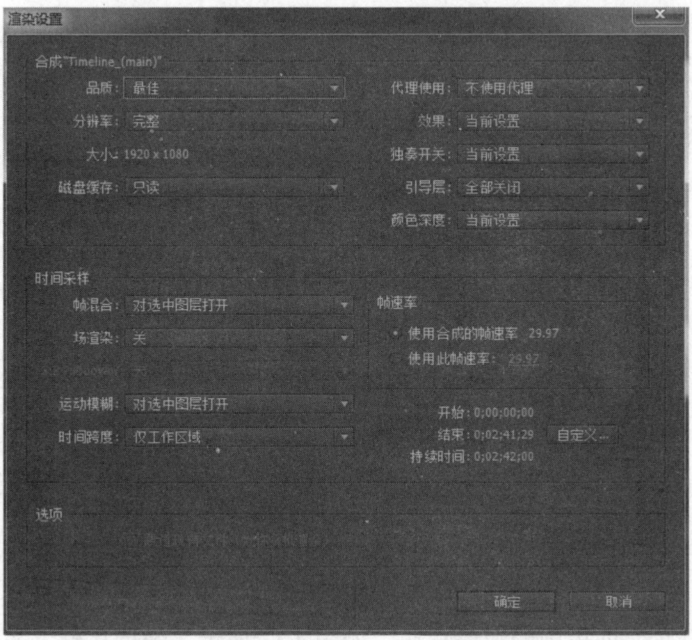

图4.30　"渲染设置"对话框

单击"输出模块"旁的三角符号，选择"自定义"，弹出"输出模块设置"对话框，如图 4.31 所示。因为 AE 无损输出的文件特别巨大，1 分钟的视频可能要 1~3GB，建议格式选择 FLV，分辨率依然清晰，但是文件一般很小。Adobe After Effects CC 会默认自动输出音频，如果是低版本的注意在设置对话框下面选择上音频输出，单击"确定"。

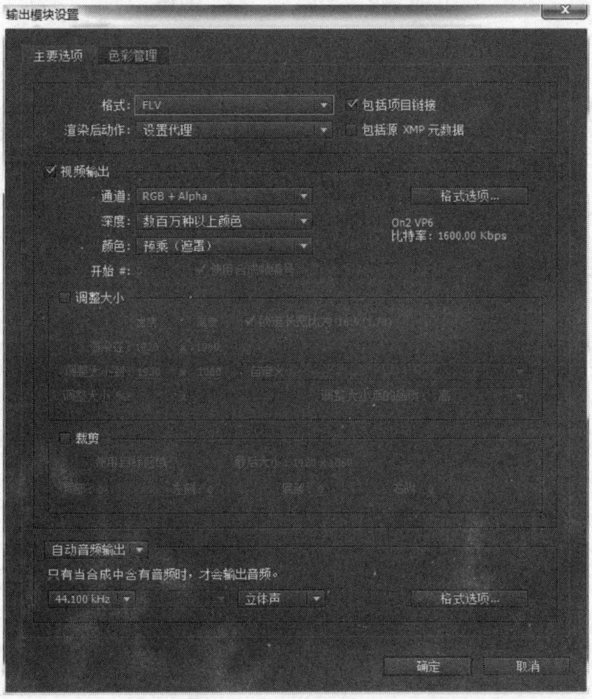

图4.31　"输出模块设置"对话框

单击"输出到"旁边的文件名,弹出"将影片输出到"对话框,如图 4.32 所示。修改文件名后单击"保存"按钮。

图 4.32　输出影片对话框

单击"渲染队列"面板中的渲染按钮,如图 4.33 所示,静待片刻,完成影片输出。

图4.33　"渲染队列"面板

复习与思考

1. 视觉营销主要包含哪些内容?
2. 视觉营销的主要意义是什么?
3. Photoshop 的主要应用领域和专长是什么?

上机与实训

1. 请在互联网寻找以"教师节"为主题,且有版权许可的 Photoshop 源文件,并进行模板修改,添加个人信息。
2. 请在互联网寻找任意主题,且有版权许可的 After Effects 源文件,并进行模板修改,制作个人相册。

第 3 篇

创业技术应用

　　创业与技术之间的关系是什么？创业需要掌握技术吗？要掌握到什么程度？本篇首先通过讲授技术对创业的价值、互联网创业技术常识来阐述创业与技术之间的关系，然后介绍了"互联网+"时代的创业技术，如基于源码开发的 ECShop 网上商城、PHPnow 动态网站的构建等。读者通过学习本篇的网络创业知识，再结合上一篇的微信公众平台的二次开发，会使创业技术更加完善。

第 5 章

创业与技术

学习背景

大学生往往拥有初生牛犊不怕虎的冲劲儿，而且思维活跃，勇于尝试新鲜事物。但是，光有这些就能创业成功吗？纵观国内近些年的各类创业大赛，多数获奖项目均有一个共同点：都代表了某个具体领域的高新技术，以技术为载体实现创业目标。这不由得让我们思考，创业与技术之间的关系究竟是怎么样的？有技术支撑的商业模式是否更容易获得成功？

学习目的

1. 了解创业与技术之间的关系。
2. 明确创业项目负责人掌握技术的优势。
3. 了解通过信息技术外包节省创业的成本。

5.1 创业与技术之间的关系

5.1.1 技术的意义与价值

大多数人以为创业只要有个想法，然后找人组建团队，当筹集到部分资金后，就能开工生产或者提供服务，最后当产品推销出去获得收益的时候就算是创业成功了。可是，实践的过程可能并不如想象的那样，实际上，这其中有着更加复杂的问题需要创业者去面对。

有想法仅仅是迈出了创业的第一步，接下来，创业者还要研究顾客真正的需求，这往往要求创业者具有扎实的相关专业技术背景，且最重要的还是要不断学习、能跟上最新的技术发展，这样的创业才能有源源不断的动力。创业与技术之间的关系可以概括为以下两点。

1. 技术优势助推创业成功

创业项目拥有核心技术、专利支持无疑可以从提高创业门槛的角度增加项目的成功概率。但具有技术优势未必能创业成功,创业是一种商业行为,技术的先进性不等于成熟性,技术优势不等同于商业优势。另外,技术型创业有投入周期,技术转变为产品再成为盈利产品需要时间,不要乐观估计技术的成熟性,在技术创业之前必须经过周密的市场调研和论证,同时也需要加强对商业和管理的学习与理解。

除了极少数情况,从技术到成熟的产品,再到取得成功的商业价值的距离相差十万八千里。技术必须加上合理的市场营销策略、相对成熟的管理、金额恰当的资本和相对成熟的团队,然后才可能(还不是必然)获得一定的成功。所以,技术优势可以助推创业成功,但不是唯一的途径,只能说技术为先的产品往往要比服务为先的产品存活率高一些。

2. 创业团队离不开技术人员

一个完美的创业团队离不开技术人员的加盟,无论是技术为先的产品还是服务为先的产品,产品的实现、产品的推广、产品的升级等所有环节离开技术人员的加盟都将举步维艰。

5.1.2 我想创业,但不懂技术怎么办

随着互联网对传统行业的冲击,使很多创业者都跟不上技术的更新,有时一个很棒的想法,却因为缺乏实现想法的载体——技术,而错失良机。这个可能是很多创业者在创业初期面临的首要问题,也是在开始创业前需要首先考虑的问题。

1. 解决技术问题的人员模式

(1) 找懂技术的人合作,或直接招聘技术方面的人才。这种方式的优势为可以利用技术人员掌握的技术,较容易地展开工作。节省了企业的培训费用和投入产出时间。这种方式的缺点是可执行性不高,首先,在人才的寻找方面,是否合适,是否是企业需要的;其次,招聘技术型人才的费用往往较高;最后,在性格方面,是否能够相处融洽也是创业者需面临的问题。

(2) 找到基础好、学习能力强的合伙人。这种方法比较适合非技术密集型的产品。这和特定技术的学习曲线有关,如果创业项目要求的技术水平特别高,那么对于学习型合伙人的要求就会相对较高。即使个人成长性较好,但技术人员必须花费很长的时间才能完成,就不太适合这种方式。如果是非技术密集型的项目,与此类合伙人合作就可以基于现有产品迅速完成升级或转型,快速掌握新的技术水平和产品知识,使企业和个人具有共同成长和发展的机会。

2. 把握基本原则,避开陷阱

创业者需要把握一些基本原则,从而避开创业中经常会遇到的陷阱。

(1) 初始创业阶段避免技术创新,用较为成熟的方案。在产品和个人的双重成长期,要尽可能把变数控制在一定范围内。即选择较成熟的或已被市场验证过的方案,这样能将创业初期的风险在一定程度上降下来,保证产品更新与个人成长相一致。

(2) 创业初步成功,技术不能放松。在创业取得一定的成绩以后,这时候千万不能放松,

要预测技术上可能出现的问题并及早进行解决。技术上的问题一般在创业初期会受到很大重视，可越往后，可能就会渐渐被创业者忽视。一些不懂技术的创业者甚至觉得能用就行了，不必费力进行更新、维护。企业中很多技术是无法直接看到的，比如代码质量、架构质量等，这些看似无用的东西会潜移默化地影响企业的方方面面，若不重视很可能成为未来企业的发展瓶颈。

5.1.3　我想创业，但只懂技术怎么办

1. 创业从哪里切入

创业的切入点不一样，对人员要求的差别也较大。不同类型的产品对创意、资本、技术的要求不同。因此在选择切入点时，要根据自身优势找到自己的特色。下面对创业项目类型做一个简单分类。

(1) 创意密集型，比如脸萌、智键。

(2) 技术密集型，比如又拍、七牛。

(3) 人脉资源密集型，比如知乎。

(4) 资本密集型，比如互联网金融。

只懂技术的人显然更适合前两类项目，重智力；而后两类则重资源，这种方式比较注重个人成长经历和背景。只懂技术的人要规避后一类创业项目。

2. 创业对团队的根本要求

从团队构成来看，创业团队最核心的三个角色是：负责产品、负责技术和负责营销推广。至于其他，比如负责战略、宏观思考等可在企业以后的发展中慢慢完善。这三个角色中最核心的是产品，创业团队大多时候更适合以产品为中心。

3. 技术人员想创业怎么办

技术人员若想成为创业团队的核心，首先至少要了解产品相关的知识，以产品经理与技术人员的角色创业。此外，还应补充自己的人脉资源。其次就是要知道创业不是一个人可以独立完成的工作，而要想找到一起合作的人，只有技能是不行的，还要在性格、价值取向上合得来。

4. 唯技术论的坏处

技术人员创业容易唯技术论，什么东西都自己开发一遍，并感觉良好，但其实这是个误区。创业初期各种资源稀缺，所以一定要把资源投在用户感受得到的地方，如果一味醉心于技术等于把时间和精力都花在了用户看不到的地方。

5.2 项目负责人应掌握的技术常识

5.2.1 项目负责人忌不懂技术

项目负责人绝不能不懂技术，更准确地说，是不能缺乏设计开发产品的基本技术常识，比如至少要清楚一个产品必需的环节，也要明白一个产品从你的脑海走到用户的手机里，需要经历怎样的过程。

项目负责人需要懂得如下几种技巧：

(1) 知道你的产品需要哪些技术；

(2) 弄清楚几种技术之间的关系；

(3) 了解每种技术的基本逻辑；

(4) 遇到不懂的问题积极和技术工程师探讨；

(5) 先从产品逻辑理解技术，然后用技术逻辑进行反推。

项目负责人也要忌讳对技术的深入钻研，不必包揽技术工程师的工作。项目负责人只需对各方面有一定的了解，统筹项目进度。

5.2.2 项目负责人懂技术的优势与劣势

1. 懂技术的优势

(1) 在进行产品功能设置时，项目负责人自己就能确定大部分功能是否可以实现，实现的成本有多大，能不能做，而不用咨询相关专业人员，节省很多时间。

(2) 在技术人员不足的情况下，项目负责人为应急也可以自己进行技术开发。

(3) 项目负责人懂得技术最根本的作用就是更容易与负责产品开发的同事沟通，能理解对方的意图，能把自己的想法表达给对方。同时也可以时刻关注最新的技术，辅助产品设计和规划。

2. 懂技术的劣势

(1) 项目负责人如果过于关心技术问题，就容易跌入产品的实现细节，而忘记自己更应该思考的是整体项目。项目负责人要考虑的问题是项目要做成什么样子？应该在什么时候完成？谁来做？要做的功能还有哪些？至于如何实现，应该交由具体的成员来做。

(2) 在与产品团队成员讨论技术功能时，项目负责人可能会忍不住表达自己的意见，过多掺和到团队成员的专业领域。每个人都想发挥自己的专长，希望证明自己所想的是正确的，这样做就可能会导致技术人员的心理排斥，也可能会限制他们的思路，影响开发效果。

3. 扬长避短

(1) 在进行技术思考时，项目负责人只需要知道可不可以实现，而不应过多地考虑它如何实现。

(2) 将表现机会留给团队成员。在与团队成员讨论功能的实现方案时，项目负责人应谨记给出的只是建议，而不是命令，除非团队成员对如何实现某个功能真的一筹莫展，或者该成员是个新手，又或者这个功能至关重要，负责人才应给出适当的指导。

(3) 项目负责人不能把太多时间投入到技术(假设你的公司不是技术驱动型)，而应将更多的精力投放在运营、营销、用户体验等方面。

复习与思考

1. 简述创业与技术之间的关系。
2. 创业团队应该如何解决缺少技术人员的困境？
3. 项目负责人应该懂的技术常识有哪些？

第 6 章

"互联网+"时代创业技术

学习背景

以网站为基础的创业模式是电子商务互联网创业的基础模式之一。网站建设包括域名注册查询、网站策划、网页设计、网站开发、网站优化、网站推广等步骤，整个过程需要网站策划人员、美工人员、Web程序员共同完成。了解和学习网站建设基础常识及源码建站的二次开发，有助于提高网站建设工作的效率以及互联网创业的成功率。

学习目的

1. 了解网站建设基本流程及构成元素。
2. 掌握域名解析。
3. 了解常用网站建设辅助工具。
4. 掌握源码建站二次开发技巧。

6.1 网站建设流程分析

网站建设可以视为一个系统而严谨的项目工程，在本节中，将详细介绍网站建设的流程以及网站各部分组成元素。在网站建设前期做好充分完善的准备，有助于网站建设工作的开展。网站建设的流程可归纳为前期准备、中期实施和后期完善三大部分，其详细内容如表 6.1 所示。

表6.1 网站建设流程分析

阶段	详细内容
前期准备	网站定位策划、功能需求分析、网站内容整理、网页风格设计、功能开发
中期实施	网站测试、域名空间申请、网站上传
后期完善	网站运营推广、网站安全维护、网站整体优化、网站改版等

一个完整的网站一般包含三部分内容，分别是网站域名、网站空间、网站程序。其中域名和空间属于基础服务设施，需要从 IDC 服务商处租用，网站程序需要专业的网页设计人员进行设计开发。

6.1.1　网站规划

网站规划是指在网站建设前对市场进行分析、确定网站的目的和功能，并根据需要对网站建设中的技术、内容、费用、测试、维护等做出规划。

网站规划对网站建设起到计划和指导的作用，对网站的内容和维护起到定位作用。网站规划是网站建设的基础和指导纲领，决定了一个网站的发展方向，同时对网站推广也具有指导意义。

1. 建设网站前的市场分析

(1) 分析相关行业的市场特点，以及是否能够在互联网上开展公司业务。

(2) 市场主要竞争者分析，竞争对手上网情况及其网站策划、功能作用。

(3) 公司自身条件分析、公司概况、市场优势，可以利用网站提升哪些竞争力，建设网站的能力(费用、技术、人力等)。

2. 建设网站目的及功能定位

(1) 明确建立网站的目的，是为了树立企业形象、宣传产品、进行电子商务，还是建立行业性网站，是企业的基本需要还是市场开拓的延伸。

(2) 整合公司资源，确定网站功能。根据公司的需要和计划，确定网站的功能类型：企业形象型、产品宣传型、网络营销型、信息服务型、网络销售型等。

(3) 根据网站功能，确定网站应达到的目标。举例说明，建设一个教育培训网站的目标是为接受培训教育的学生服务，并且吸引更多的学生接受该校的教育培训，因此在建设网站时就要围绕这个目标确定网站的栏目。尽管建设网站的目标不尽相同，但是有一点必须明确，那就是目标控制得越详细，对今后的工作开展越有利。

3. 分析目标客户及潜在客户对站点的需求

在这一阶段，需要掌握一些典型目标客户的基本信息。例如：他们共同的兴趣是什么？他们希望从站点中获得什么？要得到这些信息，既可以做一些问卷调查，也可以从亲友、同学那里获得一些建议，还可以在微博、博客、BBS 中设立反馈信息页，从浏览者那里得到实际的信息，然后对网站进行规划。

例如：对于教育培训网站，目标客户相对固定，大都为家长或学生，所以比较容易确定用户对站点的需求。通过简要分析即可确定网站的栏目主要应包括"课程分类""学习资料""教师简介"等，如图 6.1 所示。

图6.1　教育培训网站

6.1.2　网页设计原则

网页设计得好不好，主要看设计者的功力与用心程度。优秀的网站应具备页面干净、主题突出、栏目导航清晰的特点，网站内容的丰富性也是非常重要的因素，只有吸引大量的用户来关注，网站才会产生生命力，如图 6.2 所示。

图6.2　优秀网站推荐

在网页设计中，设计者应当注意以下几个原则。

(1) 用户优先。无论什么时候，只有得到用户的认可，工作才算做到位。设计者的初衷是为了满足广大用户的需要。

(2) 网页下载迅速。在设计网页的过程中，对一些比较大的 Flash 动画、图像等要尽量做技术上的压缩与分割。要检测网页开启的速度是否合理，一般要求在 3 秒钟之内打开网页。

(3) 内容丰富。内容的丰富能够给用户带来大量的信息，但要注意文字、图像和音视频等巧妙搭配，同时注意内容一定要跟网站所要表现的主题相对应。

(4) 首页的重要性。首页是浏览者对网站产生第一印象的关键，要秉持干净而清爽的原则。第一，若无特殊需要，尽量不要放置大的图像文件或程序，因为它会增加下载的时间，导致用户失去浏览网页的耐心；第二，画面不要设置得杂乱无序，因为用户有可能会找不到自己需要的东西。

(5) 栏目的归类。内容的分类很重要，可以按主题、性质、组织机构等分类，无论采用哪一种分类方法，都要让用户能够容易地找到目标。而且分类方法要尽量保持一致，如果混用多种分类方法容易使用户感觉混乱。

(6) 互动性。互动包括整个设计的呈现、使用界面引导等。设计师应该掌握互动的原理，让用户感觉每一步操作都能得到互动，这部分内容需要设计上的技巧与软硬件的支持。

(7) 图像应用技巧。恰当使用图像可以让网页增色不少，但图像应用不当则会带来相反的效果。在图像使用上，尽量采用一般浏览器均可支持的压缩图像格式，例如 jpg、gif、png 等，jpg 的压缩效果较好，适合中大型的图像，可以节省传输时间。

(8) 避免滥用技术。使用技术时，首先考虑到的因素是传输时间；二是技术与网站性质及内容相配合；最后，技术不要用得多和杂。

6.1.3　网站程序

1. 静态网页开发

在网页设计初期，网页设计人员习惯用 HTML 语言制作最基本的网页，这种网页我们称之为静态网页，静态网页有时也被称为平面页。静态网页的网址形式通常以超文本标记语言(.htm、.html)、可扩展标记语言(.shtml、.xml)等为后缀。在超文本标记语言格式的网页上，也可以出现各种动态的效果，如.gif 格式的动画、Flash、滚动字幕等，这些"动态效果"只是视觉上的，与下面将要介绍的动态网页是不同的概念。静态网页页面通常是超文本标记语言文档存储为文件在文件系统里，并且可以通过 http 访问网络服务器。但是由于管理更新困难、安全性差等因素，现代网站开发过程中，一般都选择开发动态网页。

2. 动态网页开发

建设一个完整的动态网站我们一般需要程序语言基础作为支撑，下面就主流的 Web 开发语言进行对比。

(1) ASP(Active Server Pages)是微软平台下的动态网页技术。Microsoft 提出的 ASP 概念，使设计交互式 Web 页面的技术有了长足的进步。它采用了三层计算结构，将 Web 服务器(逻辑层)、客户端浏览器(表示层)以及数据库服务器(数据层)分开，具有良好的扩充性。ASP 程序语言的优劣势分析如表 6.2 所示。

表6.2　ASP程序语言优劣势分析

优势	劣势
● 简单易学，无须编译 ● 独立于浏览器，面向对象 ● 与任何 Active X 语言兼容	● 安全性、稳定性欠缺 ● 跨平台、跨操作系统性差 ● 无法完全实现企业级集群、负载均衡 ● 运行效率低

(2) JSP(Java Server Pages)是由 Sun Microsystems 公司倡导、许多公司参与一起建立的一种动态网页技术标准。JSP 技术有点类似 ASP 技术，它是在传统的网页 HTML 文件(*.htm、*.html)中插入 Java 程序段(Scriptlet)和 JSP 标记(tag)，从而形成 JSP 文件，后缀名为(*.jsp)。用 JSP 开发的 Web 应用是跨平台的，既能在 Linux 下运行，也能在其他操作系统上运行。JSP 程序语言的优劣分析如表 6.3 所示。

表6.3　JSP程序语言优劣势分析

优势	劣势
● 一处编写随处运行 ● 系统的多平台支持 ● 强大的可伸缩性 ● 多样化和功能强大的开发工具支持	● 来自 Java 的安全漏洞 ● 缺少系统性的资料 ● 速度相对较慢

(3) PHP(Hypertext Preprocessor)。PHP 即超文本预处理器，是一种通用开源脚本语言。语法吸收了 C 语言、Java 和 Perl 的特点，一种能快速学习、跨平台、有良好数据库交互能力的开发语言，主要适用于 Web 开发领域。PHP 的文件后缀名为(*.php)。PHP 程序语言优劣分析如表 6.4 所示。

表6.4　PHP程序语言优劣势分析

优势	劣势
● 简单易学，数据库交互能力强 ● 简单轻便，易学易用 ● 与 Apache 及其他扩展库结合紧密 ● 良好的安全性	● 只支持 Web 开发，不适合其他类型软件开发，如 App 等 ● 不适合应用于大型电子商务站点

3. 源码建站

1) 源码建站的概念

参照传统的网站建设流程，独立开发和设计一个完整的网站相对难度较大，需要平面设计、程序设计、数据库等相关知识技能的支撑。源码建站凭借其简单易操作的特点以及免费的巨大优势成为越来越多的企业和个人建站时的首选，许多人都不懂企业建站的程序、语言等，而源码则完全解决了这些困扰。只要我们通过一个免费的模板，再进行简单的操作就可以实现网站的建设了，如图 6.3 所示。

图6.3 网站源码

2) 源码建站的应用范围

源码建站的种类和应用范围非常广泛,大到政府网站,小到个人博客都可以找到相应的源码进行网站搭建,部分应用范围如表 6.5 所示。

表6.5 网站源码应用范围

社区论坛	全站 CMS	维基博客	企业网站
网店商城	网址导航	文章小说	下载上传
影音娱乐	贺卡图片	留言贴吧	学校班级
办公 OA	统计计数	广告链接	搜索查询
信息商务	主机域名	邮箱邮件	聊天客服
数据文件	投票调查	人才交友	开发框架

3) 源码建站的优劣势分析

源码建站,又称"模板建站",在国内有许多网络公司、网络工作室提供源码建站服务。源码建站存在一定的优势和劣势,下面就源码建站的优劣势进行分析。

(1) 源码建站的优势:①建站时间短,在极短的时间内完成各类企业的网站搭建;②费用成本低,源码建站不需要专用的设计人员进行网站的风格设计,都是套用网络现有的模板,所以对企业来说花费少、成本低;③技术门槛低,对于技术基础要求低,部分源码只需会打字就可以完成网站的建立。

(2) 源码建站的劣势:①网站缺少灵活性,缺少设计和规划上的灵活性,且风格千人一面,很难建立独特的企业形象;②会有冗余代码产生,并且每个页面的代码又极为类似,这样很不利于搜索引擎查找,对于网站推广极为不利;③在之后的网站发展过程中,若需要扩大功用,则无法支撑。

总的来说,企业网站建立仍是利大于弊。如今许多网络公司推出了"自助建站体系",使用这套体系可以让创业者方便轻松地拥有一个自己的网站,还可以请求一个独立域名指向,从外表上来看，就很像一个独立的网站。虽然尚存在一些不足之处，但是随着源码程序的更新升级，自助建站体系也在不断完善。

4) 建站源码的选择技巧

利用网站源码建站可以说是所有建站方式当中最快捷、最省钱的。但是面对国内外五花八门的源码，如何选择一款适合自己的源码成为入门网站建设者的难题。

(1) 网站类别。首先需要确定网站的类别，如文章站、图片站、电商站、博客站。不同类别的网站定位，对于源码的选择起到至关重要的作用。

如果是类似门户类别可以选择 Discuz!；如果是文章站和图片站，可以选择织梦 CMS；当然如果要做电商站的话，ECShop 就是不错的选择。目前很多 CMS 都自带商城，搭建企业门户网站的同时，进行商品出售。

(2) 同类源码筛选。筛选源码时应注意：①源码至少要有一定的用户量，个人站长早期都不大可能购买商业授权，遇到问题都需要自己解决，用户量越大，寻找问题的答案越容易；②优先选择处于活跃开发期的 CMS；③需要考虑移动互联网用户。

(3) 源码编程语言。目前主流的建站源码主要包括 ASP 和 PHP 两种。ASP 类的源码主要体现在 CMS 上，新云网站系统、动网、Z-Blog、KesionCMS 均是支持 ASP 语言的代表。ASP 虽然源码简单，但是其安全性却大打折扣。相比而言，PHP 带有独立数据库，出于安全性的考虑，推荐大家使用 PHP 语言程序。

当然大家选择源码的时候也要多看好评率，名气大一点的源码无疑用的人多，功能也越完善，当然也可能对网站搜索引擎优化有帮助，所以大家选择源码的时候也要考虑一下，毕竟网站搜索引擎的收录还是非常重要的。

> **注意：**
> 网站源码二次开发的意思是在原有核心CMS的基础上进行满足自己需要的开发，分为界面和功能两大部分。

6.1.4　网站测试

在网站制作完毕后，就可以将网站发布到网络上，但是在发布之前必须在本地搭建 Web 服务器，对网站进行测试。

本节将详细介绍在本地计算机测试网站的方法，即将本地计算机设置为 Web 服务器。在同一网络中的用户都可以通过浏览器访问此 Web 服务器。如果本地计算机有一个公用的 IP 地址，并设置 DNS 的域名解析，那它就是一个真正意义上可被网上用户访问的 Web 服务器了，下面主要以 PHPnow 为例，搭建 PHP 网站运行环境。

PHPnow 是 Windows 下绿色免费的 Apache+PHP+MySQL 环境套件包。简易安装、快速搭建，支持虚拟主机的 PHP 环境。附带 PnCp.cmd 控制面板，帮助用户快速配置套件，使用非常方便。

PHPnow 中文应用框架 PHPnow framework 提供安全快速的 PHP 开发解决方案，PHPnow framework 采用国际公认的 mvc 思想，采用 OOP 方式开发，具有易扩展、稳定、超强大负载等功能，企业级安全部署，重点发展现代安全快速的互联网应用程序开发。

PHPnow 支持互联网上绝大多数 PHP 网站源码，包含组件，如表 6.6 所示。

表6.6　PHPnow包含组件一览表

组件版本	说明
Apache-2.0.63 / 7.7.16	知名 Web 服务器软件
PHP-5.7.14	通用开源脚本语言
MySQL-5.0.90 / 5.1.50	开源关系型数据库
Zend Optimizer-3.3.3	PHP 代码运行优化器
phpMyAdmin-3.3.7	MySQL 数据库管理工具

1. PHPnow的下载及安装

PHPnow 的最新版本为 1.5.6，其安装包可以在互联网上免费获取，其官方网站提供最新的版本以及 PHPnow 下 Java、ASP 等支持插件的下载。

首先下载最新版本 PHPnow(此处以 1.5.6 版本为例)，将其解压至硬盘任意分区根目录下，解压完成后进入新增文件夹，双击"setup.cmd"进行程序安装。

> **注意：**
> PHPnow的安装有两条要点：①父级目录不能包含中文，此处推荐将程序安装在磁盘根目录；②解压安装包时，需采用解压到PHPnow-1.5.6，切忌采用解压到当前文件夹，此操作会导致磁盘根目录文件混乱，不利于后期整理。

在弹出的 DOS 操作界面中，会依次提示选择 Apache 及 MySQL 版本，如图 6.4 所示。这里没有特殊需求一般选择推荐即可，选择方法为输入对应版本前代码，按回车键进行下一步安装。

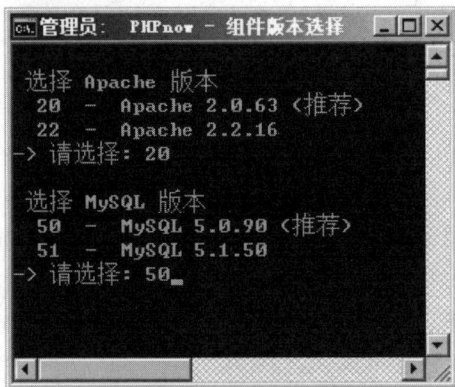

图6.4　组件版本选择对话框

在版本选择完成后，程序将进行自动解压操作，在如图 6.5 所示。在初始化安装对话框中输入"y"，执行初始化安装，过程大概为 10 秒，期间可能出现防火墙提示，点击"允许"即可。

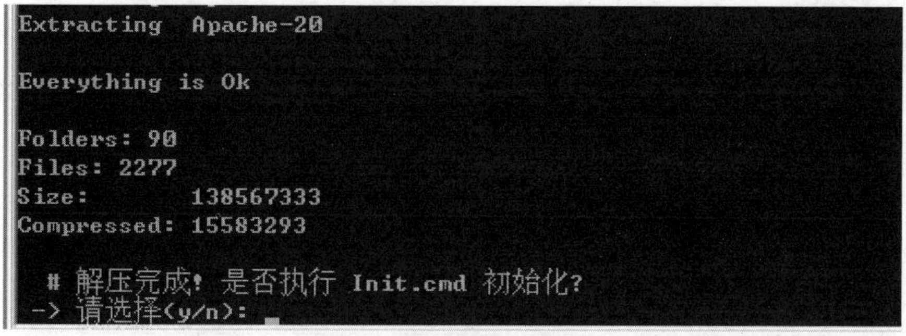

图6.5　初始化安装对话框

在初始化完成后将自动启动 Apache 及 MySQL 的相关服务，并要求为 MySQL 的 root 用户设置密码，如图 6.6 所示。

图6.6　MySQL数据库密码设定

注意：

MySQL数据库的默认最高权限用户名为root，在设置root密码时不能过于简单，须牢记，后面的教学会用到。

在密码设置完成后，敲击任意键，将会看到PHPnow的默认页面，至此PHPnow的安装全部完成，如图 6.7 所示。

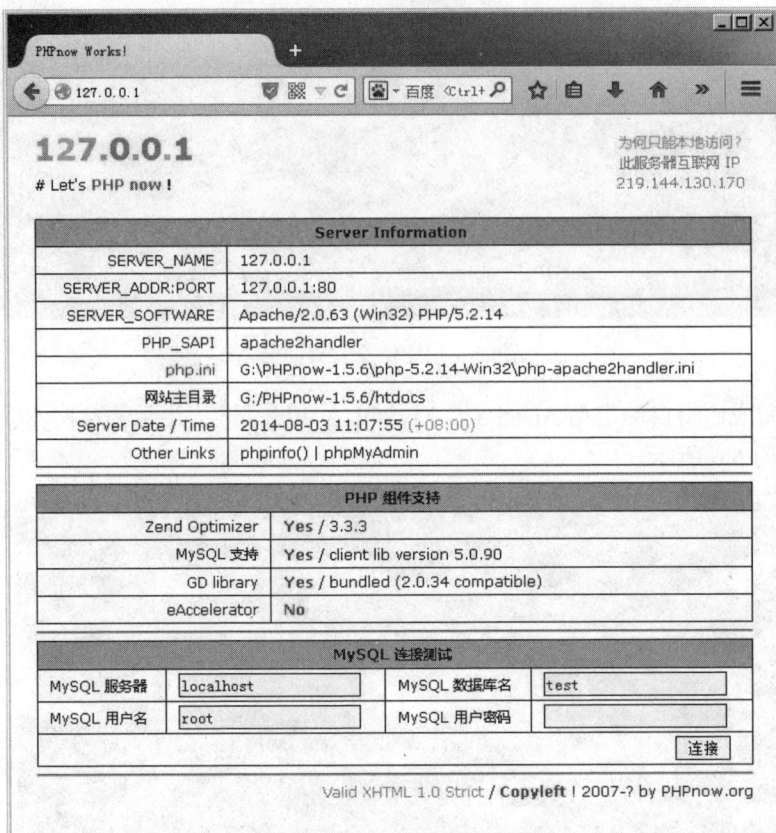

图6.7 PHPnow欢迎界面

2. PnCp控制面板配置

在 PHPnow 的安装根目录下，双击 PnCp.cmd 可以打开 PHPnow 的控制面板，如图 6.8 所示，在控制面板中输入相应代码可以实现对 PHPnow 的简单控制。

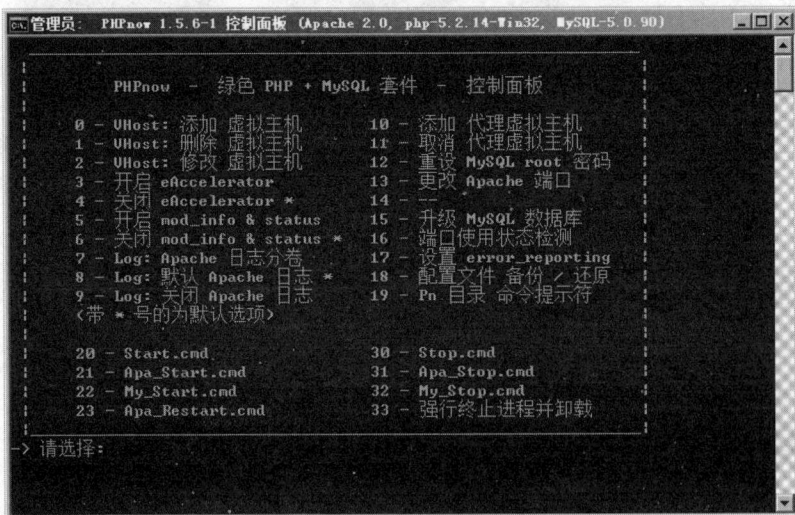

图6.8 PnCp控制面板

(1) PHPnow 的开启与关闭。PHPnow 作为一款开发环境套件包，我们只有在需要开发及调试网站的时候才将其运行打开，在不进行相关操作的空闲时间，我们可以通过 PnCp 控制面板的"33(强制终止进程并卸载)"将其关闭从而节省内存，随后可通过"20(start.cmd)"进行开启。

(2) 多站点建立。在控制面板中，输入"0"，在"新增主机名"后输入"127.0.0.255"。随后的"主机别名""网站目录""限制 php 的 open_basedir"均可以按照默认操作，点击回车跳过。稍后 Apache 等相关服务会自动重启，完成新站点的建立，效果如图 6.9 所示。

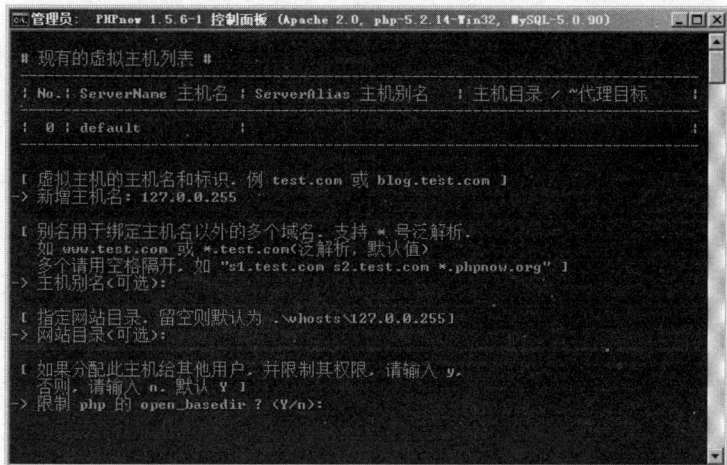

图6.9　新增虚拟主机站点

在完成新增站点操作后，PHPnow 程序根目录会出现一个名为"vhosts"的文件夹，将需要运行的代码放置对应主机别名的文件夹中，即可运行。

3. phpMyAdmin管理数据库

每一个动态网站的运行都离不开数据库的支持，在完成了虚拟主机的创建后，我们还需要为每个虚拟主机分配 MySQL 数据库。下面介绍如何使用 phpMyAdmin 分配用户和数据库。

在浏览器中输入"http://127.0.0.1/phpMyAdmin"，打开 phpMyAdmin 登录界面，以"root"的用户名登录，如图 6.10 所示。

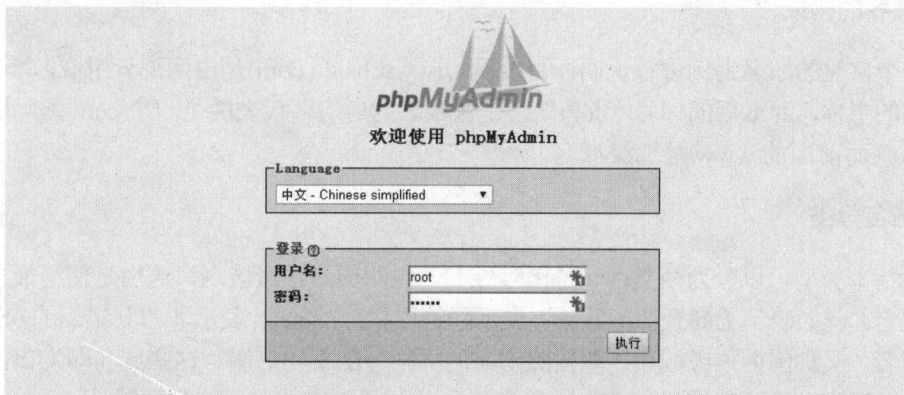

图6.10　phpMyAdmin登录页面

进入后台后，点击"权限"→"添加新用户"，填写新的用户名和密码，同时选择"创建与用户同名的数据库并授予所有权限"，其他保持默认，如图 6.11 所示。

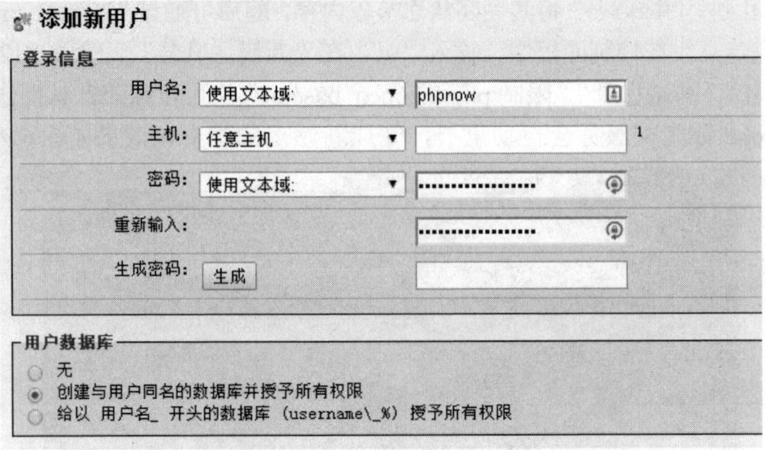

图6.11　添加MySQL新用户

经过刚才的操作，我们创建了名为 phpnow 的 MySQL 用户，设置了密码，并为它创建了同名的数据库。

注意：

MySQL数据库最关键的三个参数：数据库用户名、数据库密码及数据库名称，如遇数据库地址，一般填写localhost即可。

6.1.5　域名申请

IP 地址是 Internet 主机作为路由寻址用的数字型标识，不容易记忆。因而产生了域名(domain name)，即一种字符型标识组成的 Internet 上某一台计算机或计算机组的名称，用于在数据传输时标识计算机的电子方位。域名的目的是便于记忆和沟通的一组服务器的地址。

1. 域名的构成

以一个常见的域名为例进行说明，百度网址(www.baidu.com)是由两部分组成，"baidu"是这个域名的主体，而最后的标号"com"则是该域名的后缀，代表的是一个 com 国际域名，是顶级域名。而前面的 www.是二级域名。

2. 域名分类

域名基本类型可以分为两类：一是国际域名，也叫国际顶级域名，这也是使用最早也是最广泛的域名。例如表示工商企业的.com，表示网络提供商的.net，表示非营利组织的.org 等。二是国内域名，又称国内顶级域名，即按照国家的不同分配不同后缀，这些域名即为该国的国内顶级域名。国家和地区都按照 ISO3166 国家代码分配了顶级域名，例如中国是 cn，美国是 us，日本是 jp 等。

按照申请机构的性质，域名可以划分为多个类别，如表 6.7 所示。

表6.7 常见组织与国家或地区域名

域名	常见组织或个人	域名	常见国家或地区
ac	科研机构	cn	中国
com	工、商、金融等企业	jp	日本
edu	教育机构	ru	俄罗斯
gov	政府部门	de	德国
mil	军事机构	uk	英国
net	互联网络、接入网络的信息中心	kr	韩国
org	各种非营利性的组织	in	印度
biz	网络商务向导，适用于商业公司	fr	法国
info	提供信息服务的企业	hk	香港
pro	适用于医生、律师、会计师等专业人员的通用顶级域名	mo	澳门
name	适用于个人注册的通用顶级域名	tw	台湾

3. 域名选择技巧

(1) 域名应该简明易记，便于输入。一个好的域名应该短而顺口，便于记忆，最好让人看一眼就能记住，而且读起来发音清楚，不会导致拼写错误。此外，域名选取还要避免同音异义词。

(2) 域名要有一定的内涵和意义。用有一定意义和内涵的词或词组作为域名，不但可记忆性好，而且有助于实现企业的营销目标。例如企业的名称、产品名称、商标名、品牌名等都是不错的选择，这样能够使企业的网络营销目标和非网络营销目标达成一致。

(3) 用企业名称相应的英文名作为域名。这也是国内许多企业选取域名的一种方式，这样的域名非常适合与计算机、网络和通信相关的行业。例如，长城集团的域名为 greatwall.com.cn，中国电信的域名为 chinatelecom.com.cn。

(4) 用企业名称的缩写作为域名。有些企业的名称比较长，假如用汉语拼音或者用相应的英文名作为域名就显得过于烦琐，不便于记忆。因此，用企业名称的缩写作为域名不失为一种好方法。缩写包括两种方法：一种是汉语拼音缩写，另一种是英文缩写。例如，广东步步高电子工业有限公司的域名为 gdbbk.com。

(5) 给域名添加地域前缀。为了减少竞争压力，凸显区域针对性，国内许多中小微企业选择根据目标市场定位，在域名前添加地域或前缀。例如，目标市场为陕西则增加 sx，目标市场为西安则增加 xa。

注意：
目前开放注册的域名中，5位及以上字符的域名尚未被完全注册，5位以内的域名均需要高价从第三方处购买。

4. 域名申请

(1) 准备申请资料。com 域名无须提供身份证、营业执照等资料，2012 年 6 月 3 日 cn 域名已开放个人申请注册，所以申请只需要提供身份证或企业营业执照。域名注册一般需要的资料有：姓名(企业名称)、电话、传真(个人可无)、电子邮箱、所在地址。

(2) 寻找域名注册网站。由于.com、.cn 域名等不同后缀均属于不同注册管理机构管理，如要注册不同后缀域名则需要从注册管理机构寻找经过其授权的顶级域名注册查询服务机构，如图 6.12 所示。如.com 域名的管理机构为 ICANN(互联网名称与数字地址分配机构)，.cn 域名的管理机构为 CNNIC(中国互联网络信息中心)。

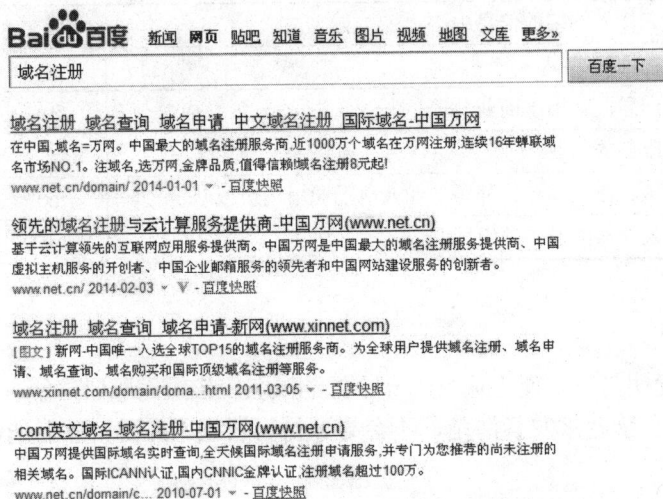

图6.12 寻找域名注册IDC服务商

(3) 查询域名。在注册商网站注册用户名前，应查询域名是否被占用，选择你要注册的域名，并点击"查询"按钮，如图 6.13 所示。

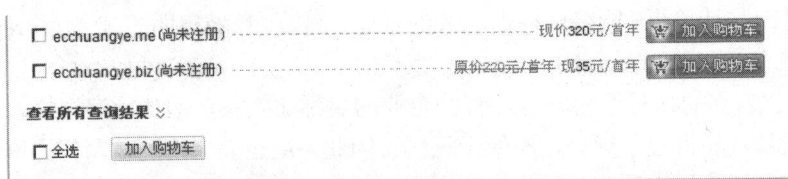

图6.13 查询域名

(4) 正式申请。查到想要注册的域名，并且确认域名为可申请的状态后，加入购物车，填写相关信息，提交注册，并缴纳年费。

5. 域名备案

域名备案的目的是防止在网上从事非法的网站经营活动，打击不良互联网信息的传播。在中华人民共和国境内提供非经营性互联网信息服务，应当办理备案，未经备案不得提供相关服务。网站域名未经备案，不允许放置在国内服务器运行。而对于没有备案的网站将予以罚款或关闭。

网站备案流程图如图 6.14 所示。

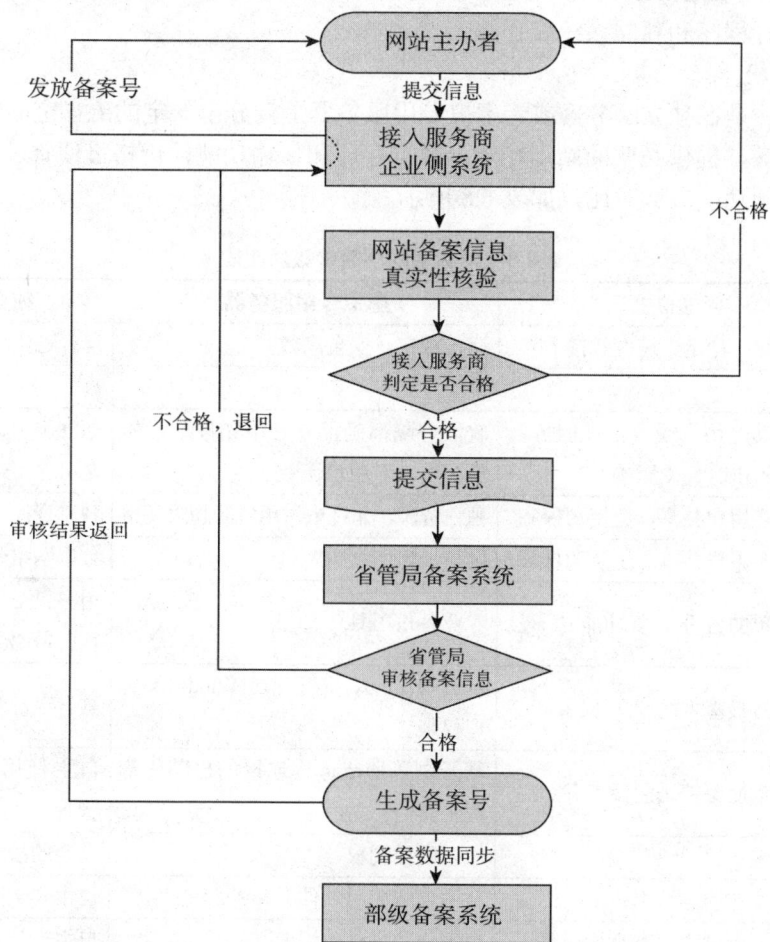

图6.14 网站备案流程示意图

6.1.6 Web服务器的选择

如果将网站域名比作门牌号的话,网站空间就相当于网络程序的家,用于存放和展示网页设计作品。网站空间作为网站建设的主要载体,承载着运行网站程序、处理网站访问请求的重要功能。

1. 空间分类

常见的网站空间可以分为三类:独立服务器、虚拟专用服务器、虚拟主机。

1) 独立服务器

独立服务器,是指客户独立租用一台服务器来展示自己的网站或提供自己的服务,比虚拟主机有空间更大、速度更快、CPU 计算独立等优势,价格最贵。

2) 虚拟专用服务器

虚拟专用服务器,是将一部独立服务器分割成多个虚拟专享服务器的优质服务。每个虚拟专用服务器都可分配独立公网 IP 地址、独立操作系统、独立超大空间、独立内存、独立 CPU 资源、独立执行程序和独立系统配置等。

3) 虚拟主机

虚拟主机，是在独立服务器或者虚拟专用服务器上划分出一定的磁盘空间供用户放置站点、应用组件等，提供必要的站点功能、数据存放和传输功能，价格最便宜。

各网站空间功能参数对比，如表 6.8 所示。

表6.8　网站空间功能参数对比表

功能	虚拟主机	虚拟专用服务器	独立服务器
性能	运行不稳定、速度较慢	运行稳定、安全高效	运行稳定、安全高效
主机费用	低	中	高
安全性	当其他用户受攻击或服务器被攻击时会受影响	软硬件隔离确保在常用物理节点的黑客攻击对用户无效	独立用户，独享资源，安全可靠
硬件资源	和多用户共享，无资源保障	独占资源，允许未占用资源超限使用	独享资源
网络资源	和多用户共享，无资源保障	独享一定网络带宽资源	独享网络带宽资源
备份/恢复	简单的备份/恢复功能	专业备份工具	用户自主使用各种工具进行备份/恢复
自主管理	仅有最基本的读/写权限	具有根(Linux)或管理员(Windows)管理权限	具有全部管理权限
管理工具	提供简单控制面板工具	基于浏览器或远程连接的自动化管理工具	自主使用各种工具进行管理
功能扩展	受限	完全的控制权	完全的控制权
软件安装	无	自由安装应用软件	自由安装应用软件
数据库	数据库种类、大小均受限	自主安装各种数据库	自主安装各种数据库
适用范围	入门级站长、小型个人网站、小型公司网站	有特殊网络服务要求者，访问量大的中小公司网站	大中型网站，有特殊网络服务要求者

2. 空间管理

网站空间大都位于各个 IDC 服务商托管的服务器机房，我们需要通过远程操作的方式对网站空间进行管理。独立主机和虚拟专用服务器通过远程桌面连接进行管理，而虚拟主机则通过专用软件 FlashFXP、FileZilla 等 FTP 软件进行管理操作。

1) 独立主机和虚拟专用服务器管理

购买独立主机(虚拟专用服务器)后需向 IDC 服务商索取相关平台账号密码。对独立主机和虚拟专用服务器管理可细分为两部分，分别是控制面板和远程桌面连接。

在主机控制面板中可以获取远程桌面连接的相关参数，同时它还提供主机参数查询、状态变化检测、域名解析等服务。通过控制面板可以进行独立主机(虚拟专用服务器)的关机重启、数据备份恢复及重新安装操作系统，如图 6.15 所示。

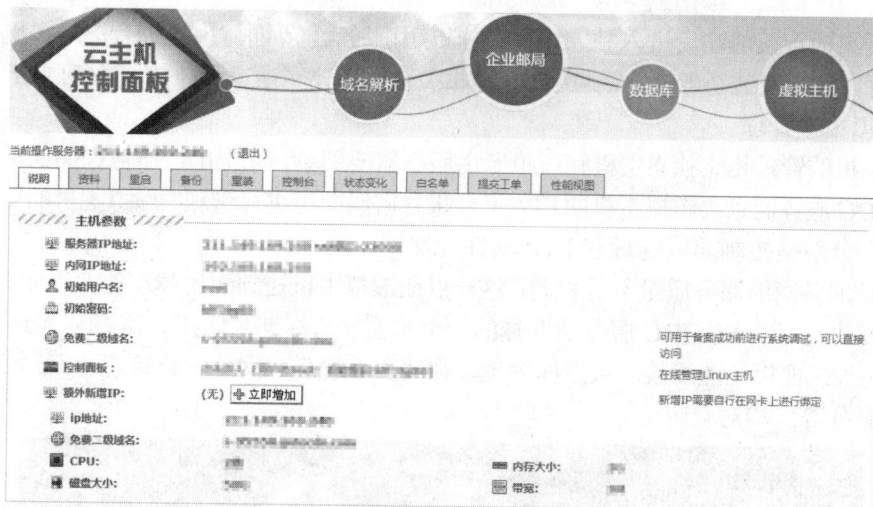

图6.15　独立主机、虚拟专用服务器控制面板

远程桌面连接是 Windows 系统自带的一款功能软件，指的是网络上由一台客户端远距离去控制服务端。可用于远程控制服务器，点击"开始"→"所有程序"→"附件"→"远程桌面连接"即可打开。连接过程中在"计算机"处输入独立主机(虚拟专用服务器)的公网 IP 地址及端口号，用户名一般默认为"administrator"，输入正确密码后即可连接至远程服务器进行管理，如图 6.16 和图 6.17 所示。

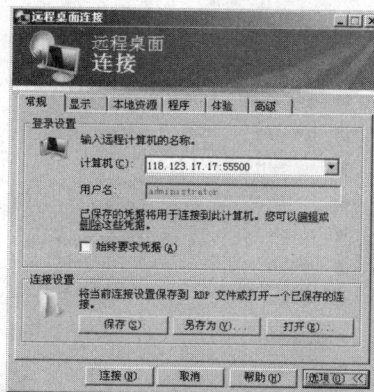

图6.16　远程桌面连接

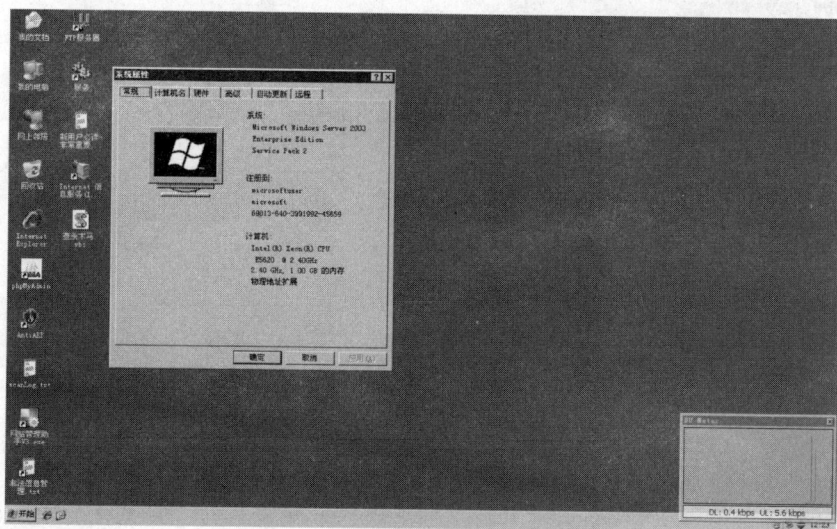

图6.17　远程桌面连接成功

在远程桌面连接成功后进入独立主机(虚拟专用服务器)界面，用户拥有该计算机的完全控制权限，可以自行安装杀毒软件，通过 IIS 等相关软件搭建网站运行环境，进行网站开发项目。

2) 虚拟主机管理

虚拟主机的管理相比独立主机和虚拟专用服务器要简单，通过 IDC 服务商购买虚拟主机业务后，向 IDC 服务商索要虚拟主机的相关平台账号密码即可进行管理。虚拟主机的管理同样分为两部分，分别是控制面板管理和 FTP 软件管理。

各 IDC 服务商的服务质量不尽相同，这一点在虚拟主机控制面板体现得尤为明显，虚拟主机控制面板功能可以作为 IDC 服务商选择的一个重要参考标准，如图 6.18 所示。该 IDC 服务商虚拟主机控制面板功能涵盖：数据库管理、在线文件管理、网站安全管理、网站情报分析、主机增值服务等，相对较全面。

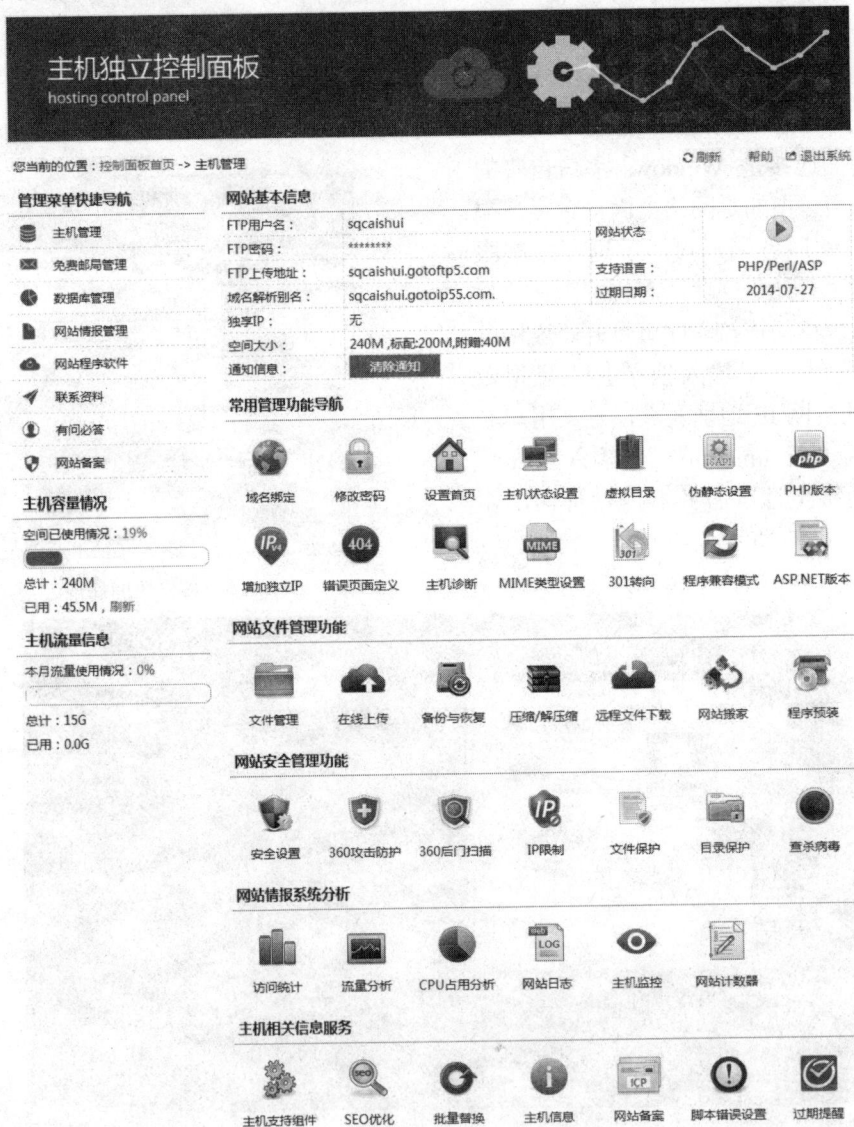

图6.18　某IDC服务商虚拟主机控制面板

6.1.7 域名解析与DNS

在前面的学习中，我们了解了网站建设的基本流程以及各部分组成元素，一个完整的网站=网站域名+网站空间+网站程序。本节主要讲述三者之间是如何进行联系互动的。

1. 域名解析

如果把网站比作住宅，那么网站空间则为住宅里面的房间，网站程序相当于小的房间，而域名则相当于门牌号，指引访客来我们的房间参观。通过域名解析，可建立网站域名和网站空间之间的关系，使两者联动。

1) 域名解析的相关知识

在开始域名解析前需要了解域名的相关知识。

(1) 主机名。在 Internet 域名系统中有主机名的区别，例如 baidu.com，它有非常多的子网站，例如百度新闻 news.baidu.com、百度图片 image.baidu.com、百度知道 zhidao.baidu.com。这几个域名中，baidu.com 是顶级域名，而其他三个域名则为它的二级域名，news、images、zhidao 分别是它们的主机名。

(2) 域名控制面板。网站域名与网站空间一样，运用控制面板进行操作控制，域名控制面板可向域名 IDC 服务商索取。如图 6.19 所示为域名的控制面板界面。

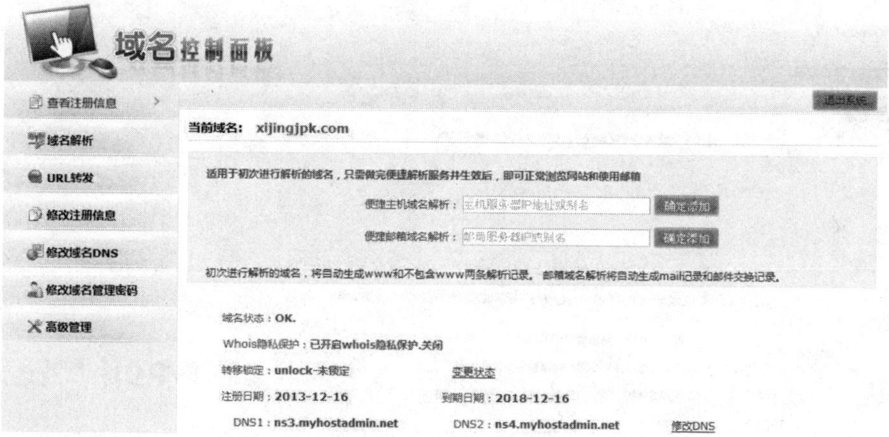

图6.19 域名控制面板

在域名控制面板中，我们可以查看域名注册信息、域名解析、URL 转发、修改域名 DNS、修改域名管理密码。

(3) 常见的域名解析类型：①A 记录解析。记录类型选择 "A 记录"；对应值只能填写空间商提供的主机 IP 地址。②CNAME 记录解析(别名解析)。CNAME 类型解析设置的方法和 A 记录类型基本是一样的，其中将记录类型修改为 "CNAME 记录"，并且对应值填写服务器主机地址(网址/IP 地址)即可。③MX 记录解析。MX 记录解析是做邮箱解析使用的。记录类型选择 "MX 记录"，填写邮局商提供的服务器 IP 地址或别名地址；TTL 设置默认，MX 优先级填写邮局提供商要求的数据，或是默认 10，有多条 MX 记录时，优先级要设置不一样的数据。

2) 域名解析的方法

域名解析工作通常只需要在域名控制面板中根据 IDC 服务商提供的绑定数据进行绑定即可，如网站空间类型为虚拟专用服务器，则还需要在虚拟专用服务器控制面板添加白名单。具体操作流程如下。

在域名控制面板中点击"域名解析"按钮，进入域名解析页面，如图 6.20 所示。图中各项目的填制方法如下。

(1) 主机名：最低须设置空主机名(代号为@，方便不带 www 的域名访问)和 www。

(2) 解析类型：用于网站访问的解析通常为 CNAME 和 A 记录，根据网站空间商提供的类型进行选择。

(3) 对应值：从网站空间商处获取。

(4) TTL：指解析生效时间(单位秒)，但仅影响解析记录修改的生效时间。

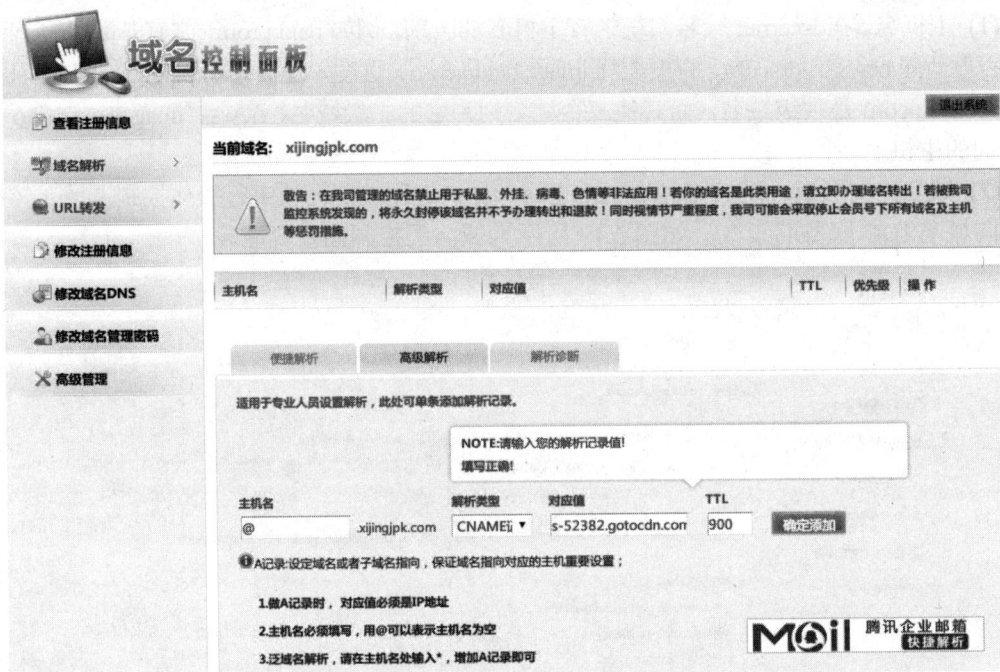

图6.20 域名解析页面

在图 6.20 中进行了 http://xijingjpk.com 的解析操作，如需继续绑定 http://www.xijingjpk.com，则只需要将图中主机名的"@"修改为"www"即可。

2. DNS功能简介

DNS 是域名系统 (Domain Name System) 的缩写，是因特网的一项核心服务，它作为可以将域名和 IP 地址相互映射的一个分布式数据库，能够使用户更方便地访问网络，而不用去记住能够被机器直接读取的 IP 数串。

1) DNSPod 智能加速网站

DNSPod 是一款免费智能 DNS 产品，如图 6.21 所示。DNSPod 可以同时为有电信、网通、教育网服务器的网站提供智能的解析，让电信用户访问电信的服务器，网通的用户访问网通的服务器，教育网的用户访问教育网的服务器，达到互联互通的效果。

图6.21 DNSPod 网站首页

2) DNS 加速功能

DNSPod 采用全球最领先的云 DNS 集群技术，可安全稳定地为用户提供 DNS 解析服务。大幅度提升了解析速度，且配有防攻击算法。

(1) 在 DNS 网站进行账号注册后，登录个人界面，点击顶部导航菜单"我的域名"按钮，进入域名添加界面，如图 6.22 所示。

图6.22 我的域名界面

(2) 点击"添加域名"按钮，输入需要解析的主域名，点击"确定"按钮，如图6.23所示。

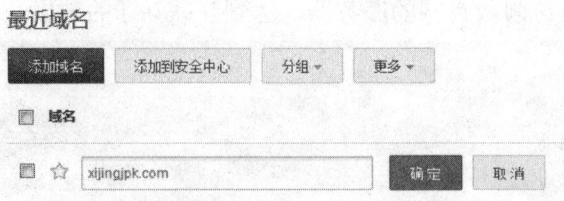

最近域名

图6.23 添加域名操作

(3) 点击新添加域名，会自动检索导入域名原有的解析记录，点击"确定"按钮，实现自动导入，如图 6.24 所示。

	主机记录	记录类型	路线	记录值	TTL
☑	@	CNAME	默认	s-95558.gotocdn.com.	600
☑	video	CNAME	默认	s-95558.gotocdn.com.	600
☑	www	CNAME	默认	s-95558.gotocdn.com.	600

扫描成功，您可以点击"确定"导入，也可以点击"取消"进行手动导入
共扫描到记录 **3** 条，若有漏掉的记录，可在记录导入后手动添加下

图6.24 记录自动导入

(4) 返回域名注册方，进入域名控制面板，点击"修改域名 DNS"→"使用自定义 DNS"，将 DNS 值修改为 DNSPod 的地址，如图 6.25 所示。

DNSPod 免费 DNS 地址为：f1g1ns1.dnspod.net/f1g1ns2.dnspod.net (对应 6 台服务器)。

图6.25 修改域名DNS地址

3) DNS 监控功能

DNSPod 提供 DNS 攻击监测和防御功能，实时监测并抵御 DNS 攻击，时刻为网站保驾护航，保障网站的安全与稳定，并提供短信、邮件、微信等多种提醒方式。

(1) 点击顶部导航菜单"D 监控"按钮，在打开的页面中点击"立即监测"按钮，如图 6.26 所示。

图6.26 监控功能设置

(2) 选择域名。选择被监控域名及其子域名，"*.xxxx.com"代表所有子域名，如图 6.27 所示，设置"xijingjpk.com"所有子域名为被监控对象。

图6.27 选择被监控域名

(3) 选择记录。根据提示选择需要监控的记录，默认情况下只有一条记录，直接点击"下一步"按钮即可，如图 6.28 所示。

图6.28 选择监控记录

(4) 监控设置。根据个人需要，设置监控规则和提醒规则，支持多种监控频率及通知形式，如图 6.29 所示。

图6.29 监控设置

6.1.8 网站上传与发布

如果网站测试没有问题，那么就可以着手进行发布网站的工作。发布前首先要申请域名和 Web 服务器，然后将网站上传到服务器上，就可以实现全球范围内的 www 浏览。

在完成网页设计后，我们需要把自己设计好的网页作品上传到互联网，这一过程的功能实现需要依靠 FTP 软件。FTP 软件种类繁多，我们这里选择具有代表性的 FlashFXP 进行讲解。FlashFXP 的软件界面如图 6.30 所示。

图 6.30 FlashFXP 软件界面

FlashFXP 的功能相对简单，主要是针对指定虚拟主机空间进行的上传和下载操作，操作步骤要点如下。

(1) 打开 FlashFXP 软件，点击"连接![]"→"快速连接"或直接点击快捷键 F8，即可进入 FTP 快速连接界面，如图 6.31 所示。

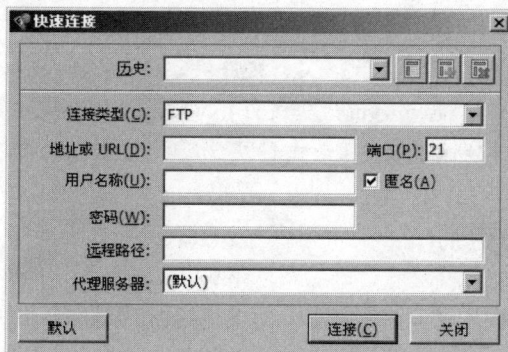

图 6.31 FlashFXP 快速连接界面

此处需要填写的重要参数是"地址或 URL""用户名称""密码"，以上参数均可从虚拟主机控制面板获取，其余参数保持默认即可。

注意：

在"地址或URL"一栏后有端口号选项，默认情况下为21，但是为了提高安全性，很多IDC服务商会将其修改，请根据虚拟主机控制面板参数核对。

(2) 身份验证无误，连接成功后，软件界面右侧则会显示树状结构图，如图6.32所示。左侧显示为本地文件，右侧显示为主机空间文件。上传操作分为两步：首先，在软件界面左侧选中需要上传的文件；然后，右键单击选中的文件，点击传输即可。下载操作则是选中软件界面右侧的文件，点击传输，即可下载到本地。

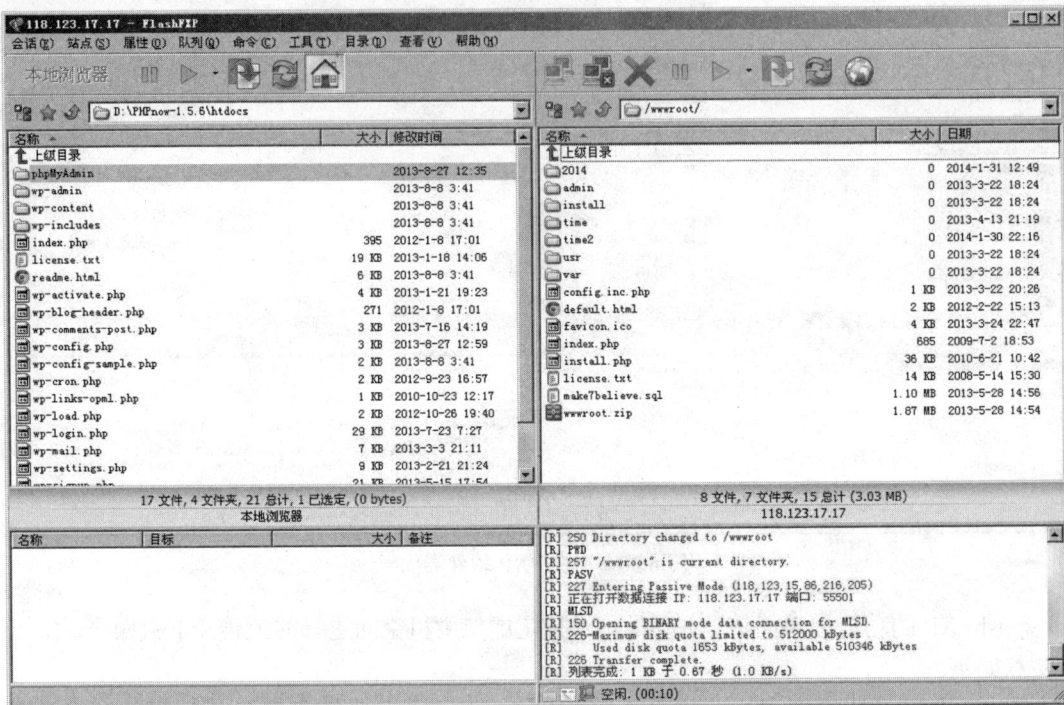

图6.32　FlashFXP连接成功

注意：

常见虚拟主机空间连接后，会显示3～4个文件夹，诸如"datebase(数据库)""logfiles(系统日志)""other(其他文件)""wwwroot(代码文件)"，我们需要将网页代码上传到"wwwroot"文件夹下，这就是我们通常所说的根目录文件夹。

6.1.9　网站维护和更新

随着网站的发布，应根据访问者的建议，不断修改和更新网站中的信息，并从浏览者的角度出发，进一步完善网站。另外，网站经过一段时间的运转，还需要不断地更新变化，丰富网站的实用性和美观性。

1. 站点的维护

保持站点有效地运转是一项长期的工作。对于商业网站来讲，对维护工作的要求更严格。在此简要介绍一些站点维护过程中要注意的事项。

(1) 保证服务的安全。网站的安全性是网站能够生存的一个必要条件。服务安全不仅要保护用户的数据不会被泄露，还要保证服务的有效性。用户能在任何时候得到必要的服务，而且服务的内容同网站的介绍是一致的。

(2) 及时回复用户反馈。在企业的 Web 站点上，要认真回复用户的电子邮件、信件、电话垂询和传真，做到有问必答。最好将用户进行分类，如售前、售中和售后服务等，由相关部门处理，使网站访问者感受到企业的真实存在，产生信任感。

2. 站点的更新

网页浏览者的随意性决定了网站要能够持久地吸引用户，必须不断地更新内容，使用户保持足够的新鲜度。在内容上要突出时效性和权威性，并且要不断推出新的服务栏目，不能只是在原有的基础上增加和删减，必要时甚至要重新建设。

6.1.10 网站推广

企业在网上建立了自己的网站，如何让更多的用户和合作伙伴知道，这就是网站推广的意义所在。在网络经济与电子商务迅猛发展的今天，很多企业都认识到了建立企业站点的必要性。但是企业网站建好以后，如果不进行推广，那么企业的产品与服务在网上仍然是无人知晓，起不到网站应有的作用，因此企业在建立网站后应立即着手利用各种手段推广自己的网站。

要持续推广站点，保持公众的新鲜感。可以考虑如下建议：

(1) 在各大搜索引擎上登记自己的网站，让网民可以搜索到网站；

(2) 用 QQ、MSN、微博、微信等，把网站地址传给其他潜在访问者；

(3) 撰写软文，在 BBS、博客、微博上做宣传，并将网站地址写在签名里；

(4) 与其他网站做友情链接。

6.2 网站建设辅助工具

网站建设过程中容易遇到一些烦琐，而且效率不高的工作。古语云：工欲善其事，必先利其器。使用各类网站建设辅助工具可以在一定程度上提升新手建站的工作效率。本节从浏览器、代码编辑器、兼容性测试工具三个方向推荐三款辅助工具。

6.2.1 浏览器：Firefox

浏览器作为网站浏览的重要载体，非常重要。火狐浏览器(Firefox)作为最受网页设计师欢迎的一款浏览器，主要有以下几点原因。

(1) Firefox 为 Web 开发者提供了强大的开发者工具，让使用者可以方便地调试、优化开发的网页及 Web 应用。

(2) HTML5、CSS3 等强大的前沿 Web 技术，让开发者能够方便地创建更加精彩的网络应用。Firefox 对这些新的 Web 技术进行了全面支持。

(3) 最新版 Firefox 在性能上有非常显著的提升,大幅降低的内存占用和更快的渲染速度,给用户更为流畅和高速的上网浏览体验,同时也让开发者能够开发出更为快速的网络应用和网站。

1. Firefox插件安装

Firefox 被誉为"智能浏览器",其主要原因之一就是拥有强大的插件库,可以全方位、多角度地扩充浏览器功能。Firefox 插件的安装方法大同小异。

安装完毕最新版 Firefox 浏览器后(本例版本为 28),点击左上角的"Firefox"菜单,选择"附加组件",鼠标移动至浏览器右上角"放大镜 🔍"按钮处,然后在"搜索所有附加组件"栏中输入插件关键词,如"firebug",出现 firebug 搜索结果,单击安装后,重启浏览器即可完成安装过程。如图 6.33 所示为 Firefox 插件库。

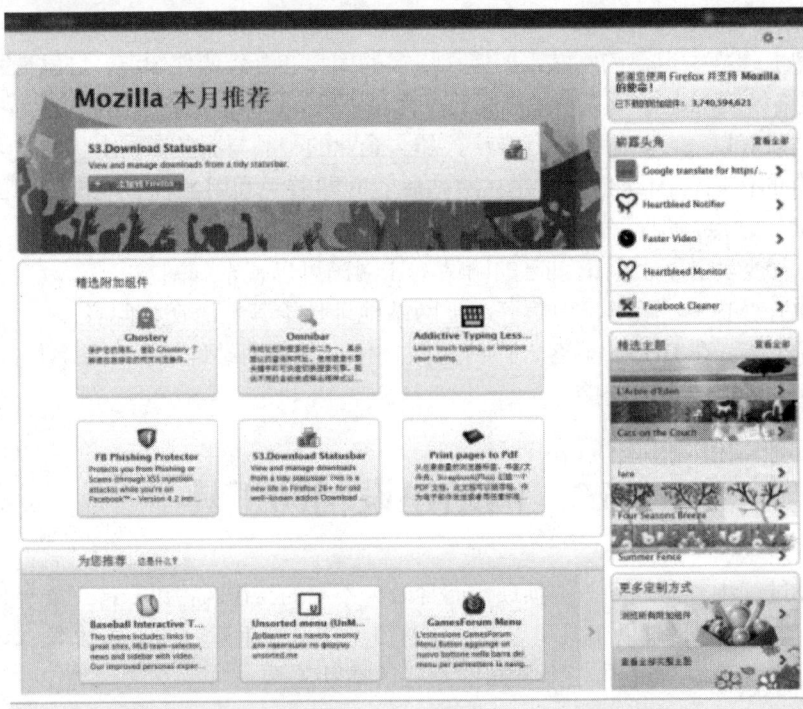

图6.33　Firefox插件库

2. 开发类插件——FireBug

FireBug 是网页浏览器 Mozilla Firefox 下的一款开发类插件,现属于 Firefox 的五星级强力推荐插件之一。它集 HTML 查看和编辑、JavaScript 控制台、网络状况监视器于一体,是开发 JavaScript、CSS、HTML 和 AJAX 的得力助手。FireBug 能够从各个不同的角度剖析 Web 页面内部的细节层面,给 Web 开发者带来很大的便利。同时,FireBug 也是一个除错工具,用户可以利用它除错、编辑甚至删改任何网站的 CSS、HTML、DOM 以及 JavaScript 代码。在 Firefox 中,点击快捷键 F12 即可打开 FireBug。FireBug 插件界面如图 6.34 所示。

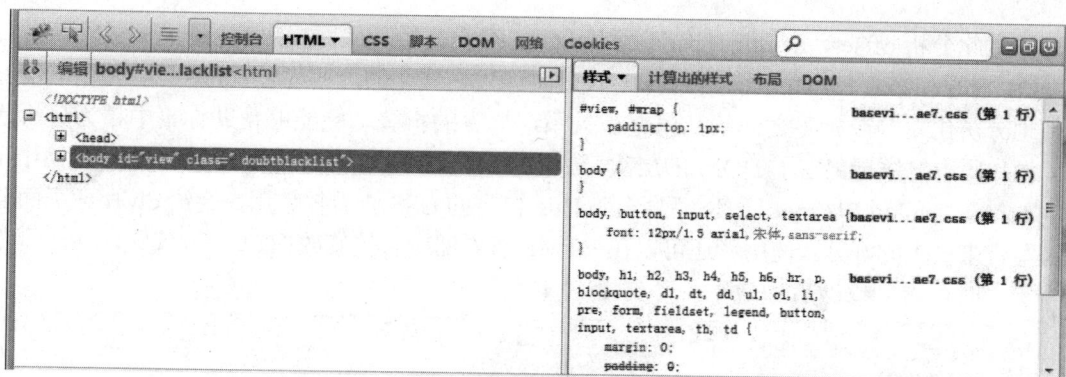

图6.34 FireBug 插件界面

1) FireBug 菜单介绍

FireBug 的主要菜单选项包括控制台、HTML、CSS、脚本、DOM、网络，上述功能的配合使用能够满足网页设计的各项要求。

(1) 控制台功能。控制台的主要作用是用来显示网页各类错误信息，并可对日志进行打印处理。同时可以在进行JavasCript调试的时候当作命令行窗口使用，并通过概况子选项说明JavasCript代码执行的相关信息。

(2) HTML 功能。此菜单标签功能主要用于查看当前页面的源代码功能，并可进行编辑，实时显示，从而实现页面最佳效果。

(3) CSS 功能。点击 CSS 菜单标签，可查看所有的 CSS 定义信息，同时也可以通过双击来达到修改页面样式的效果。

(4) 脚本功能。脚本功能主要是一个脚本调试器，可以进行单步调试、断点设置、变量查看等功能，同时通过右边的监控功能来实现脚本运行时间的查看和统计，提高运行效率。

(5) DOM 功能。该功能主要用于查看页面 DOM 信息，通过提供的搜索功能实现 DOM 的快速准确定位，并可双击来实现 DOM 节点属性或值的修改。

(6) 网络功能。该标签功能主要用来监控网页各组成元素的运行时间的信息，方便找出其中运行时间较慢的部分，进一步优化运行效率。

(7) cookie 功能。该功能可以为需要调试的页面添加、删除、修改 cookie 信息。

2) FireBug 应用实例

(1) 可视化的 CSS 尺标。在 FireBug 界面，点击"查看页面元素 🔲"按钮，我们可以利用 FireBug 来查看页面中某一区块的 CSS 样式表，如果进一步展开右侧"布局"按钮的话，它会以标尺的形式将当前区块占用的面积清楚地标识出来，精确到像素，如图 6.35 所示。用户能够在这个可视化的界面中直接修改各像素的值，页面上区块的位置就会随改动而变化。在页面中某些元素出现错位或者面积超出预料值时，该功能能够提供有效的帮助，设计

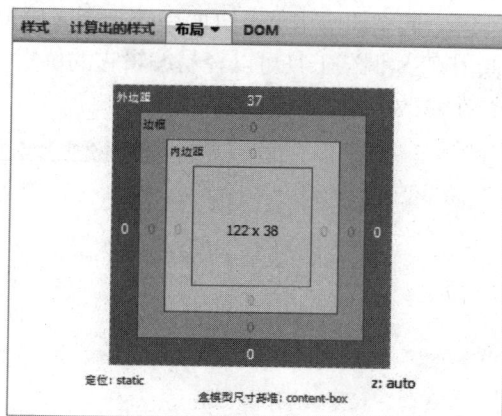

图6.35 可视化CSS标尺

者可以借此分析 offset、margin、padding、size 之间的关系，从而找出解决问题的办法。

(2) 查看和修改 HTML。初始 HTML 代码是经过格式化的，它有清晰的层次，使用者能够方便地分辨出每一个标签之间的从属并行关系，标签的折叠功能能够帮助你集中精力分析代码。源代码上方还标记出了 DOM 的层次，如图 6.36 所示，它清楚地列出了每一个 HTML 元素的 parent、child 以及 root 元素，配合 FireBug 自带的 CSS 查看器使用，会给 div+css 页面分析编写带来很大的好处。使用者还可以在 HTML 查看器中直接修改 HTML 源代码，并在浏览器中第一时间看到修改后的效果。

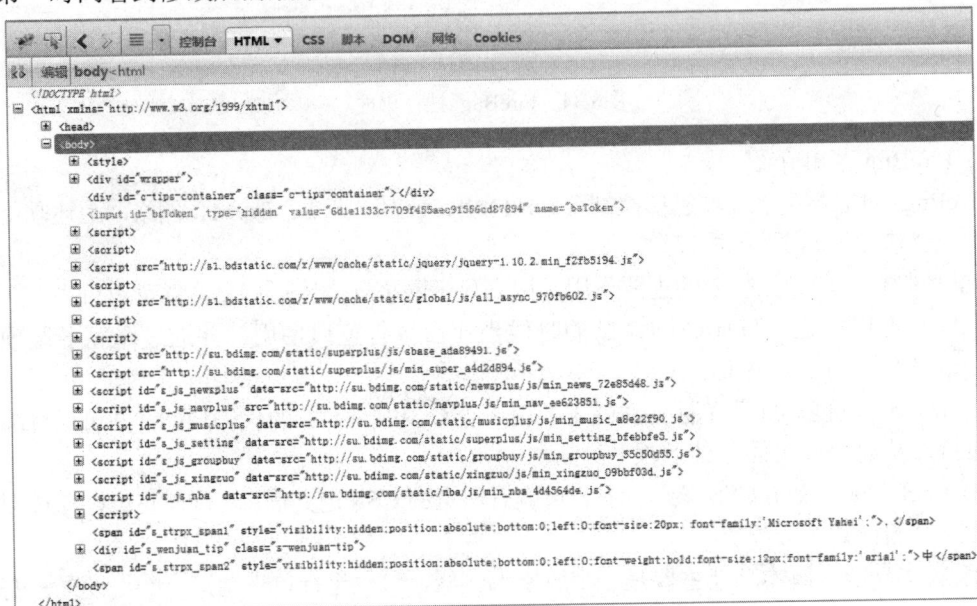

图6.36　查看和修改HTML代码

(3) CSS 样式调试。如今主流的网页设计都是以 DIV+CSS 构建，用 DIV 做出来的页面能精简 HTML 代码，HTML 标签精简的结果就是 CSS 样式表的编写成了页面制作的重头戏。FireBug 的 CSS 查看器不仅自下向上列出每一个 CSS 样式表的从属继承关系，还列出了每一个样式在哪个样式文件中定义。使用者可以在这个查看器中直接添加、修改、删除一些 CSS 样式表属性，并在当前页面中直接看到修改后的结果。

一个典型的应用就是页面中的一个区块位置显得有些不太恰当，它需要挪动几个像素。这时候用 CSS 调试工具可以轻易编辑它的位置——使用者可以根据需要随意挪动像素。如图 6.37 中正在修改一个区块的背景色。

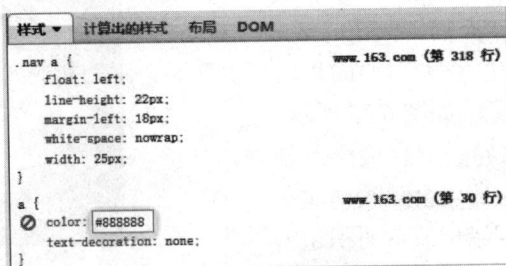

图6.37　利用FireBug调试颜色

注意：

如果你正在学习CSS样式表的应用，但是总记不住常用的样式表有哪些值，可以尝试在CSS调试器中选中一个样式表属性，然后用上下方向键来改变它的值，它会把可能的值一个个展示出来。

(4) 网页资源位置定位。利用 FireBug 可以非常便利地确定网页素材资源的位置，以及 CSS 样式代码、JS 特效代码(精确定位到某一行)，如图 6.38 所示。

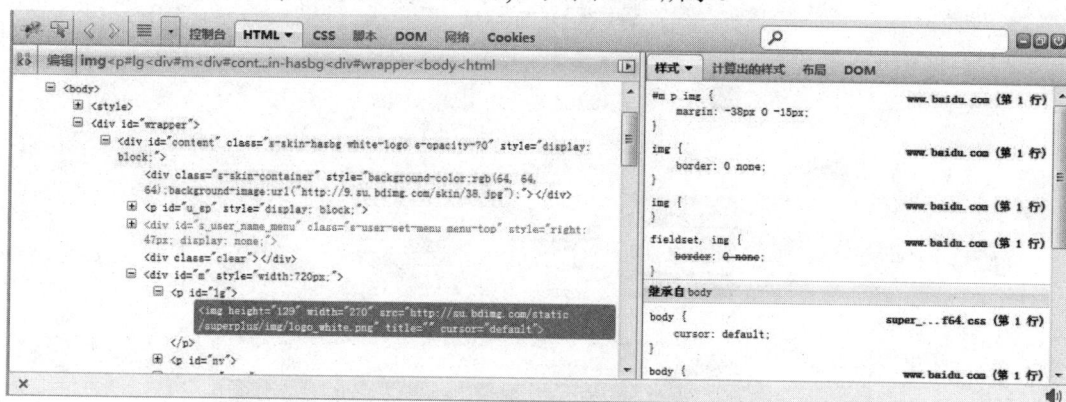

图6.38　利用FireBug定位网页资源位置

3. 截屏插件——Pearl Crescent Page Saver Basic

网页设计的过程中，经常会有网页截图的需要，常规截图的方案有系统自带的 Print Screen SysRq 和 QQ 截图等第三方截图工具，但是由于网页长度往往不能在一个画面完整展示，所以需要使用 PS 拼接才能实现完整网页效果图。

Pearl Crescent Page Saver Basic(以下简称 Page Saver)是一款小巧的截图扩展工具，支持可视区域截图和全网页截图和网页单帧截图，操作方式上除了手动点击截图，也支持快捷键一键截图。Page Saver 可以将网页转化为图片，包括网页上的 Flash 也能同时被转化。网页可以按照要求保存为 png 或者 jpeg 格式。通过使用 Page Saver 可将整个网页或者屏幕上看到的部分转化为图片。为了方便使用者截取网页，插件提供了大量的设置选项，包括默认的文件名、文件后缀名、图片的质量(如 50%的大小或者原始大小)。可以通过工具栏按钮截取图片，也可以通过浏览器的菜单选项截取图片，还可以通过命令行截取图片。如图 6.39 所示为插件的操作界面，点击"将整个页面保存为图片"即可。图 6.40 为全网页截图效果。

图6.39　Page Saver插件界面

图6.40　全网页截图效果

6.2.2　代码编辑器：Notepad++

Notepad++是一套非常有特色的自由软件的纯文字编辑器，可以免费使用。有完整的中文化接口及支援多国语言撰写的功能(UTF8技术)。它的功能比 Windows 中的 Notepad(记事簿)强大，除了可以用来制作一般的纯文字说明文件，也十分适合当作撰写计算机程序的编辑器，支持 C、C++、Java、C#、XML、Ada、HTML、PHP、ASP 等多种程序语言的编写。

1. Notepad++主要功能及特性

(1) 内置支持多达 27 种语法高亮度显示(包括各种常见的源代码、脚本文件查看)，还支持自定义语言。

(2) 可自动检测文件类型，根据关键字显示节点，节点可自由折叠/打开，还可显示缩进引导线，代码显示得很有层次感。

(3) 可打开双窗口，在分窗口中又可打开多个子窗口，显示比例。

(4) 正则匹配字符串及批量替换。

(5) 强大的插件机制，扩展了编辑能力，如 Zen Coding。

2. Notepad++特色功能介绍

1) 代码对比—— Compare

对程序员来说，对比新老两个版本代码的差异是经常需要做的事情，尤其是多人开发代码时。Notepad++中的 Compare 插件，可以实现对文本(代码)的比较，其功能不亚于同类专业软件，如图 6.41 所示。

Compare 插件的安装很简单，在 Notepad++的"插件"菜单中选择"Plugin Manager"→
"Show Plugin Manager"，然后在"Available"选项卡内找到"Compare"插件，勾选后按 Install，
系统将自动下载安装完毕。

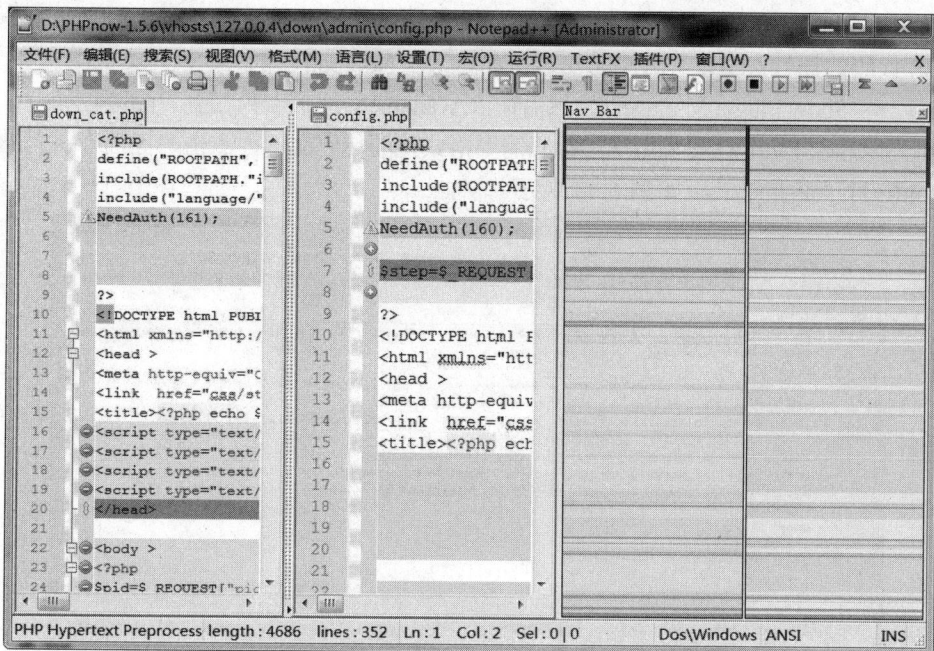

图6.41　Compare代码对比插件效果

2）文件夹中查找及替换

计算机硬盘文件过多，经常会遇到以前的文件不知道放哪去了，甚至有的文件忘记了文件
名，只记得文件里的内容(如想找到某些很久以前写过的代码)。大多数的文本编辑器都有根据
内容查找的功能，下面以 Notepad++为例，介绍代码查找和替换功能如图 6.42 所示。其他编辑
器基本通用。

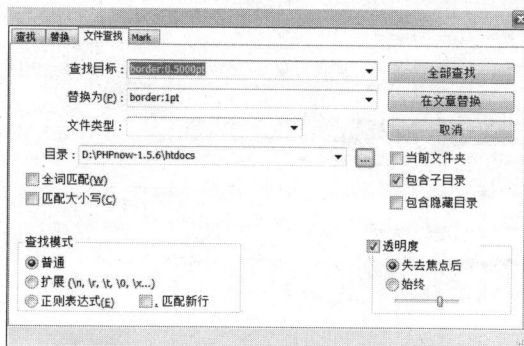

图6.42　文件夹中代码的查找与替换

运行 Notepad++，按 Ctrl+F 键，会出现查找框，然后选择"文件查找"，选择要查找的目
录，然后点击"全部查找"按钮，系统将会根据查找的内容搜索整个文件目录，稍等片刻就会

出现该目录下所有包含该查找内容的文件。

查找框还有其他的功能，如"替换"选项，用法与传统的文本替换一致。

3) 代码格式化——tidy2

一般情况下，编写的 HTML、CSS、JS 代码都比较混乱，难以阅读，即使刚开始很在意代码的可读性，但是随着使用的嵌套越来越深，代码的格式问题便很难掌握。下面介绍一个格式化 HTML 代码的插件：tidy2。插件的安装很简单，在 Notepad++的"插件"菜单中选择"Plugin Manager"→"Show Plugin Manager"，然后在"Available"选项卡内找到"tidy2"插件，勾选并按 Install，系统将自动下载安装完毕。打开需要格式化的代码文件，点击"插件"→"tidy2"→"tidy(config1)"查看效果，如图 6.43 所示。

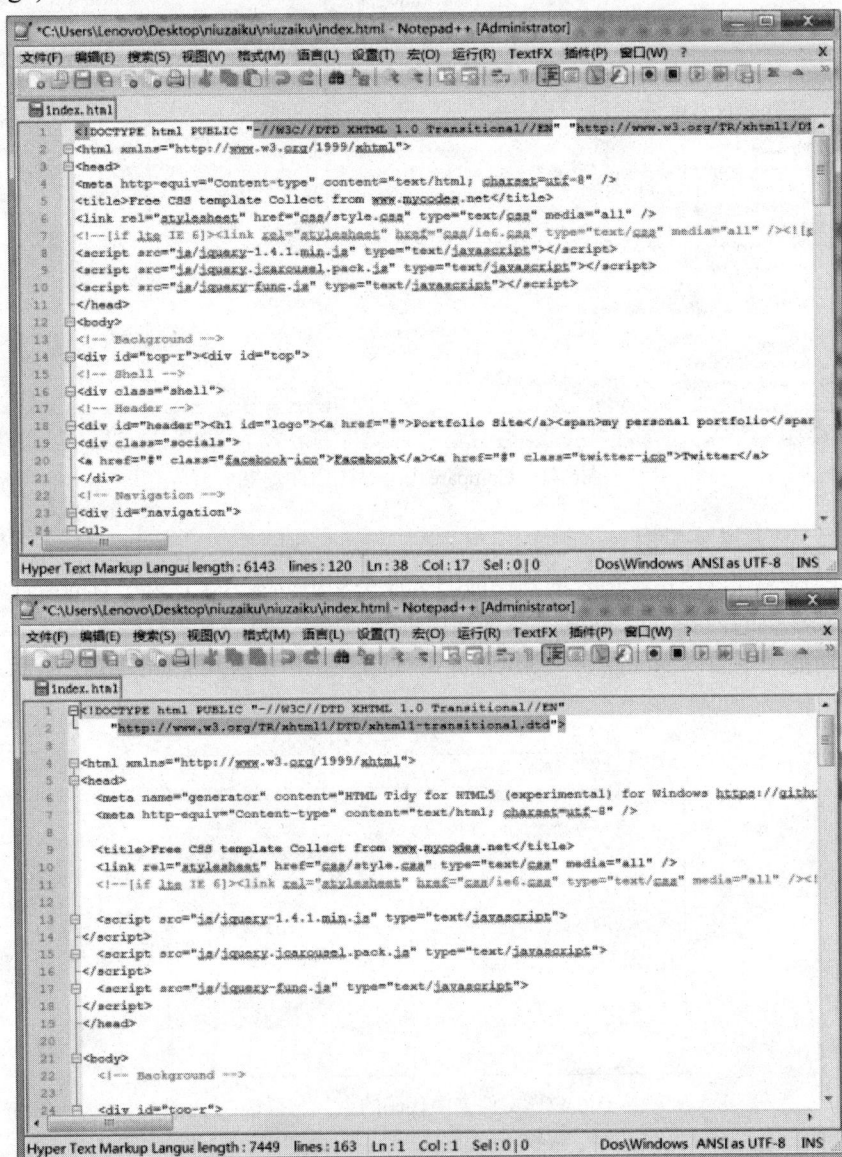

图6.43 代码格式化前后对比

注意:

Notepad++的插件安装完成后,需要重新启动代码编辑器,否则无法成功启用相关插件功能。

6.2.3　浏览器兼容性测试:IETester

在网页设计过程中,浏览器的兼容性是设计师不得不考虑的问题,作为市场占有率最高的 IE 浏览器,其兼容性应该受到设计师的重视,不能一味地追求新技术与特效而忽视了大众浏览器的支持。

IETester 是一个免费的 WebBrowser 控件,有渲染和 IE8 的 JavaScript 引擎,IE7 和 IE6 在 Windows 7、Vista 和 XP 的 IE5.5 中,以及在同一进程中安装的 IE 浏览器,可以帮我们模拟网页在 IE5.5、IE6、IE7、IE8、IE9 以及 IE10 等浏览器的相容性。让我们看一下做好的 CSS 样式或网站版面是否可以在各个主要浏览器正常显示,如图 6.44 所示。

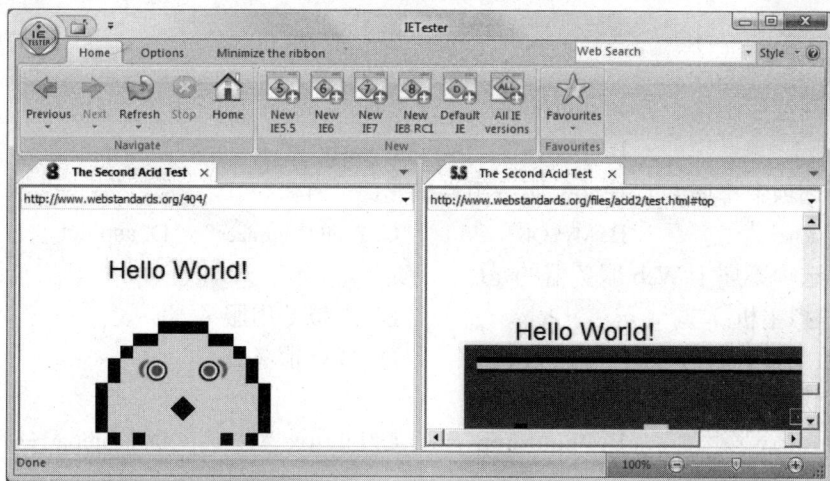

图6.44　IETester软件界面

1. IETester主要功能及特性

(1) IETester 包含了所有 IE 的版本,创建方便、灵活。

(2) 免费无须注册,下载就能使用。

(3) 行业知名度高,测试结果可靠,受到认可。

2. IETester测试网页流程

(1) 点击 "IETester" 图标打开一个窗口,这个窗口跟浏览器类似。创建的浏览器页面默认展示的是 IETester Home 主页。

(2) 在窗口的正上方,有一排写着 "5、6、7、8、9、10" 的黄色小方框,每个数字小方框对应的是不同的 IE 版本,鼠标移动上去就会有提示信息,提示所处环境。

(3) 如点击 IE6 窗口就创建了一个 IE6 的浏览器标签,创建完成后就可以在输入框中输入要测试的网址,查看网址的显示是否正常。

(4) 虽然只是一款兼容性的测试工具，但是工具也包含了对 IE 浏览器属性的修改，在窗口顶部下方的导航菜单下方选择"选项"，然后点击"Internet 属性"就可以进行设置。

(5) 在测试时缓存是一个很大的问题，因为可能在未清除缓存的情况下，访问的不是最新的数据，这给测试结果造成了不确定性，所以在输入网址之前要将缓存禁用，禁用办法就是点击导航菜单下方的"开发人员工具"，找到"禁用缓存"，点击后它会高亮显示，这样就没有缓存的困扰了。

> **注意:**
> 在更新页面代码后，如果内容没有被更新，可以尝试使用Ctrl+F5强制刷新页面。Ctrl+F5可以把Internet临时文件夹的文件删除再重新从服务器下载，也就是彻底刷新页面。

复习与思考

选择题

1. 以下网页后缀属于静态网页的是(   )。
   A. .html   B. .php   C. .asp   D. .jsp

2. 下列选项中不属于 PHPnow 服务组件的是(   )。
   A. Apache   B. MySQL   C. Zend Optimizer   D. asp.net

3. 下列选项不属于 Web 服务器的是(   )。
   A. 虚拟主机   B. 虚拟专用服务器
   C. 独立服务器   D. DNS服务器

4. 以下软件用于虚拟主机管理的是(   )。
   A. Flashfxp   B. Photoshop   C. Firefox   D. Notepad++

上机与实训

1. 熟悉域名注册及虚拟主机购买流程，尝试通过知名服务商进行下单。

2. 基于 IETester 对当地任意公司网站进行分析测试，并制作对比图片。

第 7 章

网站建设：ECShop搭建网上商城

学习背景

随着网上交易的日益红火，想通过淘宝开设网店进行互联网创业的人越来越多。淘宝开店固然简单方便，有淘宝网作为支撑，在网络支付等很多方面享有优势。但是这种创业方法也会受到淘宝平台的限制，如二级域名、店铺改版等。因此，通过网络程序，搭建一个企业自由的B2C交易平台，成为更多企业的首选。

学习目的

1. 了解ECShop独立网店系统。
2. 通过ECShop搭建B2C独立商城。
3. 进阶ECShop独立商城进行二次开发。

7.1　ECShop网店商城系统概述

7.1.1　为什么选择基于ECShop搭建商城网站

ECShop 是商派公司(shopex)推出的一款 B2C 独立网店系统，适合企业及个人快速构建个性化网上商店。系统是基于 PHP 语言及 MySQL 数据库构架开发的跨平台开源程序。不仅设计了人性化的网店管理系统帮助商家快速上手，还根据中国人的购物习惯改进了购物流程，实现更好的用户购物体验。ECShop 网店系统无论在产品功能、稳定性、执行效率、负载能力、安全性和搜索引擎优化支持等方面都居国内同类产品领先地位，成为国内最流行的购物系统之一。

1. 核心亮点

免费+开源：以最低的成本帮助用户快速搭建商城。

2. 灵活的模板机制

基于流行的 Smarty 模板引擎，结合网页开发工具 Dreamweaver 的模板功能，让开发变得更简单。

3. 完整的购物功能

系统具备完整的商品管理、购物车、搜索引擎、会员中心、下单流程等模块，为使用者提供了完整的商城必备功能。

4. 易上手的二次开发

ECShop 系统由国人开发，代码完全开源，满足企业二次开发者的各种需求。

5. ECShop周边扩展功能

ECShop 周边扩展功能如图 7.1 所示。

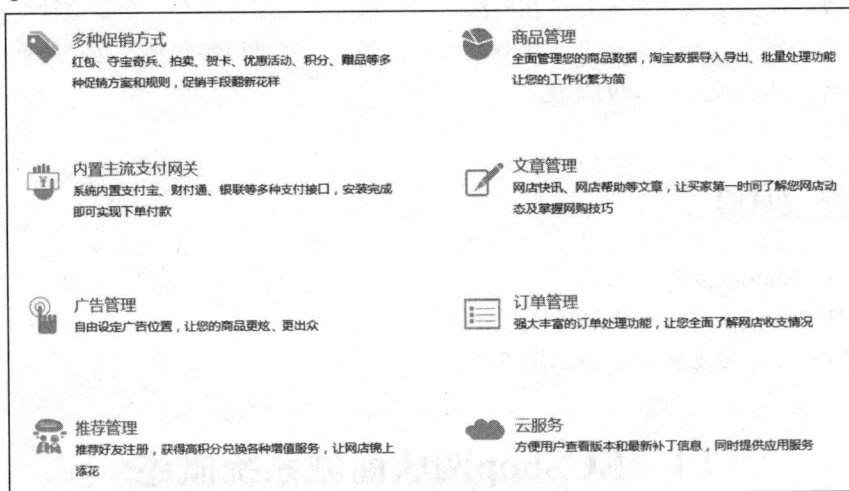

图7.1　ECShop周边扩展功能

7.1.2　ECShop网店与淘宝开店的区别

ECShop 网店与淘宝开店最大的区别在于，ECShop 独立网店需要企业自己进行硬推广，带进流量，促成订单；淘宝开店依托于淘宝开店平台，可获取免费流量，只是现在平均分配给每家店铺的流量越来越小。因此，ECShop 独立网店商城 B2C 发展趋势已成为主流。ECShop 独立网店商城就像专卖店，类似国美、苏宁，不需要依赖大商城，可以独立存在，自己管理自己，不受平台限制；淘宝开店就像赶集与大商场，类似家乐福、沃尔玛等，相当于一个虚拟版的大集市，要在里面销售自己的产品就要交纳店铺费和管理费。

下面就淘宝开店优劣势及 ECShop 独立网站的特点进行对比分析。

1．淘宝开店的优势

(1) 客流量有保障，就像很多传统商业区一样，淘宝开店利用它的知名度可以带来稳定的总客流量，店主可以利用淘宝网本身的品牌效应来加强自身品牌的信任度和知名度，打消消费者的顾虑(对于不知名品牌尤其重要)，广告效应强。

(2) 门槛低，初期投资小，相对来说风险低一些，甚至一个人就可以开一个店铺。

(3) 已经形成比较规范的管理。可以利用平台的成熟、规范提高店面日常管理能力。淘宝平台负责运营、信息管理、技术、整体推广，店主负责产品推广、客服、库存、售后管理等，相对来说，要省心不少。

2．淘宝开店的劣势

(1) 店主只是在产品、客服和库存上享有自主权，其他都受到限制，比如必须符合淘宝平台开店的政策等。

(2) 销售利润越来越低(因为是平台，店主太多，竞争导致淘宝直通车等推广费用居高不下，推广基本都是依赖淘宝店自身)。

(3) 难以持续地打造品牌和客户关系维护，比如无法建立独立论坛或博客等。

3．独立网店的特点

(1) 个性化强，可发挥的余地大，产品选择、商品陈列、推广等完全自己做主。

(2) 促销形式丰富、方便(时间、方式、价格、主题等容易选择和控制)，不受平台限制。

(3) 销售利润相对高一些，ECShop 独立网店商城的比价没有淘宝开店平台那么快捷。

(4) 可以设定更丰富的售后服务形式，更好地增加重复购买。

(5) 有利于打造自己独立的品牌，而品牌才是商家持续获利的最有力保障。

(6) 可以打造相关客户论坛或者社区等，增加用户黏性。

4．两者对比分析

淘宝开店可以利用淘宝网本身的品牌效应为店铺提高信誉度，是利用了淘宝网已有的品牌效应为自己的店铺盈利。不需要店主费力打造自己的品牌，因此推广起来更快、更容易。独立网店在开始没有自己的品牌，同时受技术等方面因素的限制，因此起步必定比淘宝开店困难许多，需要更多的时间来打造自己的品牌。

公司靠网络运营，发展初期，可考虑在淘宝开店，淘宝开店投入小，管理方便，几乎不涉及专业性强的计算机技术，如不需要单独写代码，不需要单独维护服务器，不需要建立自己的系统规则，有时候一个人就能管理一个店面。但是从长远角度考虑，独立网店商城是企业的首选。

7.2　ECShop源码安装

ECShop 目前的最新版本为 V2.7.3，ECShop 的安装非常简单、方便，任何一种编码程序的安装方法都是一样的(即 GBK 和 UTF-8 版本的安装方法是一样的)。

注意：
大多数网络开源程序都有GBK和UTF-8之分，UTF-8里包括GB2312，UTF-8是国际通用的标准(包括世界所有的语言)，而GB2312(只是简体中文)只适合做中文的网站。选择了网站程序语言，在后面选择网站模板时需要保持两者一致，否则会出现网站乱码。

1. 安装前的准备

首先前往 ECShop 的官方网站，下载最新的 ECShop V2.7.3 UTF-8 版本的程序文件。将下载 ECShop 软件包解压到本地，如图 7.2 所示。

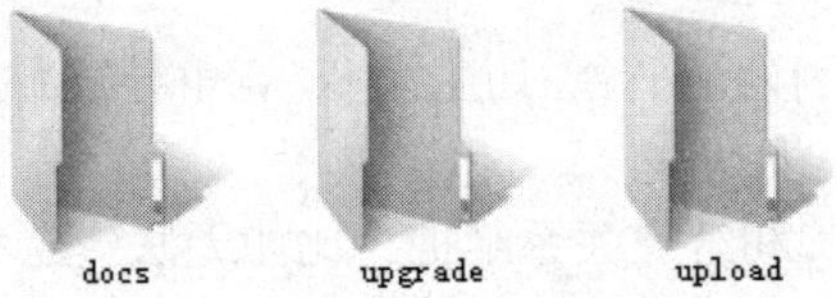

docs　　　　　upgrade　　　　upload

图7.2　ECShop程序包文件

docs 目录下存放有 ECShop 安装说明(install.html)、ECShop 的介绍(Readme.txt)、rewrite 的使用说明(URLRewrite.txt)。

upgrade 目录是升级包，如已安装早期版本的 ECShop 需要升级，将此目录上传到网站根目录下执行升级。

upload 这个目录最重要，目录下的文件就是 ECShop 系统的安装程序。安装 ECShop 系统时要把这个目录下的所有文件上传到你的空间中。

2. 上传程序文件

将 upload 文件夹下所有文件上传到 FTP 空间，由于是在本地调试网站，只需要将 upload 文件夹下所有文件复制到 PHPnow 安装目录下 htdoc 文件夹中即可。

注意：
htdoc文件夹下默认包含有 "index.php" 文件及 "phpMyAdmin" 文件夹，"index.php" 是PHPnow的欢迎页面，没有实际作用，可以直接删除；"phpMyAdmin" 文件夹是MySQL数据库的管理工具，需要保留，这里建议大家将其隐藏，避免后面误删除。

3. 开始安装

在浏览器中访问 http://你的网址/，由于是在本地调试网站，所以可直接输入 127.0.0.1 或 localhost，如果本地配置了多站点，直接输入相应主机名 IP 即可以进行访问安装，安装界面如图 7.3 所示。

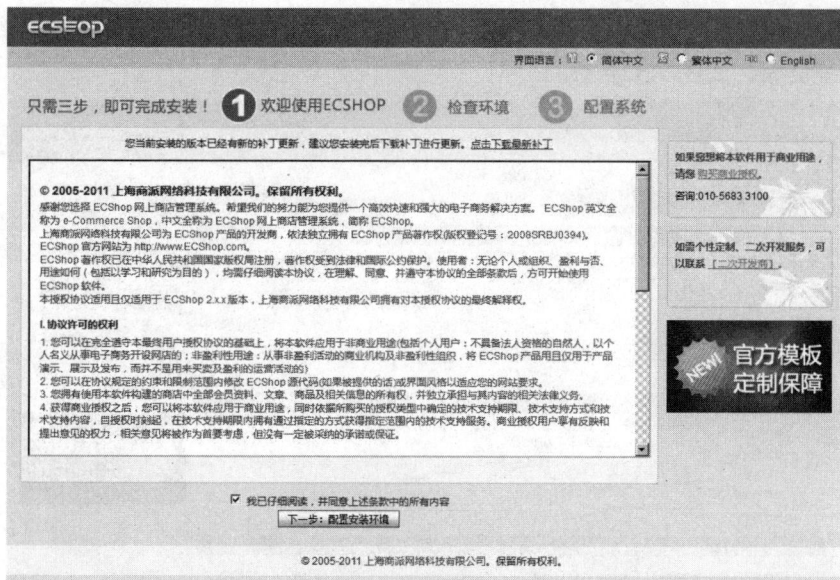

图7.3　安装界面

第一步为版权条款，阅读后选中"我已仔细阅读，并同意上述条款中的所有内容"，然后单击"下一步：配置安装环境"，进入检查环境界面，如图 7.4 所示。

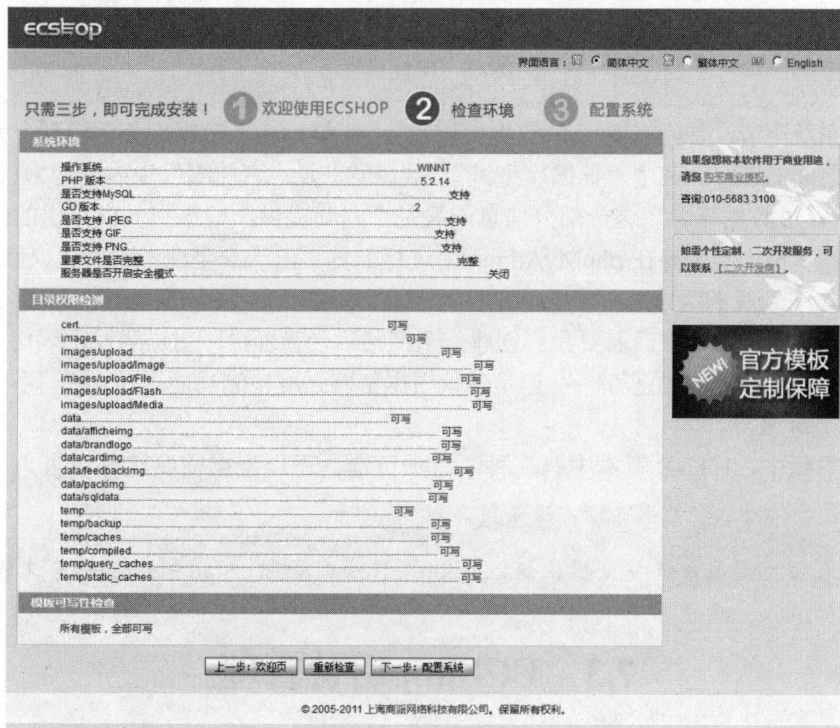

图7.4　检查环境

在检查环境步骤中，会对服务器网站运行环境和目录权限进行检测，如果出现问题会有红色标注，根据出错的地方联系虚拟主机提供商进行解决。这里我们采用的 PHPnow 运行环境完全符合 ECShop 的安装。当环境和目录权限都满足条件时，点击"下一步：配置系统"按钮，进入配置系统页面，如图 7.5 所示。

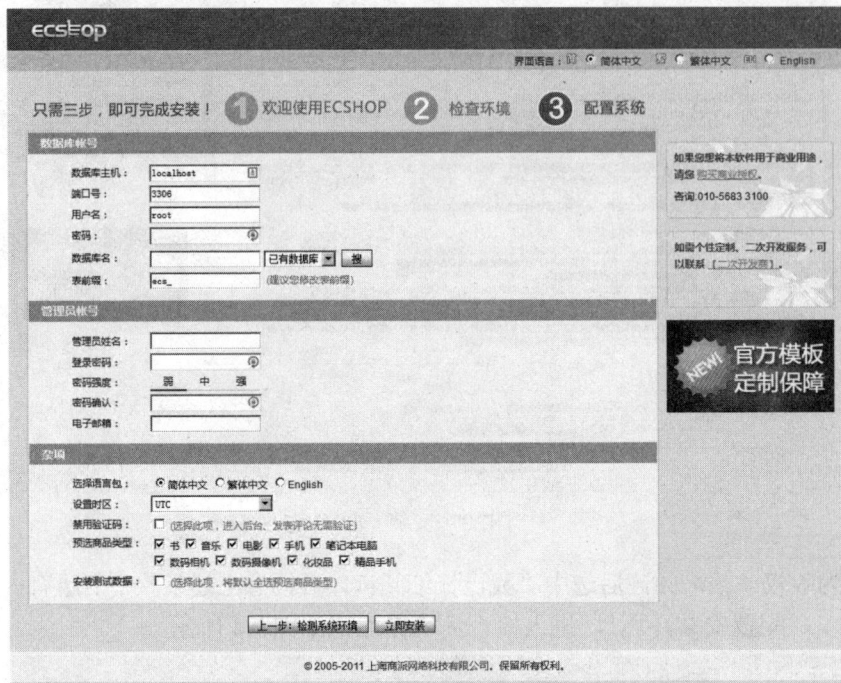

图7.5　配置系统

在配置系统环节，首先需要我们在"数据库账号"栏内输入数据库相关资料，保证网站程序与数据库之间的连接，其中"数据库主机""端口号"及"表前缀"中内容均为默认，"用户名""密码"及"数据库名"这一部分信息一般是空间商提供，根据空间商提供的信息进行填写即可，如在本地安装需要在 phpMyAdmin 中进行配置。出于安全性考虑，建议修改表前缀，格式为字母与下划线的组合。

在"管理员账号"栏中，需要我们创建一个网站后台管理员，用户名及密码均无限制，管理员密码虽然会经过 md5 加密储存，但是建议根据密码强度检测功能提示，填写不少于 8 位的中英文特殊字母组合。

"杂项"栏中，UTF-8 版本中有三种语言项可选，可以根据需要选择语言。

注意：
安装结束后为提高系统安全性，进入 htdoc 文件夹，删除 install 和 demo 两个文件夹。

7.3　ECShop后台管理

ECShop 的整体安装流程相对较方便，它对环境配置的要求较低，不需要 zend 环境，安装相对容易。安装好后，进入登录界面，ECShop 登录界面和 Windows XP 的登录界面很像，如图 7.6 所示。

图7.6　ECShop登录界面

输入管理员姓名和密码，登录 ECShop 的后台管理界面，如图 7.7 所示，所有的功能都罗列在页面左栏中，界面以文字加表格的形式。在功能导航方面，ECShop 区分了横向导航与纵向导航。ECShop 的横向导航栏支持自定义，用户可根据自己的习惯和需要指定最常用的功能连接，以方便日常工作的开展，最多只支持列出 9 个常用功能连接，超出部分则无法显示；纵向导航栏则列出了 ECShop 的所有后台功能，采用文字连接方式，竖向排布得很密集。

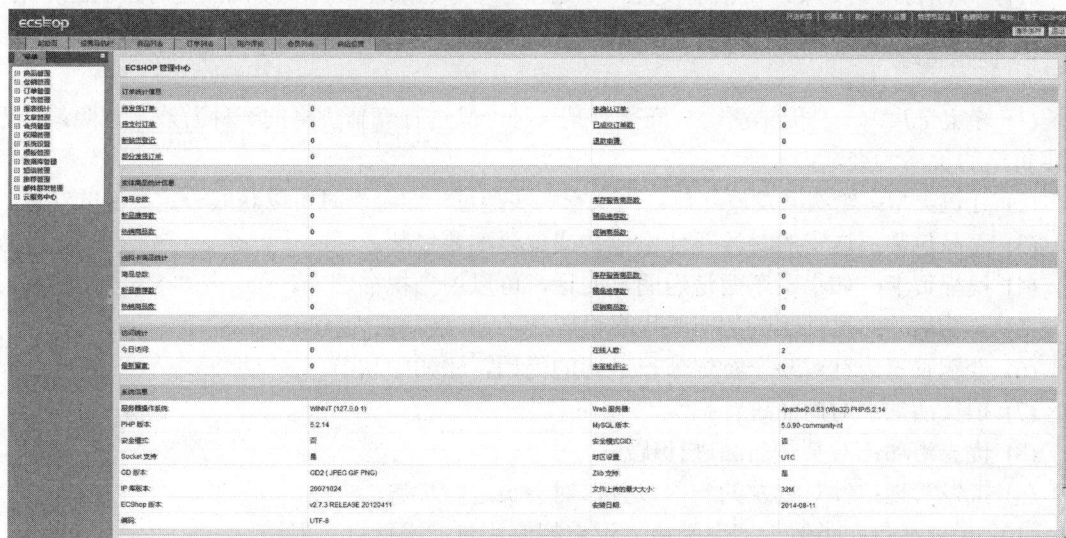

图7.7　ECShop后台管理界面

ECShop 的后台管理主要包括商品管理、促销管理、订单管理、广告管理、报表统计、文章管理、会员管理、权限管理、系统设置、模板管理、数据库管理、短信管理、推荐管理、邮件群发管理、云服务中心，功能相对完善，足以支撑一个完整 B2C 商城项目的运营。

1. 商品管理

(1) 商品列表：可罗列出商品，按各种类型进行查看，添加商品，修改商品。

(2) 添加新商品：可以添加商品，包括商品的类型、大小、外观等一系列详细信息。

(3) 商品分类：用来管理商品的分类。

(4) 用户评论：用来查看用户对某款商品的评论。

(5) 商品品牌：对商品进行品牌管理，可以查看商家的商品品牌种类。

(6) 商品类型：可以对商品按照类型进行管理。

(7) 商品回收站：可以用还原功能删除某件商品。

(8) 图片批量处理：方便商品后期统一调整大小及添加水印 Logo。

(9) 商品批量上传：针对 Excel 格式的商品文件进行处理，这样可以提高工作效率。

(10) 商品批量导出：导出成 csv 格式，可以用 Excel 打开。

(11) 商品批量修改：对某些同类型或者不同类型，但是有共同点的商品进行批量修改。比如一台计算机和一款手机，进行促销时，要送的积分相同、赠品相同。

(12) 生成商品代码：初步理解是网页上的广告位置，或者是要给加盟商家的网页上打广告用的 js 代码，可以呈现现实的产品图片以及信息。

(13) 标签管理：用户信息里自己定制商品标记，用来按照自己的习惯进行区分。

(14) 虚拟商品列表：对点卡类虚拟商品进行管理。

(15) 添加虚拟商品：添加点卡类虚拟商品页面。

(16) 更改加密串：加密串是在加密虚拟卡类商品的卡号和密码时使用的。

(17) 商品自动上下架：在系统设置→计划任务中开启功能，可实现商品定时自动上下架。

2. 促销管理

(1) 夺宝奇兵：一种促销活动，商家对某一种产品进行竞猜价格的一种游戏，按照最接近规定价格的价格为准。

(2) 红包类型：给买家发放红包，当买家购买超过一定金额时可以获取一定数额的红包。

(3) 商品包装：送货的时候要什么包装或者要不要包装。

(4) 祝福贺卡：如果买东西是送朋友的话，可以用到祝福贺卡。

(5) 团购活动：进行团购的一些优惠设置。

(6) 专题管理：针对某个特定节日进行的促销，比如中秋节。

(7) 拍卖活动：对商品进行拍卖。

(8) 优惠活动：对某些商品进行优惠。

(9) 批发管理：针对批发的一些设置，对会员进行优惠。

(10) 超值礼包：类似于捆绑销售，设定超值礼包，进行打包促销。

(11) 积分商城商品：利用购物积分进行换购。

3. 订单管理

(1) 订单列表：将用户订单以列表的方式展示出来。

(2) 订单查询：对历史用户订单进行查询。

(3) 订单打印：对于同一时间，某些买家多次分次购买的话，可以进行合并订单管理。

(4) 缺货登记：对于库存不足的产品进行缺货登记。

(5) 添加订单：管理员通过后台手动添加订单。

(6) 发货单列表：对发货产品的发货单状态进行管理。

(7) 退货单列表：对退货产品的退货流程进行管理。

4. 广告管理

(1) 广告列表：用于添加广告进行展示。

(2) 广告位置: 用于设置广告位, 应先添加广告位, 然后添加具体广告。

5. 报表统计

(1) 流量分析: 对买家的地区、IP 等一系列信息进行流量分析。
(2) 客户统计: 对客户的购买率进行统计, 比如每个会员的购买情况。
(3) 订单统计: 对成交的订单进行统计。
(4) 销售概况: 对于一段时间内的销售概况进行统计, 得出热销的周期。
(5) 会员排行: 对会员的购买力进行排行。
(6) 销售明细: 对于一段时间内某件商品的销售明细进行统计。
(7) 搜索引擎: 对用户搜索的关键词进行统计, 包含用户的关键字、网站来源等。
(8) 销售排行: 一段时间内的商品销售排行, 可以得出商品的销售量、总的销售额等。
(9) 访问购买率: 某件商品的购买率、访问率、订单率。
(10) 站外投放 JS: 由广告产生的订单数。

6. 文章管理

(1) 文章分类: 用于网站文章分类列表。
(2) 文章列表: 用于发布文章及管理已发布文章。
(3) 文章自动发布: 在 "系统设置" → "计划任务" 中开启该功能, 用于定时发布文章。
(4) 在线调查: 用于开展站内调研, 可添加调研主题与内容。

7. 会员管理

(1) 会员列表: 查阅已注册会员信息, 对会员进行管理。
(2) 添加会员: 管理员通过后台创建会员账号。
(3) 会员等级: 设定会员等级, 以及不同等级会员享受的折扣与积分。
(4) 会员整合: 用户将其他网站系统的会员整合至 ECShop 会员系统中。
(5) 会员留言: 用于查阅会员留言。
(6) 充值和提现申请: 用于查阅会员充值提现记录及添加新记录。
(7) 资金管理: 对会员已充值资金、冻结资金等进行查询。

8. 权限管理

(1) 管理员列表: 用于添加后台管理员, 分配权限。
(2) 管理员日志: 用于查阅管理员操作记录。
(3) 角色管理: 添加管理员角色, 并分配相关权限。
(4) 办事处列表: 用于设置区域办事处。
(5) 供货商列表: 用于添加商品供应商。

9. 系统设置

(1) 商店设置: 对商店的基本信息进行设置, 名字、地址、客服电话、购物流程、短信、wap 网站等。

(2) 会员注册项设置：用于设置会员注册时需要填写的信息。

(3) 支付方式：用于添加该系统所支持的各种支付方式操作。

(4) 配送方式：用于添加网站支持的配送方式，并进行管理。

(5) 邮件服务器设置：用于配置网站邮件系统，用于注册提醒、下单提醒等。

(6) 地区列表：用于添加与管理网站支持的派送区域范围。

(7) 计划任务：对网站定期开展执行的任务进行计划管理。

(8) 友情链接：用于添加网站站内友情链接。

(9) 验证码管理：用于控制网站验证码的显示及格式。

(10) 文件权限检测：用于检测网站目录可执行权限。

(11) 文件校验：文件校验是以 ECShop 官方发布的文件为基础进行核对。

(12) 首页主广告管理：用于添加与更换网站广告图片。

(13) 自定义导航栏：用于管理网站导航栏(顶部、中部、底部)。

(14) 授权证书：ECShop 证书记录了网店的授权信息、购买官方服务记录、短信账户等重要信息。

(15) 站点地图：用于生成网站 Sitemaps 地图，有利于搜索引擎优化。

10. 模板管理

(1) 模板选择：用于更换网站风格模板。

(2) 设置模板：用于对网站模板广告位、商品显示个数等信息进行设置。

(3) 库项目管理：对模板的样式进行管理。

(4) 语言项编辑：对网页上的某些特定的文字进行管理。

(5) 模板设置备份：用于备份与还原模板设置。

(6) 邮件模板：对发送到客户邮箱的邮件模板进行管理。

11. 数据库管理

(1) 数据备份：用于对网站商品信息等数据库进行备份，同时可进行还原。

(2) 数据表优化：用于整理数据表碎片，提高数据库利用率。

(3) SQL 查询：用于执行 SQL 语句，通过 SQL 语句进行数据库变更。

(4) 转换数据：用于 Shopex 系统的相关数据与 ECShop 之间进行转换。

12. 短信管理

发送短信：如系统开通及配置短信服务，可通过网站后台执行短信发送功能。

13. 推荐管理

(1) 推荐设置：对于一些买家推荐某些商品给别的买家的管理设置，可以加积分等一些操作。

(2) 分成管理：对于一些买家推荐某些商品给别的买家的管理设置，可以按照百分比分成的一些操作。

14. 邮件群发管理

(1) 关注管理：当某会员买家把某件商品收藏，并且关注后，商家可以将该商品最新动态发送到该买家邮箱。

(2) 邮件订阅管理：订阅商家的刊物等。

(3) 杂志管理：对商家自身的商品杂志进行管理。

(4) 邮件队列管理：对杂志等宣传类邮件的优先发放级、发放的错误次数等进行管理。

15. 云服务中心

(1) 查看最新版本及激活：查看 ECShop 当前最新版本以及商业授权状态。

(2) 短信服务：激活 ShopEX 云服务，扩展短信功能。

(3) 商家工具：汇聚网站收录入口、第三方统计代码、第三方客服工具等功能。

7.4 ECShop基于模板的网站开发实例

ECShop 作为开源商城系统，支持通过更换模板的形式更换网站风格，通过对网站模板样式的设计与调整可以对网站界面进行二次开发，如图 7.8 所示。

图7.8 ECShop网站开发实例

7.4.1　ECShop网站模板的使用

1. 模板选择及下载

在挑选 ECShop 网站模板前，需要开发者对网站进行定位分析，不同定位以及出售不同产品的网站往往可能需要不同风格的模板来对店铺进行装饰。如食材类网站常采用小而美的绿色风格、数码产品网站常采用大而全的蓝色风格。不一定最华丽的就是最合适的，需要对店铺的目标客户群体进行分析，选择合适的网站模板风格。ECShop 的官方网站上提供了多款免费模板供开发者下载。

互联网上有非常多的网站提供 ECShop 模板，分收费与免费两种。知名的 ECShop 模板网站如 ECShop 模板堂、ECShop 开发中心，这些网站一般都提供免费模板和商业模板两种选择，商业模板相对免费模板的界面更加华丽，而且功能更加完善，价格基本都在几百至数千元不等。

同时互联网上还有一些源码下载平台，分享大量的免费模板供开发者选择，比较知名的有站长素材、魔客吧等。

2. 模板安装

下载 ECShop 的网站模板后，会得到一个压缩包。以 EC 模板堂下载的网站模板为例，将压缩包解压，会得到包含模板文件夹、安装说明在内的 5 个文件，如图 7.9 所示。

图7.9　ECShop模板解压页面

第一个是模板文件，第二个是其他辅助文件，第三、第四个是 SQL 数据库文件，第五个是模板的安装使用说明文件。

(1) 首先需要安装好 ECShop，从前面章节中可以获取 ECShop 的最新版本下载。

(2) 安装好 ECShop 之后，将"模板文件夹"放到根目录(PHPnow 根目录 htdoc 文件夹)themes里面，需要注意的是，要连文件夹一起上传(本地建站为复制)，如图 7.10 所示。

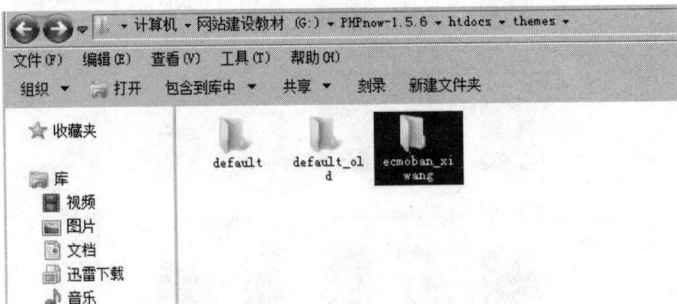

图7.10　上传模板文件夹

(3) 将"其他"文件打开，把里面的文件复制，覆盖网站根目录，出现提示就说明是正确的，全部替换即可，如图 7.11 所示。

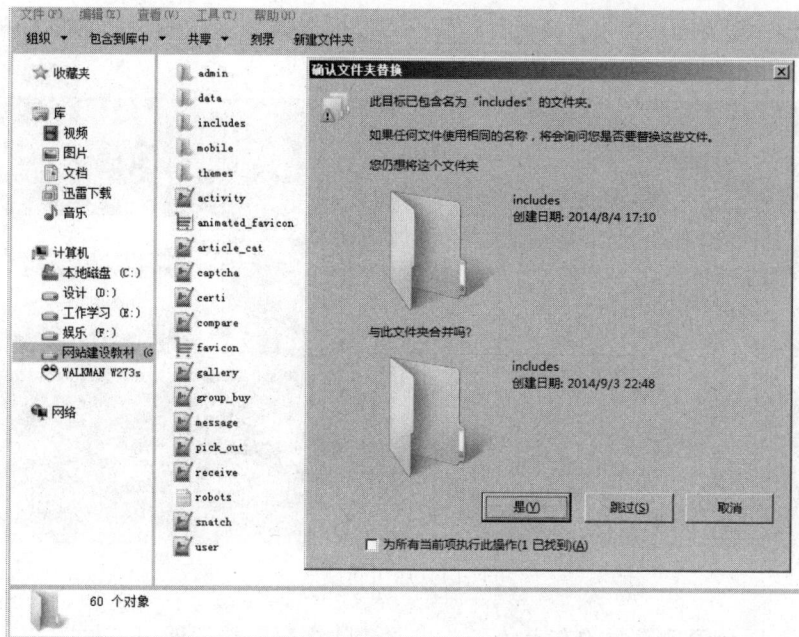

图7.11　替换网站根目录文件

（4）打开"SQL清空.txt"，把里面的内容复制一下，进入ECShop后台，打开"数据库管理"→"SQL查询"，如图 7.12 所示。直接将代码粘贴进去，点击"提交查询"按钮即可。

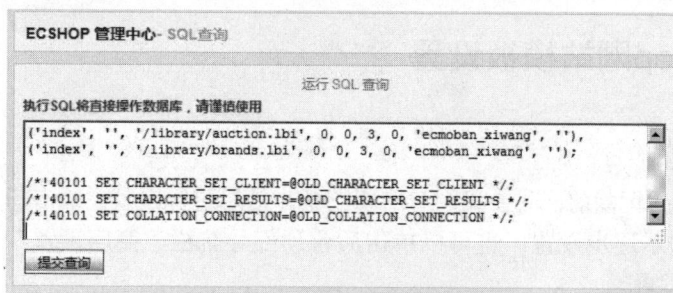

图7.12　执行SQL清空代码

（5）打开"SQL 导入.txt"，把里面的内容复制一下，再次打开"数据库管理"→"SQL 查询"，如图 7.13 所示。

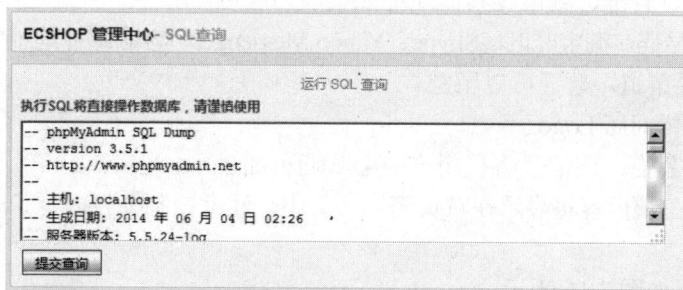

图7.13　执行SQL导入代码

(6) 在后台管理界面，单击"模板管理"→"模板选择"，选择刚才下载的模板即可实现模板的替换工作，如图 7.14 所示。

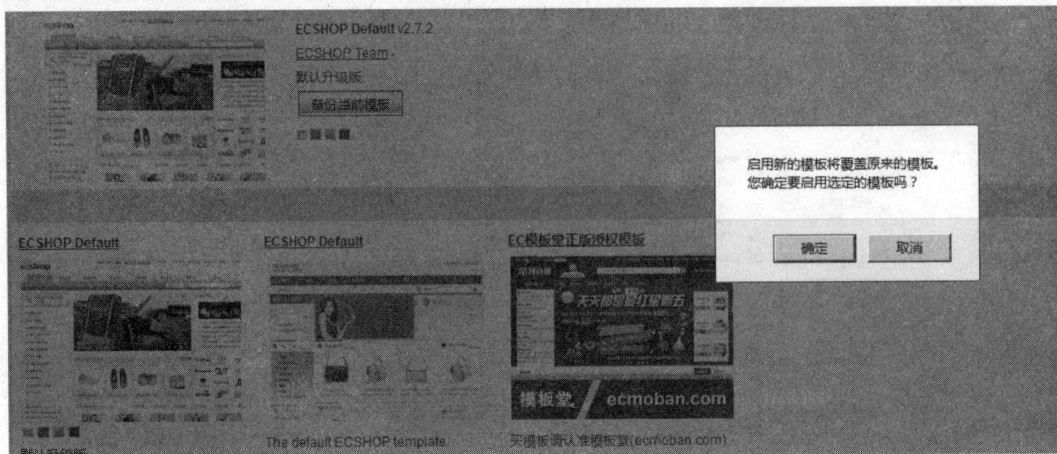

图7.14　启用新模板

(7) 最后在后台管理界面的右上角，单击"清除缓存"按钮即可，如图 7.15 所示。

图7.15　清除缓存

7.4.2　ECShop网站模板设置

1. 商店设置

在网店开始正式运营前，需要我们对网店的基本信息进行设置。单击图 7.15 中的"开店向导"按钮，根据提示逐步设置，也可以单击后台顶部导航栏"商店设置"。

1) 网店信息设置

(1) 商店名称：输入店铺名称，这里我们输入"西安××数码网"。

(2) 商店描述与商店关键字：便于搜索引擎优化，有利于搜索引擎对网站信息的正确解读，多个关键字之间应该用半角符号"，"隔开。

(3) 所在国家、省份、城市、具体地址如实填写即可。

(4) 客服 QQ 号码、淘宝旺旺、Skype、Yahoo Messenger、客服邮件地址、客服电话作为客户联系网站的主要渠道，暂无可以留空。

(5) 设计并上传商店 Logo。

(6) 用户中心公告：该信息将在用户中心欢迎页面显示。

(7) 商店公告：该内容将显示在首页商店公告中，注意控制公告内容长度不要超过公告显示区域大小。

网店信息设置如图 7.16 所示。

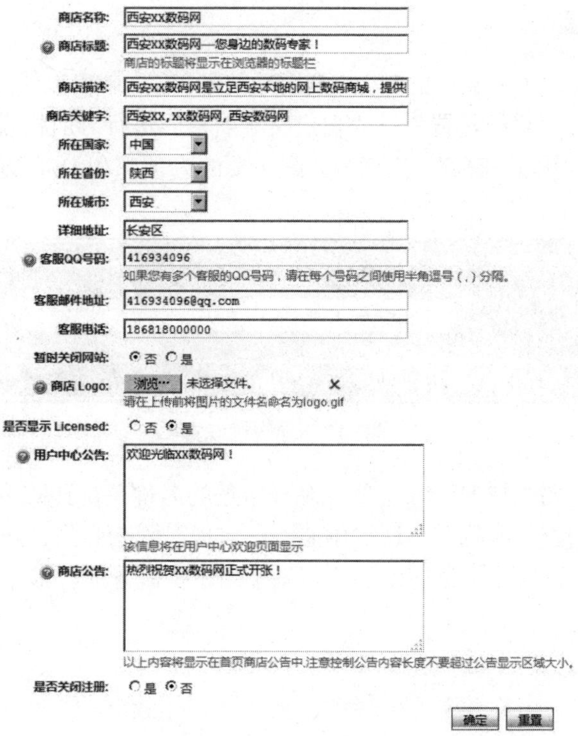

图7.16　网店信息设置

2）基本设置

用于设置系统语言、上传网站 ICP 备案证书、宝贝水印文件、市场价格比例、商品默认图片、统计代码、会员注册赠送积分、附件上传大小限制等店铺基本信息。

3）显示设置

用于控制首页搜索的关键字、时间格式、货币格式、缩略图大小、商品图片大小、销量排行数量、浏览历史数量、评论数量、相关商品数量、最新文章显示数量、商品名称的长度、商品价格显示规则、商品分类页默认排序类型等网店显示参数。

4）购物流程

用于控制客户购物流程，对积分、发票、红包等功能的使用权限，同时设置各种订单状态下的控制参数。

5）商品显示设置

用于控制商品的各项参数是否显示：货号、品牌、重量、库存、上架时间、商品属性显示样式、市场价格。

6）短信设置

开通手机短信服务后，可以设置"客户下订单时是否给商家发短信""客户付款时是否给商家发短信""商家发货时是否给客户发短信"。

7）wap 设置

用于开通网站的 wap 功能，同时可上传 wap 网站的 logo，wap 网站的访问路径为：http://127.0.0.1/mobile/。

2. 网站导航栏设置

导航栏是网页设计中不可缺少的部分,利用导航条,客户就可以快速找到想要浏览的页面。在 ECShop 后台,单击"系统设置"→"自定义导航栏"进行导航栏设置。ECShop 的导航条从位置上分为"顶部、中间、底部"三部分,最主要的为顶部和中部导航栏,如图 7.17 白框处显示。

图7.17 导航栏设置

导航条添加页面如图 7.18 所示,主要控制导航条的名称及跳转链接地址等相关信息。最顶部的系统内容用于调用查看购物车、用户中心、留言板、团购商品、夺宝奇兵等相关链接,排序用于控制导航栏的先后顺序,最底部的位置选项用于控制导航栏显示的位置,最终效果如图7.19 所示。

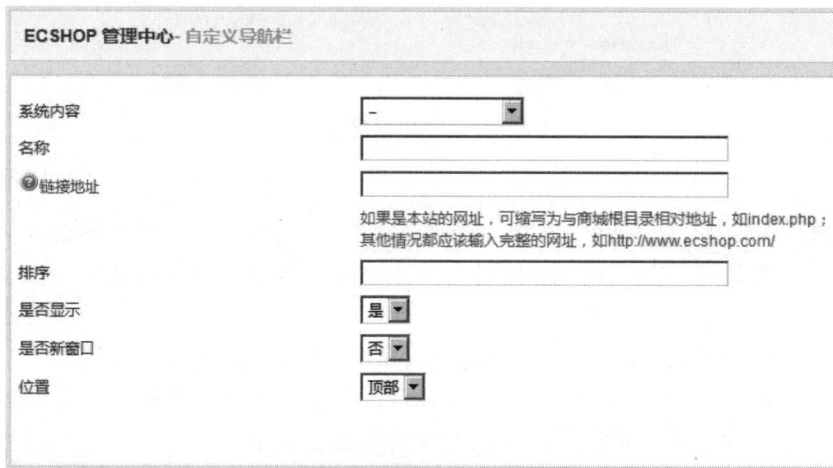

图7.18 导航栏设置

图7.19 导航栏设置

3. 首页轮播动画

网站轮播动画又称为 banner,作为网站页面的横幅广告,banner 的主要功能为形象鲜明地表达最主要的宣传重心或产品,如图 7.20 所示。

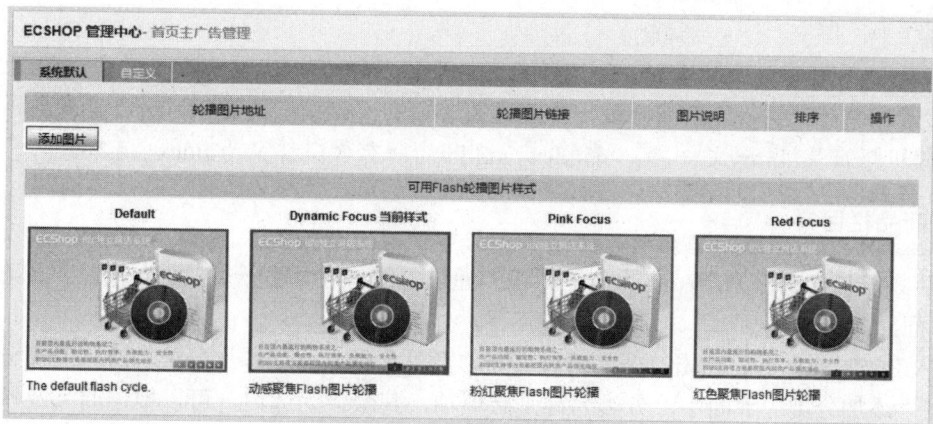

图 7.20 首页主广告管理

在 ECShop 后台，单击"系统设置"→"首页主广告管理"进行 ECShop 网站 banner 的更换。点击"添加图片"，进入"添加图片广告"页面，如图 7.21 所示。"图片地址"用于上传本地图片至网站，图片地址下方有图片标准尺寸的说明；"图片链接"用于设置图片点击的超级链接，"图片说明"用于描述图片，"排序"用于控制轮播图片显示的先后次序。同时，在 ECShop 中内置了四种可用的 Flash 轮播样式供选择，可在后台点击切换。设置后首页主广告效果如图 7.22 所示。

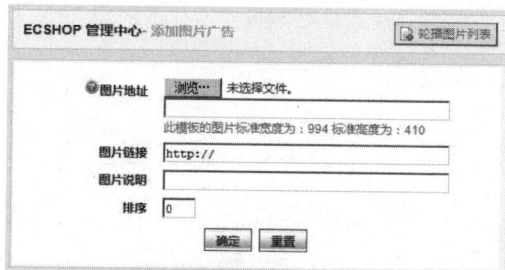

图 7.21 首页主广告管理

图 7.22 首页主广告效果图

注意:

个别网站可能会遇到上传banner图片后无法显示的情况,这时可通过尝试"切换Flash样式"+"清除缓存"解决。如果无效,可能是因为个别网站模板设置了新的首页动画样式,需要打开模板根目录library文件夹,将index_ad2.lbi的所有代码替换为index_ad.lbi即可。

4. 商品栏目

网店系统核心部分为产品展示,下面我们通过上传一组商品分类及部分商品来扩充网站。

1) 商品分类

进入ECShop后台,点击"商品管理"→"商品分类"→"添加分类"进行商品分类编辑与添加。"添加分类"界面中,分类名称是必填项,其余皆为选填,可以根据商品及网点的实际需要选择性地填写或使用,如图7.23所示。

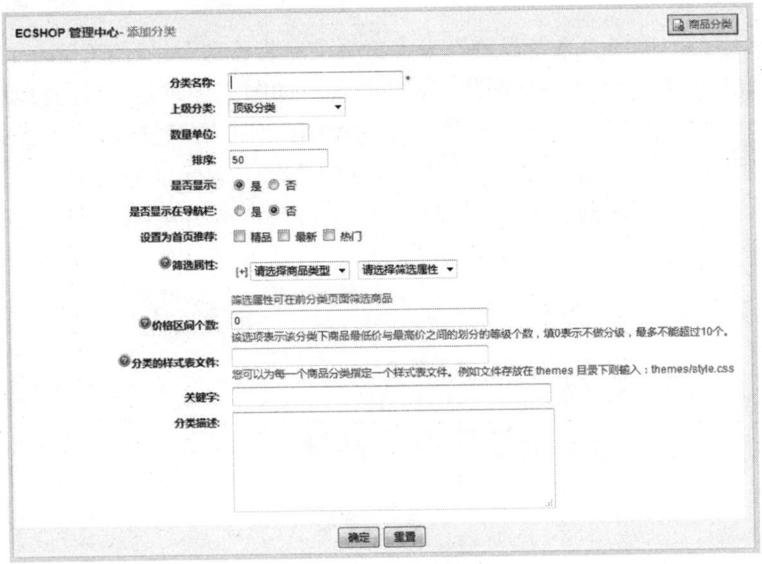

图7.23 添加商品分类

根据实际需要添加商品分类,商品分类添加在前台是实时显示的,可以在完成添加后刷新首页查看效果,如图7.24所示。

图7.24 首页分类导航效果图

2) 商品上传

ECShop 新商品的上传功能比较完善。具体操作为：在后台点击"商品管理"→"添加新商品"即可进入添加新商品界面，如图 7.25 所示。商品上传信息包含"通用信息""详细描述""其他信息""商品属性""商品相册""关联商品""配件""关联文章"等内容，完全可以满足网店开设的功能需要。

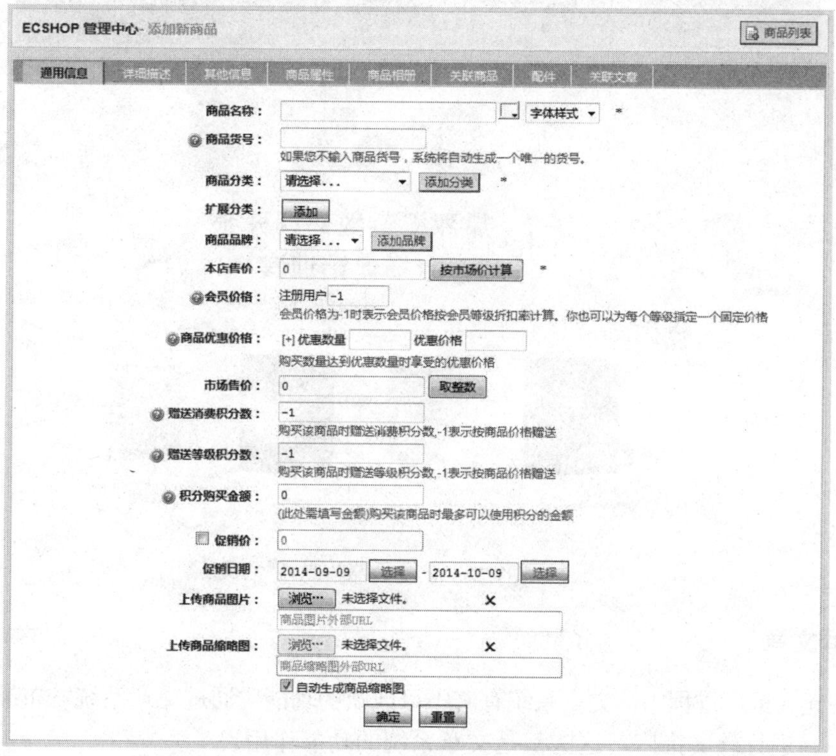

图7.25　添加新商品界面

商品上传完成后，是无法直接在首页显示的，需要在商品列表中设置"精品、新品、热销"等对应的属性，如图 7.26 所示。

图7.26　商品列表设置

注意：

商品上传后，如果出现图片模糊的问题，可以在"商店设置"→"显示设置"中调整缩略图及图片大小，随后执行"图片批处理"命令，可以解决。

3) 促销设置

在商品的编辑页面，可以设置促销价与促销时间，设置完成后，促销商品信息会出现在网站促销板块，如图 7.27 所示。

图7.27　促销商品信息

5. 新闻文章

网站的建设推广过程中，文章系统有着不可或缺的功能，通过文章系统发布最新公告、提供服务说明、进行软文推广，这些都是文章系统的功能作用。

ECShop 后台中"文章管理"栏目下，首先点击"文章分类"界面中的"添加文章分类"按钮，创建文章系统的类目，如图 7.28 所示。在"添加文章分类"中填写相应的关键字与描述，这有助于网站搜索引擎优化和后期的推广工作。

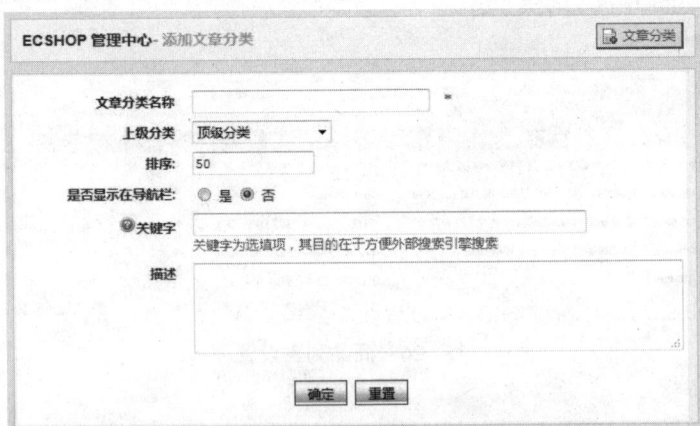

图7.28　添加文章分类

文章分类添加完成后就可以进行具体文章的添加工作，点击"文章列表"→"添加新文章"可进行文章的添加，如图 7.29 所示。"添加新文章"功能相对简单，主要包括"通用信息""文章内容"和"关联商品"三部分。

图7.29　添加文章

6. 模板二次开发

经过上面的步骤，一个初具规模的 ECShop 独立网站商城就已经搭建完成了。但是在网站的搭建过程中，有很多的客户要求对网站进行二次开发，进行一些界面和功能上的定制修改。如图 7.30 为某商城的网站设置指南。

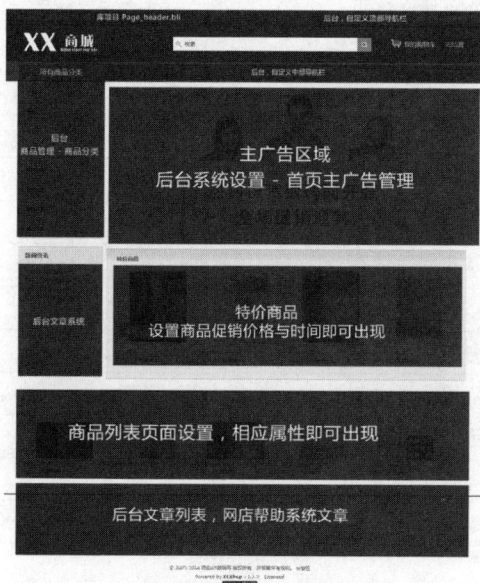

图7.30　模板设置指南

这里对 ECShop 的程序修改做简单介绍，同时提供 ECShop 常见模板代码文件说明，供二次开发时参考，不同模板的表现形式可能不同，但模板的格局与修改原理相当，具体说明如表 7.1 所示。

表7.1　模板文件说明

名称	意义	作用
images	目录	存放模板图片目录
library	目录	存放模板库文件目录
screenshot.png	图片	用于"后台管理→模板管理→模板选择"，显示模板缩略图
style.css	css 样式表	用于调整模板外观样式

1) 模板文件(格式：.dwt)

更改模板文件里面库文件的内容是无效的，页面刷新时，程序自动重新载入库文件内容到模板文件里(以库文件内容为准)，同时非库文件内容不可放置到可编辑区域内，否则设置模板时，非库文件内容将被覆盖删除。dwt 模板文件说明如表 7.2 所示。

表7.2　dwt模板文件说明

名称	说明
activity.dwt	活动列表页
article.dwt	文章内容页
article_cat.dwt	文章列表页
article_pro.dwt	系统文章页(如公司简介、版权信息)
auction_list.dwt	拍卖商品列表页
auction.dwt	拍卖商品详情页
brand.dwt	商品品牌页
brand_list.dwt	品牌合集页
catalog.dwt	所有分类页
category.dwt	商品列表页
compare.dwt	商品比较页
exchange_goods.dwt	积分商城详情页
exchange_list.dwt	积分商城列表页
flow.dwt	购物车和购物流程页
gallery.dwt	商品相册页
goods.dwt	商品详情页
group_buy_goods.dwt	团购商品详情页
group_buy_list.dwt	团购商品列表页
index.dwt	首页
message.dwt	信息提示页
message_board.dwt	留言板页面
myship.dwt	配送方式页
package.dwt	超值礼包列表

(续表)

名称	说明
pick_out.dwt	选购中心页
receive.dwt	收货确认信息页
respond.dwt	在线支付结果提示信息页
search.dwt	商品搜索页
snatch.dwt	夺宝奇兵页
tag_cloud.dwt	标签云页
topic.dwt	专题页
user_clips.dwt	用户中心页 (欢迎页、我的留言、我的标签、收藏商品等)
user_passport.dwt	用户安全页(包含会员登录、会员注册、找回密码)
user_transaction.dwt	用户中心页(个人资料、我的订单、订单详情、合并订单等)
wholesale_list.dwt	批发方案页

2) 库文件(格式：.lbi)

文件名尽量保存默认，否则在后台管理中将无法管理库文件或不可预见错误。lbi 库文件说明如表 7.3 所示。

表7.3 lbi库文件说明

名称	作用
ad_position.lbi	广告位
article_category_tree.lbi	文章分类页
auction.lbi	拍卖商品列表
bought_goods.lbi	购买过此商品的人购买过哪些商品
bought_note_guide.lbi	购买历史列表 (ajax 载入 bought_notes.lbi 库文件)
bought_notes.lbi	购买历史列表
brand_goods.lbi	品牌商品
brands.lbi	品牌专区
cart.lbi	购物车
cat_articles.lbi	文章列表
cat_goods.lbi	分类下的商品
category_tree.lbi	商品分类树
categorys.lbi	选购中心已选分类
comments.lbi	用户评论列表 (ajax 载入 comments_list.lbi 库文件)
comments_list.lbi	用户评论内容
consignee.lbi	收货地址表单
email_list.lbi	邮件订阅
exchange_hot.lbi	积分商城热门商品

(续表)

名称	作用
exchange_list.lbi	积分商城商品列表
filter_attr.lbi	属性筛选
goods_article.lbi	相关文章
goods_attrlinked.lbi	属性关联的商品
goods_fittings.lbi	相关配件
goods_gallery.lbi	商品相册
goods_list.lbi	商品列表
goods_related.lbi	相关商品
goods_tags.lbi	商品标记
group_buy.lbi	首页团购商品
help.lbi	网店帮助
history.lbi	商品浏览历史
index_ad.lbi	首页主广告
invoice_query.lbi	发货单查询
member.lbi	会员登录(ajax 载入 member_info.lbi 库文件)
member_info.lbi	会员登录表单和登录成功以后用户账户信息
message_list.lbi	留言列表
myship.lbi	配送方式列表
new_articles.lbi	最新文章
order_query.lbi	订单查询模块
order_total.lbi	订单费用总计
page_footer.lbi	页面脚部
page_header.lbi	页面顶部
pages.lbi	列表分页
price_grade.lbi	价格区间
promotion_info.lbi	促销信息
recommend_best.lbi	精品推荐
recommend_hot.lbi	热卖商品
recommend_new.lbi	新品推荐
recommend_promotion.lbi	促销商品
top10.lbi	销售排行
ur_here.lbi	当前位置
user_menu.lbi	用户中心菜单
vote.lbi	在线调查
vote_list.lbi	在线调查(引用 vote.lbi)

复习与思考

1. 请简要阐述独立商城和淘宝开店的优劣势分别是什么？
2. ECShop 搭建网上商城的基本流程是什么？

上机与实训

基于本章学习的内容，自拟主题，搭建 ECShop 独立商城。

第8章

基于PHPWEB程序搭建企业门户

学习背景

随着网络的发展，传统企业同互联网"联姻"，借助互联网展示企业形象，发布产品信息，做好客户管理已经成为业界的共识，成为现代企业一个不可或缺的营销手段。互联网为企业服务，渗透到企业的生产、销售、管理当中，这也成为互联网发展的重要模式之一。在这种背景下，各类规模的企业纷纷在互联网建立企业门户网站。本章主要介绍如何通过PHPWEB程序建立企业门户网站。

学习目的

1. 了解PHPWEB成品网站管理系统。
2. 通过PHPWEB搭建企业门户网站。
3. 进阶PHPWEB系统进行二次开发。

8.1 PHPWEB成品网站管理系统概述

8.1.1 PHPWEB系统概述

网站建设经历了从纯手工建站、傻瓜建站到功能丰富的智能建站，解决了大量企业初建网站的需求。随着建站技术的迅猛发展，用户对网站的个性化要求越来越高，不同行业的用户对网站功能、栏目内容和设计风格要求的差异化越来越大。定制网站从需求沟通到方案策划、从设计看样到网站制作、从反复修改到网站投入使用，不但建站服务商要承担高昂的服务成本，客户也饱受来回折腾之苦。市场需要一种更接近不同行业客户需求的、个性化的现成网站，让客户可以直观地看到网站的完整效果，大大缩短网站定制从需求沟通到完成建设的过程，这就是成品网站。PHPWEB 作为国内较早涉及成品网站系统开发的供应商，具有较为全面的成品网站项目库，如图 8.1 所示。

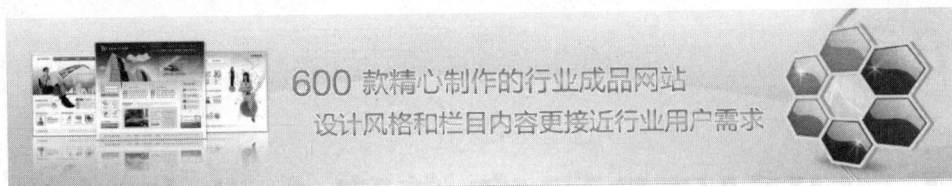

图8.1　PHPWEB成品网站管理系统

8.1.2　PHPWEB产品特色

PHPWEB 成品网站是通过对各行各业网站的细分研究，由专业人员经过精心策划、设计和制作，做好大量现成网站，在网站超市分类展示并打包出售，用户可以将成品网站安装到自己的主机空间。每个成品网站的设计风格、栏目布局规划、测试内容都参照该行业的实际网站需求和案例来进行制作，使之更接近行业用户的最终需求。PHPWEB 产品具有以下功能特点。

1. 可视化的鼠标拖曳排版

PHPWEB 提供可视化的鼠标拖曳排版功能，可以方便地在网页中插入插件、拖放定位和改变插件尺寸，灵活设置插件边框风格和插件显示参数，灵活设置网页背景，网页排版完全可视化，所见即所得，让网站制作如同搭积木般便捷易操作。

2. 插件、边框、菜单灵活组合和任意定位

PHPWEB 系统实现了网站前台插件化，可按需插入并灵活设置显示规则。插件风格模板、插件边框模板均可单独设置、灵活组合并任意定位；可插入多组导航菜单，菜单内容和风格样式分离，可以选择不同的导航菜单类型、菜单风格和配色，灵活组合并任意定位。网站不再拘泥于设计好的布局模板，让企业网站摆脱布局框架的束缚，尽享创意的乐趣。

3. 背景布局和插件排版方案

PHPWEB 产品中的网站背景布局和插件排版均可保存方案，网站制作过程中可以套用方案，使网页风格复制更简单，网站制作更快捷。

4. 网站功能模块化

PHPWEB 产品包含各种网站功能模块，可根据需要安装或卸载。当用户需要增加网站功能时可以加装模块，避免重新制作网站；需求简单的网站可以使用较少的功能模块，避免不需要的功能增加网站建设的服务成本。

5. 丰富的插件资源，灵活安装

PHPWEB 提供了丰富的插件资源，通过在线商店，可以选取各种导航菜单、广告特效、内

容显示等插件，以及边框、背景图片等资源，在线自动安装，使个性化网站定制更方便。

6. 网站制作功能和日常管理功能分离

PHPWEB 的网站排版、模块安装、插件设置等初始制作功能可以设置单独权限并相对分离，日常网站维护只需使用便捷的后台管理功能。常用功能可以加入后台快捷菜单，便于用户的日常管理。

7. 人性化的内容发布和管理功能

PHPWEB 产品中包含了各种发布和管理功能，均采用人性化的 AJAX 技术，避免页面刷新，具有良好的用户体验。

8. 灵活的管理权限和会员权限配置

PHPWEB 系统后台可设置多名管理员，自由配置各项管理权限。数十种细分的会员权限项目，可以按会员类型配置默认权限，也可以配置单个会员的权限，可按分类配置用户的投稿发布权限和版主管理权限。此外，会员模块也可以根据需要安装或卸载。

9. 丰富的功能模块，强大的网站功能

PHPWEB 系统现有 30 多种网站功能模块供用户选用。具有自定内容、分组网页、新闻文章、图片展示、产品展示、视频展示、文件下载、友情链接、广告管理等网站内容管理功能模块；会员管理、网友点评、留言反馈、人才招聘等互动功能模块；更有网上购物、在线订餐、展会信息、医院门诊预约等专用功能模块。

10. DIV+CSS布局和自定义网页标题关键词设置

在 PHPWEB 系统中，采用 DIV+CSS 布局，可以自定义网页标题和关键词，使网站更容易被搜索引擎收录，节约网站的宣传推广成本。

8.2　PHPWEB源码选择及安装

PHPWEB 的每一款成品网站都提供在线演示和试用体验，使用户全面了解网站的设计和功能。其包含的 30 多种网站功能模块可以根据需要安装卸载，各种插件模板可以从资源分享区下载使用，便于进行个性化的网站初始制作。网站排版制作功能和日常管理功能分离，形成用户使用便捷的管理功能，只要会打字就能进行网站日常维护。成品网站超市现有近 600 款精心打造的成品网站，并还在不断增加中。

1. 安装准备和文件系统结构说明

与传统网站不同之处在于，企业网站均有独立的源码，在利用 PHPWEB 进行企业门户网站搭建前，需要前往 PHPWEB 官方网站进行网站选择，可以通过网站导航栏的"网站超市"板块、网站首页的"精品推荐"板块，根据企业实际行业分类和应用分类进行网站源码的筛选，

如图 8.2 所示。

图8.2　PHPWEB网站超市

每一款网站源码都有一个独立的案例编号，如图8.3所示为编号3171的企业门户网站源码，源码均提供在线预览和试用服务，可以通过官网和代理商直接进行网站的购买和下载操作。

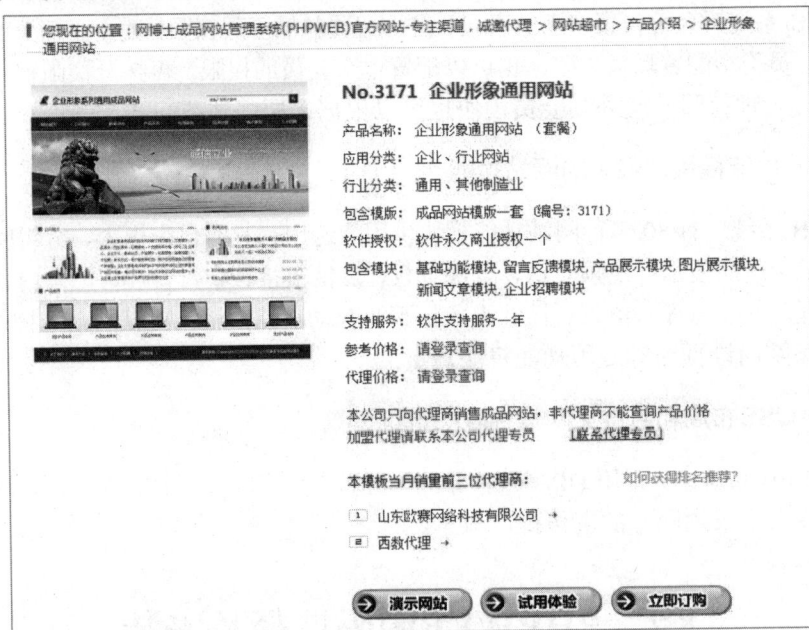

图8.3　No.3171 企业形象通用网站

然后将从官网或代理商处获得的程序源码进行解压，得到如图 8.4 所示的文件夹。

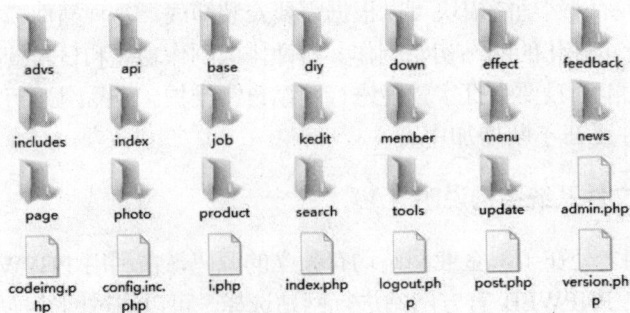

图8.4　PHPWEB程序源码

软件采用模块化的结构，除了基础功能目录外，每个模块占一个主目录；每个模块下属的插件、插件模板均位于该模块目录内；每个模块的后台管理程序、会员区程序均位于模块目录内，通过菜单进行关联；上传图片，生成的静态 HTML 网页也位于相应模块目录中；与界面排版相关的边框插件则位于基础模块目录内，和功能模块分离，可以通用并方便分别开发。

1) 基础版主目录

(1) 基础目录的内容如下。

base：基础模块，包括系统安装、升级、参数设置、后台管理员维护、后台登录、页面排版、边框模板、基础样式表、HTML 头尾部模板。

includes：通用包含 PHP 程序目录。

kedit：HTML 编辑器程序目录。

diy：存放自定义内容插件及其模板。

index：存放仅能在首页使用的插件、模板，在首页上传的图片。

update：升级包目录，升级时先将文件上传到此目录。

(2) 模块目录的内容如下。

advs：网站广告模块。

page：单页模块。

comment：点评模块。

news：文章模块。

photo：图片模块。

down：下载模块。

member：会员模块。

menu：导航菜单模块。

search：全站搜索模块。

tools：工具模块，现有访问统计和投票。

2) PHPWEB 根目录下程序文件

index.php：首页。

config.inc.php：数据库连接参数设置。

admin.php：后台管理登录。

codeimg.php：图形验证码程序。

logout.php：直接访问式退出会员登录。

post.php：基础 ajax 接收处理程序。

为了使管理登录、会员登录、图形验证等所发的请求服务信息在全站有效，因此管理登录、会员注册和登录、退出登录等操作没有放在相应模块目录下，而是放在根目录下；其他模块内部的操作均应放在模块目录内。

3) 模块目录结构

各模块内的文件目录结构基本类似，主要包含如下子目录。

admin：模块后台管理程序。

admin/css/：模块后台样式表。

admin/func/：模块后台包含程序。

admin/images/：模块后台图片。

admin/language/：模块后台语言包。

admin/js/：模块后台 js。

class/：存放分类检索程序、分类专栏子目录、分类检索静态网页生成，如文章模块。

html/：存放内容正文页程序和生成的静态网页。

includes/：存放模块内包含文件。

js/：存放模块 js。

language/：模块前台语言包。

module/：插件程序目录，存放该模块提供的插件。

pics/：本模块图片上传目录。

project/：用于专题子目录生成。

templates/：插件模板，存放该模块的插件配套模板。

upload/：文件上传目录。

4) BASE 目录下的特殊子目录

border/：存放边框模板。

install/：安装程序目录。

js/：全站通用包含的 js。

templates/：存放 HTML 头尾部模板。

templates/css/：通用 CSS，排版管理面板 CSS。

5) effect 素材库目录结构

素材图库位于网站的effect/source/目录下，各子目录是不同的素材图库。加入素材图片只需要将图片上传到这些目录，就可以在相应的插件选择图片。

bg：背景图库。

button：按钮图库。

carton：卡通图库。

coolline：装饰分割线图库。

head：头部效果图库。

icon：图标库。

smallicon：小图标库。

contain：容器背景画布(按容器宽度分别放在各子目录下)。

6) 动态创建的目录和文件

(1) 分类专栏。文章、图片、下载模块创建分类专栏时在模块的 class 目录下创建一个专栏目录。

(2) 专题。文章、图片、下载模块创建专题时在 project 目录下创建一个专题目录。

(3) 单页分组目录。单页模块创建分组时，在模块目录下创建分组目录。

(4) 图片目录。上传图片时，按当前日期创建目录存放当天图片。

(5) 静态网页。开启静态网页时，创建 html 文件。

2. 上传程序文件

上传压缩包中所有的文件至服务器(这里我们复制至 PHPnow 程序中)，如果此前计算机中已经创建其他站点，htdoc 文件夹被占用，此时我们需要参考 6.1.4 章节中 PHPnow 应用教程进行多站点的建立。

如上传至网络服务器，须包含以下内容：

(1) 将其中的 www 目录内的全部文件和目录上传到网站空间，用 FTP 上传时必须采用二进制方式；

(2) 将每个目录下的 pics 子目录设为可读写(设置为 777)；

(3) 将 news、photo、down、page 模块下的 class、html 目录设为可读写(如果不需要生成静态网页，可不设置)；

(4) 将 config.inc.php 文件设为可读写(设置为 666)；

(5) 服务器环境：PHP4.3.x-5.2.x/非安全模式/允许 WEB 文件上传；MYSQL4.2-5.x；zend optimizer 3.2 以上。

> **注意：**
>
> (1) php5.3以上版本无法加载zend optimizer，暂不支持。
>
> (2) 第三方应用安装需要php5.2版本，低于此版本不能安装第三方应用，但不影响PHPWEB本身的运行。

3. 安装过程

(1) 在浏览器中运行 http://你的域名/base/install/，开始 PHPWEB 的安装。第一步为软件介绍和使用协议，如图 8.5 所示。

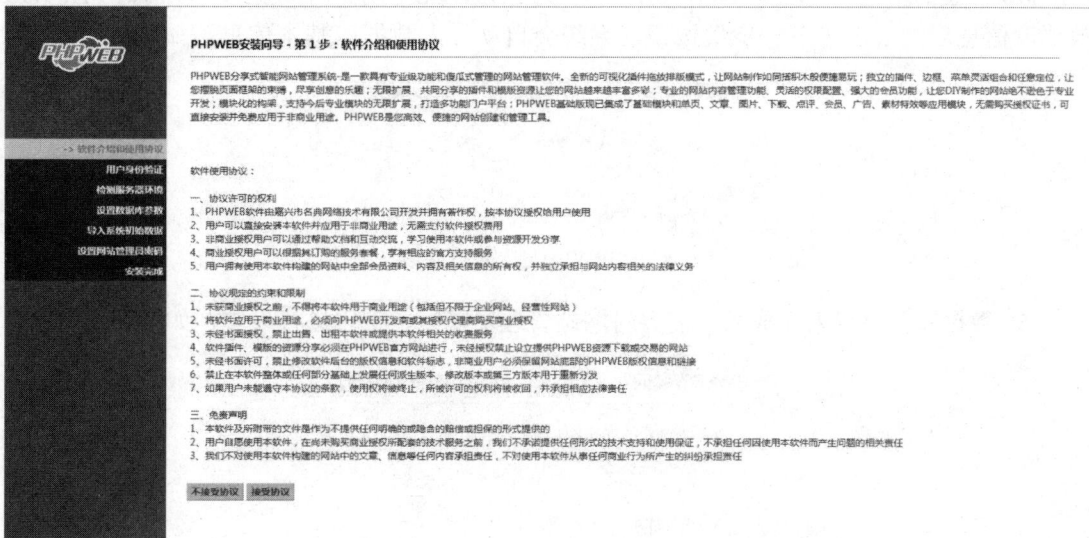

图8.5　PHPWEB版权协议

(2) 阅读授权协议后，单击"接受协议"按钮，程序检查环境及目录权限，如图 8.6 所示。

PHPWEB安装向导 - 第 3 步：检测服务器环境

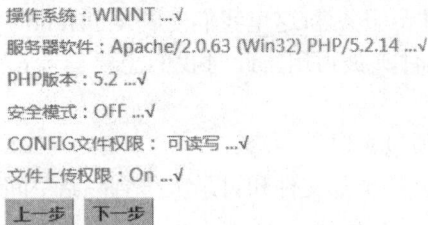

操作系统：WINNT ...√
服务器软件：Apache/2.0.63 (Win32) PHP/5.2.14 ...√
PHP版本：5.2 ...√
安全模式：OFF ...√
CONFIG文件权限：可读写 ...√
文件上传权限：On ...√

上一步　下一步

图8.6　PHPWEB服务器安装环境监测

(3) 确保所有选项检查结果均为正确，如出现权限错误，则根据对应的目录进行权限修改。检测成功，单击"下一步"按钮，即进入设置数据库参数界面，如图 8.7 所示。

PHPWEB安装向导 - 第 4 步：设置数据库参数

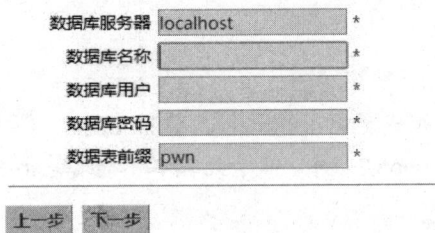

数据库服务器 localhost *
数据库名称 *
数据库用户 *
数据库密码 *
数据表前缀 pwn *

上一步　下一步

图8.7　PHPWEB设置数据库参数

(4) 在 PHPWEB 数据库参数设置界面填写网络服务商提供的数据库基本信息，如果是通过 PHPnow 安装的本地环境，参考本书 6.1.4 节，为 PHPWEB 创建一个数据库。填写好 PHPWEB 数据库信息后，单击"下一步"按钮，系统会自动导入数据库基本信息，如图 8.8 所示。

PHPWEB安装向导 - 第 5 步：导入系统初始数据

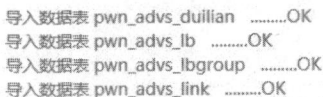

导入数据表 pwn_advs_duilian ....OK
导入数据表 pwn_advs_lb ....OK
导入数据表 pwn_advs_lbgroup ....OK
导入数据表 pwn_advs_link ....OK

图8.8　PHPWEB导入数据库信息

(5) 数据库信息导入完成后，需要对网站管理员账号、密码进行设置，如图 8.9 所示。

PHPWEB安装向导 - 第 6 步：设置网站管理员密码

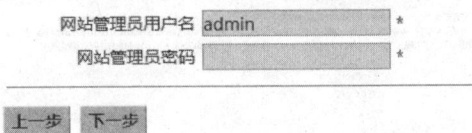

网站管理员用户名 admin *
网站管理员密码 *

上一步　下一步

图8.9　PHPWEB管理员账号、密码设置

至此，PHPWEB 的安装工作已经完成，为保障系统安全，请删除网站根目录的【install】目录，防止网站信息泄露，如图 8.10 所示。单击"查看网站"按钮可以进入网站首页，或者单击"管理登录"按钮进入网站后台，对相关参数进行设置。

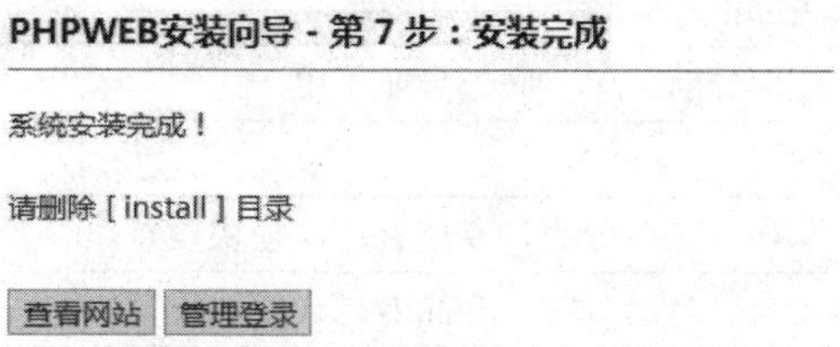

PHPWEB安装向导 - 第 7 步：安装完成

系统安装完成！

请删除 [install] 目录

查看网站　管理登录

图8.10　PHPWEB安装完成提示

8.3　PHPWEB后台管理

一个刚刚建好的成品网站，其页面信息和 logo 都是 PHPWEB 官方所提供的。这就需要进入网站后台进行更改和设置，下面介绍 PHPWEB 网站后台功能。

1. 后台登录

登录 PHPWEB 后台界面，输入管理员账号、管理员密码、图形验证码(按照当前显示内容填写)，点击管理员登录按钮即可登录到网站管理系统，如图 8.11 所示。

图8.11　PHPWEB后台界面

2. 后台管理

PHPWEB 的后台管理中心很全面，可控性强，许多内容都可以自行设计，如表 8.1 所示。

表8.1　PHPWEB后台包含功能一览表

菜单选项	详细功能
首页	栏目菜单设置、上传网站标志、公司简介修改、公司文化修改、联系方式修改、公司产品管理、新闻动态管理、公司荣誉管理、门店展示管理、招聘职位管理、发布招聘职位、修改管理密码、退出管理系统

(续表)

菜单选项	详细功能
设置	网站参数设置、管理菜单设置、模块插件管理、软件升级更新、修改管理密码、新增管理账户、管理账户维护、底部信息编辑、自定内容编辑
菜单	频道导航菜单、顶部导航菜单、底部导航菜单
网页	网页管理、网页分组
文章	文章管理、文章发布、文章分类、专题管理、模块设置
产品	产品管理、产品发布、产品分类、产品专题、模块设置
图片	图片管理、图片发布、图片分类、图片专题、模块设置
广告	图片广告管理、视频广告管理、文字广告管理、轮播广告管理、对联广告管理、弹出窗口管理、网站标志管理、友情链接管理
工具	访问统计系统、投票调查系统、图片投票系统、QQ 客服系统、51 客服系统、51la 统计系统
招聘	招聘职位管理、招聘职位发布、求职申请处理、企业人才查询、应聘表单设置
反馈	反馈留言管理、反馈表单设置

8.4 基于PHPWEB源码的企业网站开发实例

PHPWEB 作为开源企业门户系统，支持通过二次开发的形式更换网站风格。通过对网站模板样式的设计与调整可以对网站界面进行二次开发，本章将通过一个具体的案例对 PHPWEB 的网站二次开发功能进行介绍，最终效果如 8.12 所示。

图8.12 基于PHPWEB源码的企业网站开发实例效果图

1. 网站基本参数设置

PHPWEB 程序预置了基本的企业信息,如果企业没有特殊要求,可以在原本的信息基础上进行修改,提高网站的开发效率,后台可以对前台所有能看到的信息进行任意修改,在后台"首页"板块下,可以对网站标志、企业文化、联系方式、公司产品、新闻动态、公司荣誉、门店展示、招聘职位进行管理。这里首页相当于一个导航页面,可以对网站前台展示的基本内容进行修改。企业标志修改过程中,为了保证网站浏览效果,建议先将程序中的自带标志下载,参考其分辨率后,再上传大小相同的企业标志进行修改,格式一般为 gif 或是 jpeg,颜色尽量和原图保持一致,如图 8.13 所示为企业标志的修改。

图8.13　企业标志修改

公司简介、企业文化、联系方式的修改采用内容编辑器的形式,可以直接在网站后台对相关栏目的信息进行编辑和修改,如图 8.14 所示为企业简介的修改。

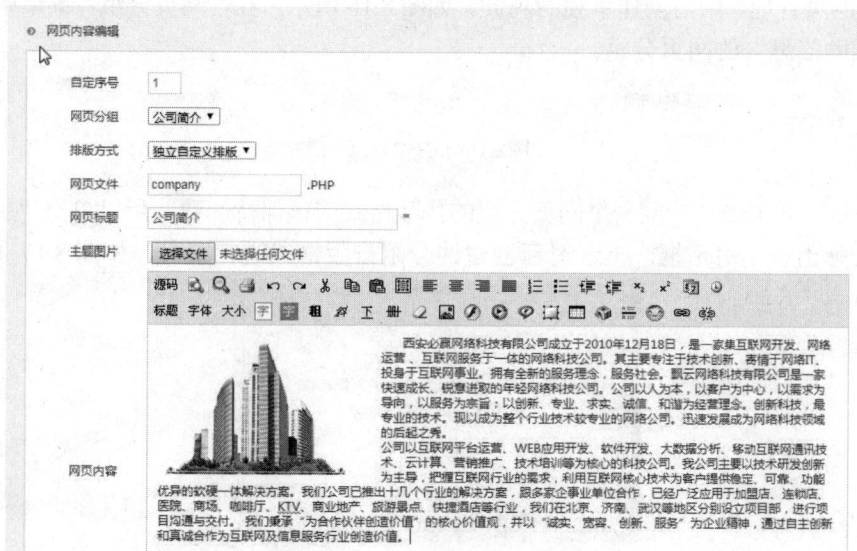

图8.14　企业简介修改

在网站"设计"菜单可以对网站标题等基本参数进行修改,主要包括网站标题、管理员账号、底部信息编辑等内容。特别需要注意的是,点击进入底部信息编辑中,有可能会出现无文字信息提示的情况,这是因为文字颜色为白色,可以单击编辑菜单左上角的"源码"选项,将相关文字信息进行修改，如图 8.15 所示。

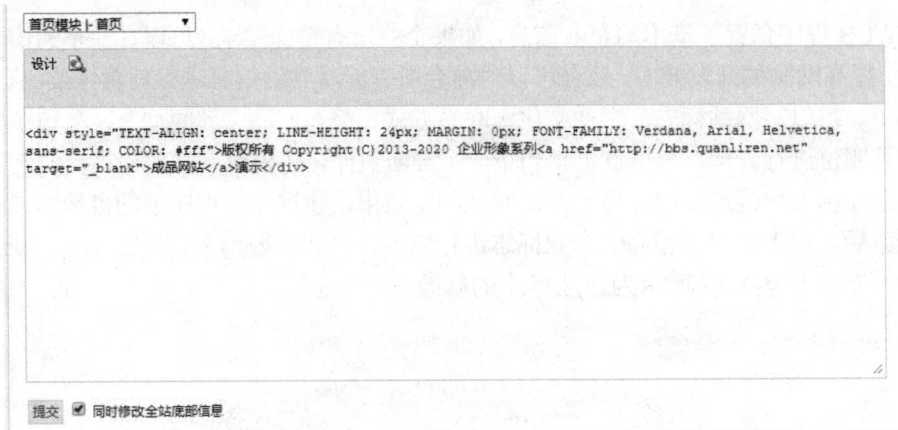

图8.15　网站底部信息修改

2. 网页与文章模块

PHPWEB 比较有特色的部分是将整个网站分为网页和文章两个板块，其中网页板块指的是类似公司简介、企业文化等不具备子文章发布的单个网页；文章模块和传统网站类似，指的是类似新闻中心、发展动态等支持日常文章更新的板块。

1) 网页模块

在网页模块，有网页管理和网页分组两个功能。在"网页分组"中为不同类型的网页创建分组，在"网页管理"中可创建单独的网页。如图 8.16 所示，在"网页分组"菜单中，创建一个名为"帮助信息"的网页分组。

图8.16　创建分组

为保证页面效果统一，同一个网页分组的排版格式应该保持一致，所以单击"新增分组"按钮后，会弹出一个对话框，提示对新创建的分组排版格式进行定义，如图 8.17 所示。

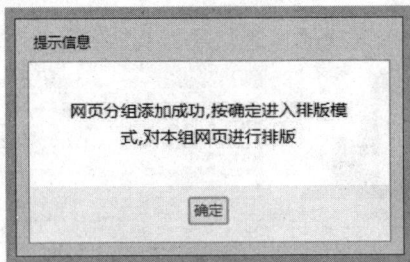

图8.17　进入排版模式

在排版模式中，可以对网页整体布局样式进行修改和调整，如图 8.18 所示。在排版模式中，有网页模块、文章模块等非常丰富的插件和模块可供开发者排版和使用。新创建的网页分组内容信息为空，需要我们进行内容填充。

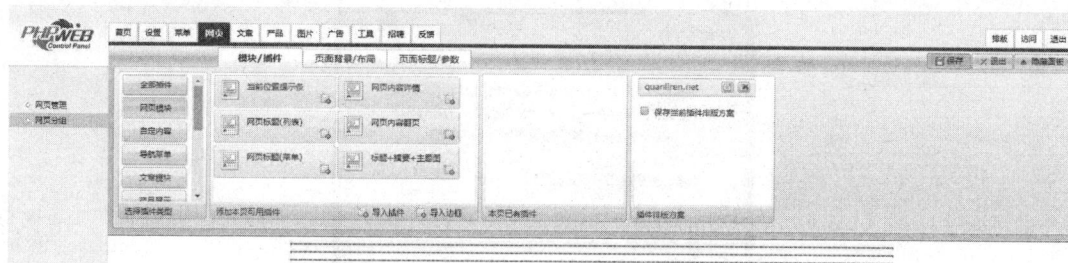

图8.18 页面排版模式

参考已经排版完成的页面进行排版，可以帮设计者节省很多开发时间。选择"退出"按钮，退出排版模式，在网页分组界面，进入"公司简介"等已经排版完成的页面排版模式，在插件排版方案处，将"公司简介"的排版方案进行保存，如图 8.19 所示。

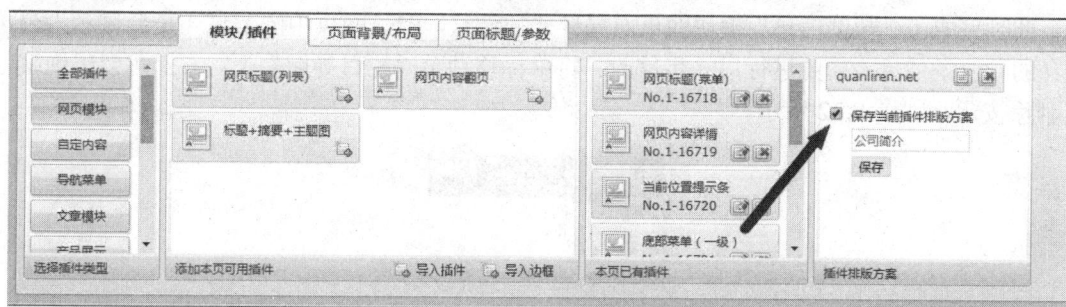

图8.19 保存插件排版方案

在"页面背景/布局"选项卡中，将"公司简介"的背景布局方案进行保存，如图 8.20 所示。保存完毕后点击右上角的"退出"按钮，选择"不保存直接退出"，不要做其他操作，以免破坏公司简介的布局。

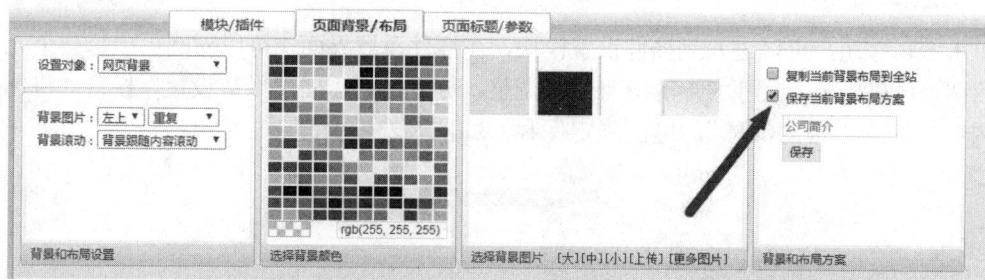

图8.20 保存页面背景排版方案

再次进入帮助信息栏目的排版模式，分别在"模块/插件""页面背景/布局"页面应用刚才保存的公司简介方案，其中在应用排版方案时选择全页，如图8.21所示。部分老版本的PHPWEB排版模式可能会出现页面信息空白、错位等问题，此时使用浏览器的兼容性模式或者使用 IE浏览器可以解决此问题。

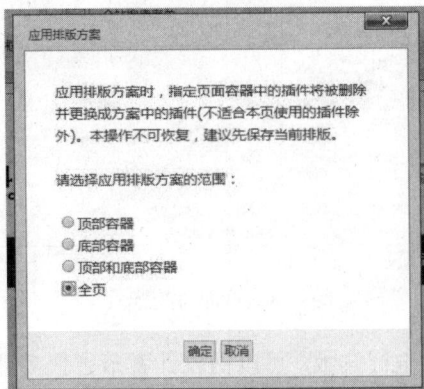

图8.21 应用排版方案

此时完成了"帮助信息"板块网页布局样式的调整，但是网页中的信息还是会显示为公司简介的导航条信息，需要进行进一步修改。将鼠标移动至"栏目导航"上，右上角会出现编辑和删除按钮，如图 8.22 所示。

图8.22 进入插件编辑模式

单击编辑按钮，可以进入到插件设置模块，在插件设置界面，可以对网页中每一个元素边框、色调、风格模板、尺寸大小等信息进行调整。这里找到"插件参数设置"栏目，将选择分组的内容更换为"帮助信息"，单击确定保存，如图 8.23 所示。

图8.23 选择插件信息分组

在排版模式中，可以通过顶部菜单的"模块/插件"选项卡为网页增加图片、文章、网页、广告等非常多的插件，丰富网站内容。每一个网站插件都可以在网页中随意拖动位置，大大节省了开发时间，在完成了信息修改后，单击"保存"按钮，退出排版模式。

此时返回网页管理界面，在选择网页分组界面中，找到帮助信息栏目，单击右上角的"在当前网页分组新建网页"可以完成网站的新建。其中需要强调的是，在新建网页页面的排版方式中，选择"共享分组的排版"，即可调用刚才自定义的排版布局格式，如图 8.24 所示，新建了一条"我们为什么要做网站"的网站帮助信息。

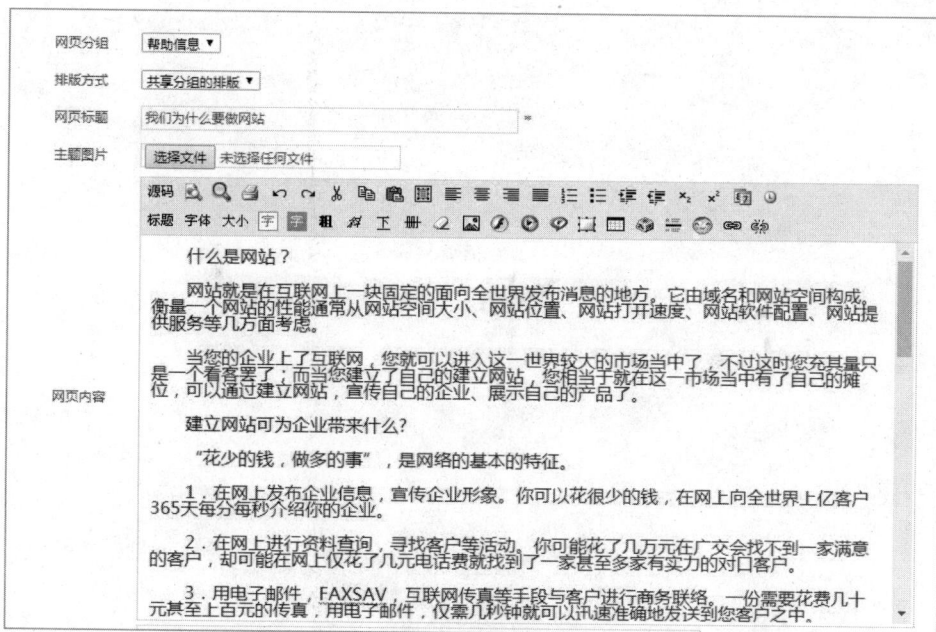

图8.24　新建网页

在网站分组管理页面，每一个分组都有一个网址，这是网站的内部网址，如果想将刚刚新建好的"帮助信息"分组新增作为导航条，可以在后台"菜单"栏中进行修改和添加。

2) 文章模块

PHPWEB 系统的文章模块相对比较简单，在"文章分类"板块中新建文章分类，在"文章发布"模块进行文章发布，在"文章管理"模块可以实现文章的批量管理操作。

PHPWEB 的产品、图片、招聘、反馈等模块的操作比较类似，这里不再一一赘述。

复习与思考

1. 请结合自身经验，简要阐述搭建企业门户对项目营销的意义是什么？
2. PHPWEB 搭建企业门户的基本流程是什么？

上机与实训

基于本章学习的内容，自拟主题，搭建企业门户网站。

第 4 篇

创业项目策划运营及案例分析

　　电子商务的发展使商务活动突破了时间和空间的限制，同时也使商务的模式得到创新。在"大众创业、万众创新"的大背景下，新时代的大学生投身于网络创业已相当普及，在课堂之外也会利用创业实践检验学习成果。本篇通过创业项目的案例分析，讲授了创业项目的选择、创业项目书的撰写以及创业大赛的路演。通过本篇的学习，读者将全面掌握在"互联网+"时代，如何利用网络平台进行创新创业实践。

第 9 章

网络创业项目策划运营

学习背景

网络创业的特点是：成本低，一台电脑甚至是一部手机就可以创业，适合资金不太充裕的大学生；人员组成简单，初期和有共同兴趣的同学、朋友，甚至自己一个人就可以创业，不需要太大的人脉网络；风险系数低，因为投入小、流通快，无积压仓储的压力，即使失败还能重新开始。这些特点规避了大学生抗风险能力弱的缺陷，可以说网络创业是非常适合大学生创业的一种方式。而目前，大部分大学生在创业时还缺乏项目策划运营的基本知识和概念。

学习目的

1. 了解网络创业项目的选择路径。
2. 掌握创业项目实施过程。
3. 掌握如何撰写项目方案。

9.1 创业项目选择及实施

9.1.1 创业项目选择

创业者都知道项目选择的重要性，但对于正确地选择创业项目和进入时机可能都不太了解。正确选择合适的创业项目，是成功创业最重要的基础。所以每一位创业者必须抱有严谨的态度，按照自身的优势条件和资金实力对行业进行细致分析。

1. 创业途径选择

创业是一种风险性极高的挑战，选择正确的创业途径及创业项目有助于创业的成功。如何选取适合自身的项目，是多数创业者经常思考的问题。创业途径的可行性是创业者对于创业项目难度的判断，而创业机会的识别是一切创业途径选择的起点。选择创业项目的角度如图 9.1 所示。

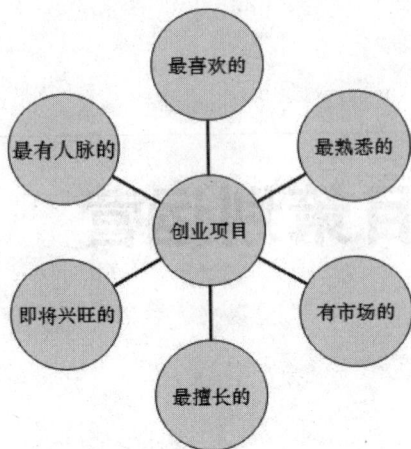

图9.1　选择创业项目的角度

创业者应该从以下几个角度来考虑自身的创业之路。

(1) 做自己最擅长的事。创业者应认真地分析自己的特点，找出自己最擅长的事作为创业项目，如在某技术上有专长，这样才能扬长避短。

(2) 做自己最喜欢的事。做最喜欢的事时，你会废寝忘食、不知疲倦，全身心地投入其中。

(3) 做自己最熟悉的事。选择最熟悉的事作为创业项目，如对某类产品比较熟悉，这样才能对创业更有把握。

(4) 做自己最有人脉的事。成功依靠的是 15%的专业知识和 85%的人际关系。拥有更多的人脉才能为创业助力。

(5) 做未来即将兴旺的事。认真分析创业项目未来是否有市场机会，顺势而为，才是明智的选择。

(6) 做目前最有市场的事。可顺应目前的市场需求，以现阶段最有市场的产品或服务作为创业项目，保证创业的安全。

2. 对创业项目进行商机评估

对创业项目进行商机评估的方法如图 9.2 所示。

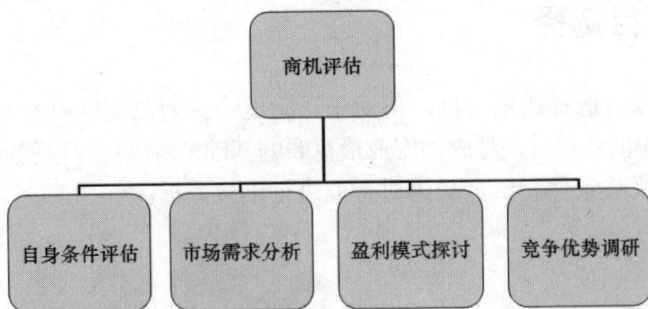

图9.2　创业项目商机评估

(1) 自身条件评估。创业初期要有强烈的欲望，创业项目要有核心的技术，创业过程要有经营的能力。

(2) 市场需求分析。任何成功的企业，都是以市场为导向的，市场需求分析就是要了解企业产品或服务的未来发展。如明确目标顾客；细分市场；了解未来趋势等。

(3) 盈利模式探讨。企业的目标是追求利润最大化。只有设计出适合而且有效的盈利模式，才会持续获得比同行更高的利润，成为真正的赢家。

(4) 竞争者和竞争优势研究。知己知彼，百战不殆。分析和掌握竞争对手的信息，并且从信息中分析各自的优劣势，找到自己的生存空间。

> **案例分析：臭名远扬——吴利忠：把小生意做成大事业**
>
> 吴利忠开始创业时，选择的都是一些大多数人认为可以发大财的项目。但是，他几经坎坷，不仅没有赚到钱，还亏空了十几万的创业资金。但他并没有一蹶不振，而是每天都去沈天智老人的炸臭豆腐摊位前，一蹲就是半天。原来他发现，这位老人的炸臭豆腐拥有很多回头客，生意非常兴隆。他经过多日观察之后，就决定拜沈老先生为师，学习制作臭豆腐技术。沈天智拒绝收他为徒，就连沈家的儿子也反对他学。现在的年轻人，谁会去学这个？但是，只有吴利忠本人坚定地认为这个可行，并且还跟亲戚朋友借了一万元当学费，求老人教他制作臭豆腐。被他的真诚所打动，沈天智就把自己60年制作臭豆腐的技术毫无保留地教给了他。
>
> 吴利忠学会制作臭豆腐以后，没有摆摊卖炸臭豆腐，而是在浙江省上虞市开了全国第一家臭豆腐专卖店，并起名为"六十年老磨坊"，因为口味地道，价格便宜，因此顾客盈门，生意非常火爆。但是，吴利忠的雄心不仅仅是开一家这样的臭豆腐店。他又从浙江绍兴开始，搞起了特许经营，在全国开起了臭豆腐连锁店。吴利忠终于实现了自己的梦想，成为一名成功的企业家。

9.1.2　影响大学生网络创业项目选择的因素

1. 专业知识

互联网每一个细分领域都为大学生网络创业提供了空间和机会，与传统行业的创业相比，网络创业最显著的特征就是创业者的年轻化。无论在哪一个层级上，都有大学生创业的身影与痕迹，他们中的许多人，开拓性地创造了今天的互联网世界。从近年来部分年轻学生的创业项目上，可以分析和理解大学生网络创业相关特性，如表 9.1 所示。

表9.1　学生网络创业优秀项目分析

创业者	学校或专业	行业企业	主要用途	主要业绩
雷涛声	广东农工商职业技术学院游戏专业	深圳瓶子科技有限公司	手机软件开发，刷机精灵	腾讯以 6000 万元人民币全资收购
张林轩	在美国念完高中后辍学创业	在聊网	中美合作在线英语教学平台	获得百万元级投资，估值过千万元

（续表）

创业者	学校或专业	行业企业	主要用途	主要业绩
杨 元	华中科技大学电子信息工程专业	"我要当学霸" 学习类 App	激发起更多人有节制地玩手机	网上推出后，一周下载量就达到 10 万次
张 凯	湖北经济学院国际贸易专业	武汉文化衫网	公司实行线上线下同步营销模式	近一年的时间赚得 50 万元

分析表中所列具有代表性的学生创业成功的实例可知，学生最成功的创业途径选择集中于创办网站、开发软件、开发 App、开发浏览器等。这些年轻的创业者大多数来自普通学校，但其参与的网络创业领域已经不再是简单地开设网店。他们的专业多数与计算机或者经济管理相关，说明专业知识的引导在网络创业中扮演着重要角色，但也与各人成长期间的兴趣与意志密切相关。

2. 资金及技术

启动资金、技术难度和渠道开放性对大学生网络创业途径选择存在显著影响。根据相关调查表明，约有 38% 的大学生把在淘宝等平台上开设网店销售商品作为网络创业的首选方式；另有 18% 的大学生对于网络游戏、视频、动漫等各种网络产品比较感兴趣，愿意将其列为创业的重要选择；此外，大约 15% 的学生选择自主创办网站；15% 的学生选择专门利用各种网络平台从事网络推广。通过数据分析，可见大学生们通常把启动资金的多寡、渠道的开放性、技术的难易程度三项指标作为指引创业途径选择的最重要参考因素。

3. 团队及商业模式

团队构成、核心产品或技术、商业模式是衡量创业途径可行性的关键性因素，网络创业通常具有明显的技术特征，因此在网络创业领域，"团队"的作用更加明显。投资创业团队，主要应考虑 6P 因素，即创业激情(passion)、坚持(persist)、经验(previous)、性格(personality)、价格(price)、盈利能力(profitability)。创业最终是"人"的行为与活动，所以，在"6P"当中，前 5 个因素都是密切围绕创业者个人展开的，而最后一个因素则是创业的目标与终点。创业可以基于兴趣，但一切创业的最终目标必然指向盈利。创业项目能否盈利，又主要取决于该团队是否拥有独特的核心产品与技术，是否拥有可行稳定的商业模式。

9.1.3 创业项目实施

1. 网络创业中的环境定位

互联网的发展日新月异，每天都不断有新技术、新观念和新潮流涌入。如何在迅猛发展的互联网海洋当中有效识别创业机会，在互联网的复杂环境当中做出合理的判断与定位，是创业者面临的首要任务。

(1) 大学生创业者应该首先在传统互联网与移动互联网之间做出选择，或是两者兼顾。传统的互联网发展已相对成熟，创业者可与互联网领域的巨头企业达成合作，借助成型的平台优势获取流量与信息；相对而言，移动互联网的优势在于其巨大的市场前景。

(2) 大学生创业者应该依据自身特点，选定互联网的某个特定领域作为创业领域。如今互联网创业也面临着严酷的竞争，从模式到营销都需要进行全方位优化探索，大学生创业者一定要依据自身特点和优势选择创业项目。

(3) 大学生创业者需要对项目在线上和线下的关系和方向做一个定位。线上与线下的结合是企业发展的一种必然趋势。作为青年创业者，必须充分发挥自身优势，做出合理的短期、中期和长期规划，在创业之初就对项目做出定位，使线上与线下的配合与发展达到最合理状态。

2. 网络创业中的基本硬件准备

在依据互联网环境，并结合市场状况做出相关项目定位之后，创业者应就自己的硬件情况进行相应的准备工作。即启动资金、技术难度与渠道开放性。

(1) 创业初期，创业者的启动资金主要来源于家庭和亲友，还可以根据当地相关的创业政策获得一部分无息贷款。因此项目选择必须因地制宜，充分考虑自己的实际经济状况，进行合理的资金评估，制定短期、中期和长期预算规划。要合理预估盈利空间、盈利时间，同时做好亏损准备，预设退出机制。

(2) 鉴于网络创业所特有的技术特征，选择创业项目时，要考虑项目的技术难度，选择与自身技术资源相匹配的项目。必须明确，创业项目并非技术含量越高越好，在很多时候，胜在创意。因此，即使创业者自身不具备相关技术条件，也可以考虑通过学习解决简单的技术问题，或者通过团队组合的方式，吸引相关技术人才共同创业，解决项目的技术瓶颈。

(3) 大学生创业者还必须围绕自己所选项目，了解渠道开放性。即便项目具有巨大的市场潜力，但如果遇到政策或者法律限制，渠道开放性程度较低，依然有较大风险，可能招致失败。此时，创业者就必须理性分析自己面临的状况是否值得坚持，是否可能通过人际斡旋得到解决，或者是否可以首先研发外围子项目，通过迂回的方式达成目标。

3. 网络创业的基本软件准备

在完成前述两个阶段的检查与评估之后，创业者还应该就自己的软件情况进行相应的准备。即对团队结构、核心产品或技术、商业模式进行评估。

(1) 在目前激烈的创业竞争环境之中，团队的作用日趋重要，很少有创业者能够单打独斗取得成功，而互联网产品的技术性强化了这种联合的必要性。团队的组成要结合自身情况，更要考虑项目需求。团队的联合忌讳围绕朋友或亲属关系产生，而应更多地考虑专业、技术、知识、经验的互补与搭配。例如互联网产品的开发与推广，就需要有专门负责技术的人员，也需要专门负责研发的人员，还需要专门负责推广的人员。对大学生创业者而言，不同专业的同学联合是一个方向。

(2) 创业的灵魂在于核心产品或者技术。大量成功的创业实例告诉我们，创业的成功，很大程度上取决于创意的成功。就互联网创业而言，可能表现为一种独特的产品，也可能表现为一种创新的技术。但创意并非凭空而来，需要创业者熟悉创业环境，长期关注相关领域的热点和变化趋势，善于学习总结或者改良，从不可能当中寻找可能，从原有产品当中发现新的机会，从新兴技术当中把握全新的商业机会。

(3) 商业模式是创业成功的重要保障。互联网创业与传统创业的一个最典型区别在于商业模式的差异。互联网项目的发展依赖于流量的积累，但最终能否有效地把流量转化为实际的利润，才是决定互联网企业规模与方向的核心因素。在传统互联网领域，我国许多互联网公司创造出了广告、增值服务、竞价排名、网站加盟、商铺会员费、交易佣金、电子商务等多种组合构成的独特商业模式。目前在移动互联网领域，虽然尚未形成业界普遍认可的稳定商业模式，但在一些细分领域，如移动游戏、移动广告、移动电子商务、移动视频等，其模式流量变现能力已经得到快速提升。因此，在评估创业途径的可行性时，大学生创业者需要认真思索并理性规划自己的商业模式，将之视为创业准备阶段最重要的任务来细致落实。

总之，互联网作为一个新兴、快速发展的行业，每时每刻都在不同领域深刻改变和影响着人们的现实生活。大学生作为年轻和富有创造性的个体，应该及时把握移动互联网发展所带来的巨大机遇，审时度势，根据自身条件和外部环境，有效选择符合自己年龄、技术与资源特征的项目，合理规划，全情投入，争取成为新时代网络创业的佼佼者。

9.1.4 商业计划书 + 路演汇报

1. 商业计划书撰写

商业计划书是提出一个具有市场前景的产品/服务，围绕这一产品/服务，完成一份完整、具体、深入的创业计划，以描述公司的创业机会，阐述创立公司、把握这一机会的进程，说明所需要的资源，揭示风险和预期回报，并提出行动建议。创业计划聚焦于特定的策略、目标、计划和行动，对于一个无技术背景的人士应清晰易读。

商业计划书的读者包括：希望吸纳进入团队的对象、可能的投资人、合作伙伴、供应商、顾客、政策机构。

商业式计划书的具体撰写方式如下。

1) 创业计划的内容

完整的商业计划一般包括：执行总结、公司概况、产品或服务、市场分析、竞争分析、营销策略、财务预测、风险分析和附录九个方面。下面我们对各个部分的内容进行简单的描述。

(1) 执行总结。介绍此项创业计划的行业性质以及相关方向。内容包含此项创业计划的创业机会是什么、为什么提出此项计划、填补了哪些市场空白等。

(2) 公司概况。介绍公司的经营宗旨、经营目标、价值观，以及远景规划。一个好的经营价值观可以提升商业计划的价值，因为企业的成功归根结底是一种文化和理念的成功。

(3) 产品或服务。介绍此项创业计划将为消费者提供的价值、此项创业计划的优势、消费者将如何受益、产品或服务是否符合人们的消费需求，以及为消费者提供服务的方式等。

(4) 市场分析。介绍此项创业计划估计的市场需求量、发展规模、可以占据的市场份额以及市场领域，如何发现潜在市场和打进潜在市场、是否存在进一步的市场开发战略，以及业务拓展方向和领域等。

(5) 竞争分析。此项创业计划的竞争对手分析。此项计划是否存在竞争对手，竞争对手是谁；计划存在的竞争优势以及竞争劣势是什么，如何更加充分地发挥优势弥补劣势，是否存在替代的创业规划；是否具有阻止其他竞争对手进入的壁垒(如技术、法规)，以及如何保护自身优势(如申请专利或者知识产权保护)。

(6) 营销策略。介绍营销战略，包括通过广告、邮件、电视台广告推销，或者展销促销等方式；如何使用销售渠道，是否跟踪进行市场调查，如何降低生产成本、扩大销售量；如何制定销售价格；如何塑造品牌形象来吸引消费者等。

(7) 财务预测。需要多少资金来实施该项创业计划、资金的来源情况如何、如何让外部的投资者对项目进行估值、是否存在吸引投资者为创业计划投资的优势理由、资金的具体用途、预计资金的盈利及亏损，以及财务规划和现金流动情况。此外，还应制作简易的资产负债表和损益表。

(8) 风险分析。此项创业计划的风险系数如何；是自主经营投资，还是向风险投资家争取资金；同消极的就业分配的风险相比，优势劣势何在；是否存在投资风险以及风险投资的推出策略等。

(9) 附录。支持上述信息的资料，如管理层简历、技术资料、销售手册、产品图纸、媒体对本公司的报道等，以及其他需要介绍说明的地方。

2) 商业计划书的写作程序

一份合格的商业计划包括附录在内一般为 20~40 页，过于冗长的商业计划反而会让阅读者失去耐心。整个商业计划的写作是一个循序渐进的过程，可以分成如下五个阶段完成。

第一阶段：商业计划构想细化，初步提出计划的构想。

第二阶段：市场调查，和行业内的企业和专业人士进行接触，了解整个行业的市场状况，如产品价格、销售渠道、客户分布以及市场发展变化的趋势等。可以进行一些问卷调查，在必要时也可求助市场调查公司。

第三阶段：竞争者调查，确定你的潜在竞争对手并分析本行业的竞争方向，分析其成为战略伙伴的可能性等。准备一份 1~2 页的竞争者调查小结。

第四阶段：财务分析，包括对公司的价值评估。要求详细而精确地考虑实现公司所需的资金，必须保证所有的可能性都考虑到了。财务分析量化本公司的收入目标和公司战略。

第五阶段：商业计划的撰写与修改，用所收集到的信息制定公司未来的发展战略，把相关的信息按照上面的结构进行调整，完成整个商业计划的写作。在计划完成以后仍然可以进一步论证计划的可行性，并根据信息的积累和市场的变化不断完善整个计划。

3) 创业计划书的注意点

(1) 一份成功的创业计划应该：①清楚，简洁；②展示市场调查和市场容量；③了解顾客的需要并引导顾客；④解释顾客购买产品/服务的原因；⑤在头脑中要有一个投资退出策略；⑥解释为什么你最适合做这件事。

(2) 一份成功的创业计划不应该：①过分乐观；②拿出一些与产业标准相去甚远的数据；③产品与服务信息不明确；④忽视竞争威胁；⑤进入一个拥挤的市场。

2. 路演汇报的方法

1) 创业项目路演汇报的准备

创业项目路演汇报大部分会采用微软公司的PowerPoint软件，有个别情况会采用类似Prezi的第三方软件。本章后续内容都是基于PowerPoint(简称PPT)进行讲述。

(1) 模板资源的获取和下载。一个优秀的 PPT 模板可以让路演汇报工作事半功倍，但是互联网上可下载的模板大部分质量不高，或者过于花哨，不符合商业路演的定位。所以这里推荐三个主流的 PPT 模板下载网站，供读者参考，如表 9.2 所示。

表9.2 模板资源下载网站

序号	名称	优势	劣势
1	Office Plus	免费，质量较高，风格分类全	资源数量较少
2	51 PPT 模板网	免费资源数量全	网站广告较多
3	PPT Store	更新快，版本全，有版权	收费

(2) 寻找高质量商业计划案例。因为涉及项目隐私和商业模式保护，通过搜索引擎直接搜索的商业计划书案例或者 PPT 大多是一些质量较低的项目策划书。

首先，可以通过关键词限制的形式进行条件筛选，如原本搜索的是商业计划书，但是加上 App 商业计划书，结果就会更加精准。同理，搜索"IPO 路演 PPT"可以得到阿里巴巴、京东等知名企业的路演 PPT 作为借鉴参考。

其次，通过高级搜索语法，可以对搜索结果进行条件筛选，具体用法是"关键词 + 空格 + 文件类型"。

最后，经过条件审核后，可以申请成为投资人，通过 36Kr、创投圈等网站查阅最新的商业路演 PPT。

(3) 路演汇报 PPT 的制作技巧。面对不同的听众、不同的项目阶段、不同的演示时间，商业计划 PPT 要讲的内容也不同，具体可以分为如下四类。

比赛型商业计划 PPT：主要用于参加各类创业类竞赛，一般要求现场演示 5～10 分钟，答辩 5～10 分钟，具有时间紧、信息多等特征。此类 PPT 制作过程中应该严格按照评分表的标准框架来进行制作，重视设计、凸显内容，将自己的核心优势亮点放大。

路演型商业计划 PPT：伴随近几年互联网公司的 IPO 和路演活动的兴盛，"路演型 PPT"在某些场合替代了"商业计划 PPT"。此类 PPT 可自由发挥的空间比较大，逻辑顺序不一定要按照公司简介、业务内容、盈利模式这样的方式，但是要注重数据、图表说话，不需要过分强调设计，突出专业即可。

交流型商业计划 PPT：交流型商业计划就是在相对私下的场合，和投资人一对一地面谈。此类 PPT 在设计过程中重点在于内容，要点完备、精简表述。

阅读型商业计划 PPT：很多创业者，限于时间和渠道，很少有机会和投资人直接沟通，所以往往会选择用邮件的方式，把商业计划书发送到投资人的邮箱。此类 PPT 设计的特点是简单大方、吸引目光、开门见山，高效传递信息。

2) 路演汇报 PPT 案例解析

本节以"微米级微小零件尺寸测量系统"项目路演汇报 PPT 作为案例，对路演汇报 PPT 进行解析。此 PPT 作为初创组项目参加 2017 年中国"互联网+"大学生创新创业大赛的路演汇报使用，要求汇报时间控制在 10 分钟，答辩时间为 5 分钟。

(1) 项目封面。封面中最为重要的部分为项目的名称，要求短小精悍，可以通过项目标题看出项目的特色亮点和创业领域，搭配副标题可以更好地对项目进行补充说明。同时，因为是参加比赛的项目，所以有必要在封面注明参赛组别，如图 9.3 所示。

图9.3　项目封面

(2) 案例导入。通过实际社会热点和企业需求，导入本项目，说明产品的研发是根据实际的企业需求，增强项目的说服力，如图 9.4～9.6 所示，为保时捷微小零件缺陷案例。

图9.4　保时捷产品微小缺陷说明

图 9.5　保时捷产品微小缺陷损害说明(1)

图9.6 保时捷产品微小缺陷损害说明(2)

(3) 市场机会。通过实际案例引出市场机会，强调说明项目的研发是经过认真严谨的市场调研得到，而且业界确实有实际需求，如图 9.7 所示。

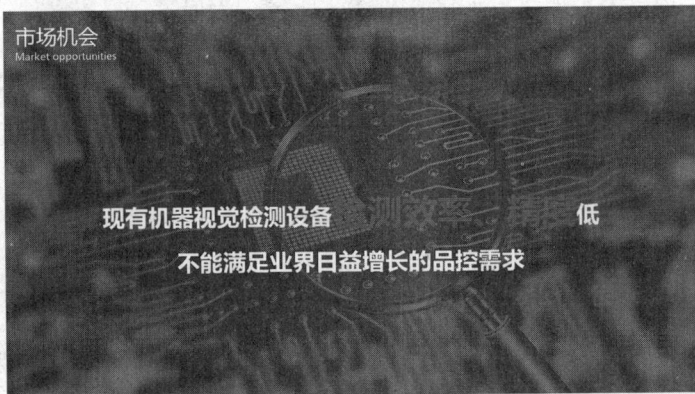

图9.7 市场机会

(4) 公司团队。在已经确定的市场机会下，说明公司为解决业界需求，组建了高水平的研发与管理团队，从而使产品研发得到实现。公司团队说明页面尽量选择有代表性的人员、与项目相关的成果，一般为创始人或首席科学家等，如图 9.8 所示。

图9.8 公司团队

（5）解决方案。在公司团队的共同努力下，进行高精度尺寸测量系统的研发，用以解决前文提到的"市场痛点"，这里需要重点描述本产品对标业界平均水平的参数优势，如图 9.9 所示。

图9.9　产品解决方案

（6）产品原理。为了使评委和投资人更加清晰地了解产品功能和运作原理，需要使用流程图的形式对产品原理进行详细说明。流程图要求简洁明了，因为投资人大部分不具备相关专业背景，如图 9.10 所示为产品原理图。

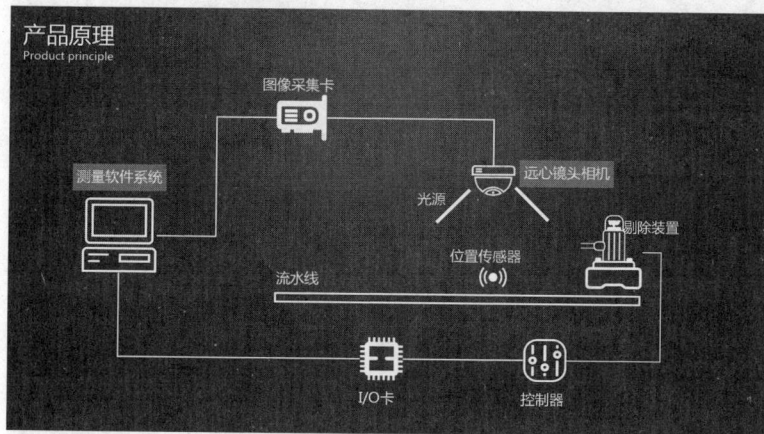

图9.10　产品原理

（7）目标客户。项目的目标客户、目标市场大小，对于投资人来说是比较关注的一个点，考验项目负责人是否对项目目标市场进行过详细的考察，对产品是否有精准的定位，如图 9.11 所示。

（8）市场空间。在目标客户明确的情况下，市场空间的规模大小决定项目发展的前景，有必要从相关行业发展报告中获取相关数据，用行业市场规模说明整个项目的市场前景，如图 9.12 所示。

（9）盈利模式。在产品已经明确的情况下，需要向投资人解释本项目为客户提供的服务，以及相应的盈利模式，在条件允许的情况下，涉及售价展示的部分，需要与同参数型号的产品进行价格对标，如图 9.13 所示。

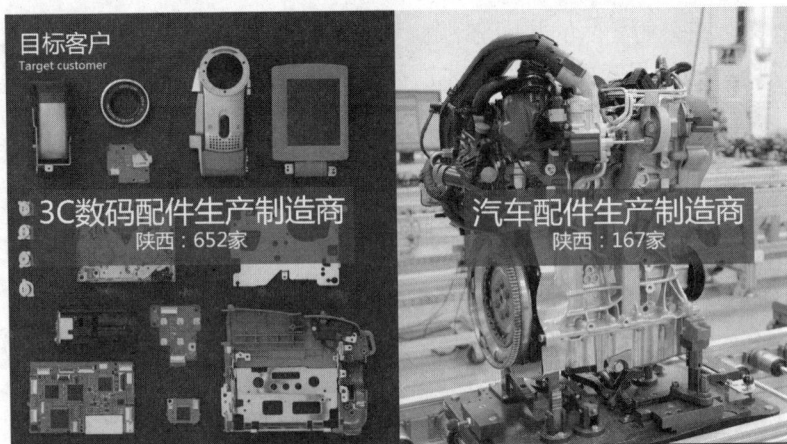

图9.11　目标客户

图9.12　市场空间

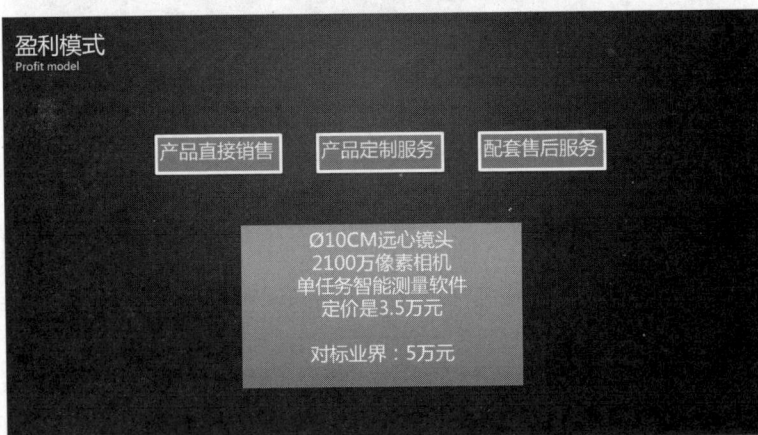

图9.13　盈利模式

　　(10) 合作伙伴。项目如果已经有产品销售、独家代理等合作伙伴，可以在本环节中挑选出知名度比较高的企业进行展示，内容可以是相关企业的应用证明，此部分展示的内容应该有合作合同等支撑材料，如图9.14所示。

图9.14　合作伙伴

(11) 经营体制。创业项目应该选择与其项目行业类别相匹配的经营体制和营销策略，制定详细的推广营销规划，但是此部分如果没有特别亮点的数据，在陈述环节可以一带而过，经营体制和营销策略如图 9.15、9.16 所示。

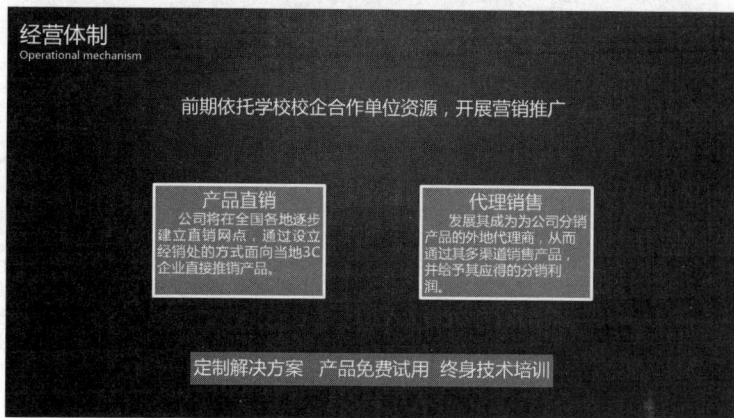

图9.15　经营体制

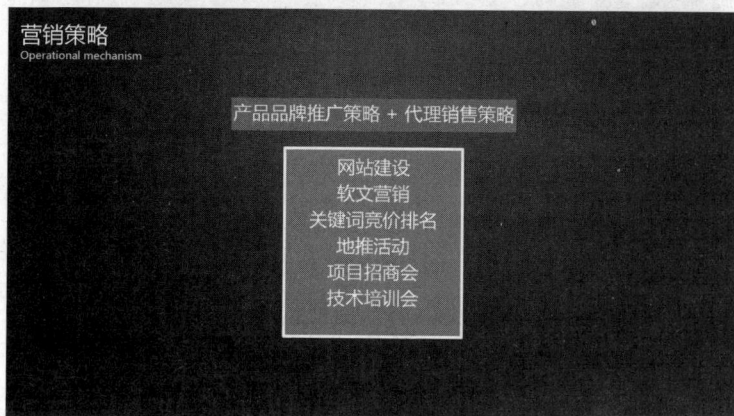

图9.16　营销策略

(12) 竞争优势。大部分项目都或多或少存在相关领域的竞争对手，做好项目的竞品分析十分有必要。在竞争优势环节，需要对自身项目的优势进行充分的分析和罗列，尽量通过数据和横向对比的方式,将项目自身情况进行展示,凸显竞争优势,如图 9.17、9.18、9.19 所示为项目的核心优势。

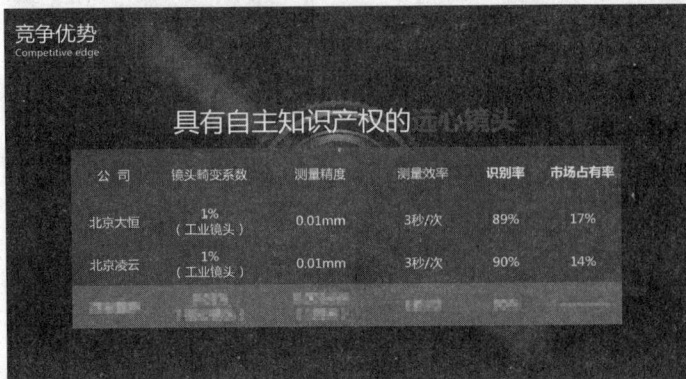

图9.17　竞争优势(远心镜头)

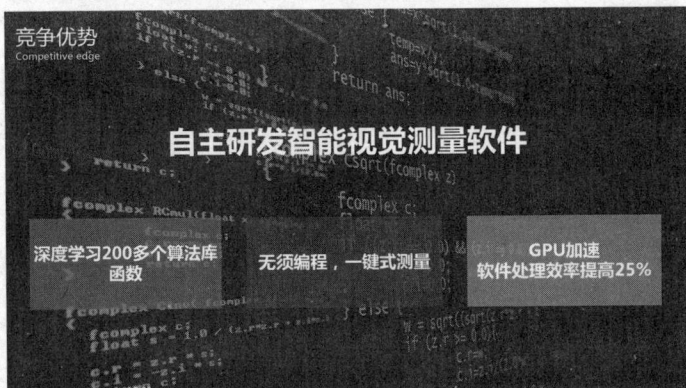

图9.18　竞争优势(测量软件)

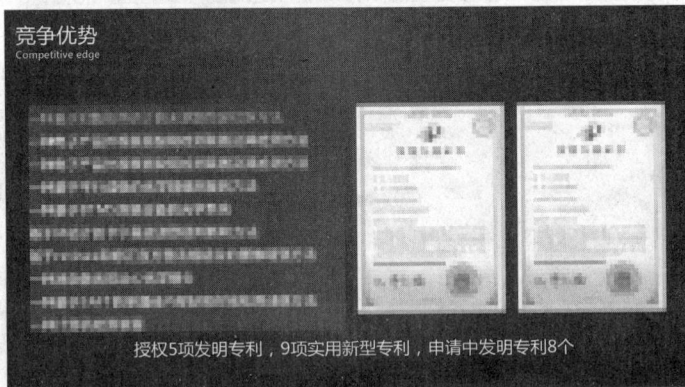

图9.19　竞争优势(专利)

(13) 财务预算。作为已经成立公司的参赛项目,财务部分是必不可缺的数据,主要包括财务三大报表(财产负债表、利润表、现金流量表)、股权分配方案等,有经验的投资人可以通过相关报表数据对项目的基本情况进行深入了解和分析,确定项目的投资价值。此部分的主要目的是通过财务数据报表的展示,向投资人说明项目盈利能力和融资需求,如图 9.20、9.21 所示。

图9.20　财务预算(净利润)

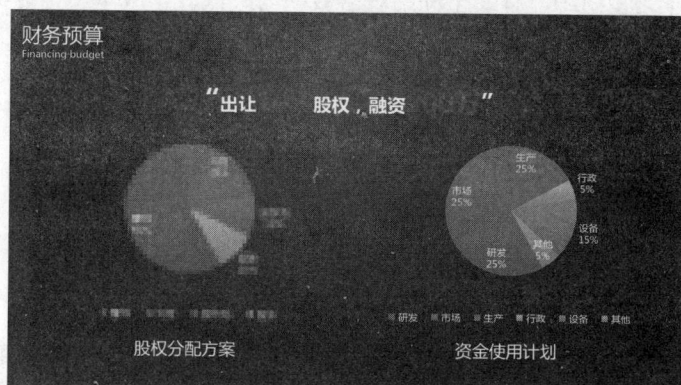

图9.21　股权分配及融资需求

(14) 结束页。结束作为问答环节的最后一个页面，将保持很长时间在大屏幕进行展示，最好在结束页将项目名称等基本信息也注明，方便感兴趣的投资人联系，如图 9.22 所示。

图9.22　创业项目商机评估

9.2　创业竞赛

创业竞赛是连接理论教学和社会实践的平台，创业竞赛的目标是培养学生的首创能力和创新思维。创业竞赛首先是对理论知识的回顾与应用。通过竞赛，学生加深了对理论知识的理解，能更加熟练地应用理论知识。同时，学生通过模拟企业管理的流程，熟悉企业运作规范，会减少适应实践工作的时间。竞赛不能取代实践，但对实践是最好的补充。因此，高校将创业教育纳入实验教学环节，既增加了学生对创业理论和创业实践的了解，又可以通过模拟创业，让学生了解创业的过程，以减少创业风险，提高创业成功率。学生通过组建创业团队，编写创业计划书，模拟创业流程，更重要的是培养了学生的创业精神，这也是高校开展创业教育的根本目标。

创业竞赛是培养创业型人才的重要方法。在形式上，以教师指导为主的实验形式转向以辅导、监控、考核的学生自主学习为主。在教学方法上，实验活动的教学形式强调学生主动、积极地参与，有助于调动学生的学习潜能与培养学生的学习和应用知识的能力，有助于发挥学习团队的作用与形成学习型组织，有助于提高教学效率与降低教学成本。竞赛实现传统手段与现代化手段相结合，手工手段与信息技术手段相结合，模拟仿真手段与实操手段相结合，形成一套丰富多彩、相互补充、相互完善的教学方法体系。

本节将对国内主要的互联网创业竞赛进行列举分析。

9.2.1 全国大学生创新创业训练计划

1. 项目介绍

根据《教育部、财政部关于"十二五"期间实施"高等学校本科教学质量与教学改革工程"的意见》(教高〔2011〕6号)和《教育部关于批准实施"十二五"期间"高等学校本科教学质量与教学改革工程"2012年建设项目的通知》(教高函〔2012〕2号)，教育部决定在"十二五"期间实施国家级大学生创新创业训练计划。

开展大学生创新创业训练计划，旨在促进高校转变教育思想观念、创新人才培养模式和教学方法，鼓励和支持大学生积极参与科学研究、技术开发和社会实践等创新创业活动，强化大学生创新创业能力训练，不断提高创新创业精神和实践能力。进一步健全项目建设管理体系，构建以国家级项目为龙头、省级项目为主体、校级项目为基础，结构完善、衔接紧密的国家、省、校(院)三级大创项目建设管理体系。

大学生创新创业训练计划内容包括创新训练项目、创业训练项目和创业实践项目三类。

创新训练项目是本科生个人或团队，在导师指导下，自主完成创新性研究项目设计、研究条件准备和项目实施、研究报告撰写、成果(学术)交流等工作。

创业训练项目是本科生团队，在指导教师指导下，团队中每个学生在项目实施过程中扮演一个或多个具体的角色，通过编制商业计划书，开展可行性研究、模拟企业运行、参加企业实践、撰写创业报告等工作。

创业实践项目是学生团队，在学校导师和企业导师共同的指导下，采用前期创新训练项目(或创新性实验)的成果，提出一项具有市场前景的创新性产品或服务，以此为基础开展创业实践活动。

2. 申报要求

(1) 创新训练项目的申请者需是本科生个人或团队；创业训练项目的申请者需是本科生团队；创业实践项目的申请者需是本科生团队。项目负责人毕业后可根据情况更换负责人，或是在能继续履行项目负责人责任的情况下，以大学生自主创业者的身份继续担任项目负责人。团队一般不超过 5 人，鼓励跨专业开展合作。

(2) 根据教育部的工作安排，学校启动计划项目申报工作。创新训练项目一般不超过 2 年，创业训练项目和创业实践项目一般不超过 3 年。创业实践项目结束时，要按照有关法律法规和政策妥善处理各项事务。

(3) 学生可在指导教师指导下开展自主选题立项，所立项目应具备明确的研究目标、可行的实验方案、合理的技术路线及必要的实验条件。

(4) 计划项目的指导教师，要求具备副高以上职称(含副高)或博士学位，鼓励高年级研究生担任项目的助理指导，鼓励企业家指导创业类项目。

(5) 计划项目的申请者须填写《国家大学生创新训练计划项目申请书》《国家大学生创业训练计划项目申请书》或《国家大学生创业实践计划项目申请书》，以及项目组成成员信息表，按时递交到所在院系。院系对学生所递交的申请书及职称材料进行评审，形成的评审办法及评审结果要向学生及时公开，并将相关材料提交至教务处。

(6) 教务处在院系或研究机构或研究基地评审的基础上，按择优资助的原则审定，对于跨学科、多领域的项目，在评审中将给予倾斜。审定结果公示后，予以正式立项，并报备教育部。

3. 时间节点

项目具体的申报时间以及流程节点，以当地省教育厅及相关高校教务处主管部门通知为准。以 2019 年为例，2019 年 3 月组织申报校级，2019 年 5 月申报省级、国家级，2019 年 11 月中期检查，2020 年 3 月结题(省级、国家级时长延长半年到一年)。

4. 赛事流程

大学生创业赛事流程，如图 9.23 所示。

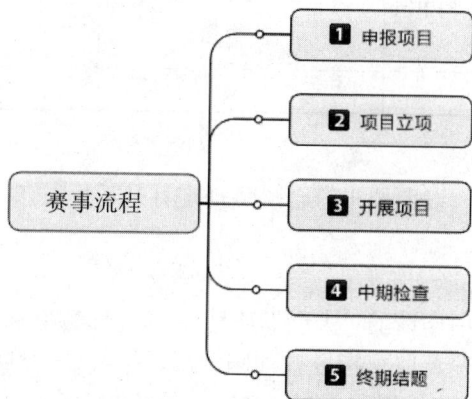

图9.23　大学生创业赛事流程图

5. 项目经费

国家级大学生创新创业训练计划由中央财政、地方财政共同支持，参与高校按照不低于1:1的比例，自筹经费配套。中央部委所属高校参与国家级大学生创新创业训练计划，由中央财政按照平均一个项目1万元的资助数额，予以经费支持。地方所属高校参加国家级大学生创新创业训练计划，由地方财政参照中央财政经费支持标准予以支持，如表9.3所示。各高校可根据申报项目的具体情况适当增减单个项目资助经费。对中央部委所属高校创业实践项目，每个项目经费不少于10万元，其中，中央财政经费应资助5万元左右。

表9.3 项目资助额度(仅供参考)

项目类别	国家级创新创业训练项目	省级创新创业训练项目	校级创新创业训练项目	国家级创业实践项目	省级创业实践项目	校级创业实践项目
资助额度	10 000 元	5000 元	3000 元	20 000 元	10 000 元	5000 元

1) 经费使用范围(见表9.4)

表9.4 项目经费支出范围(仅供参考)

序号	经费使用类别	经费使用要求	备注
1	项目样品测试费、试剂费、电子元器件等		提供清单
2	项目复印费、打印费及论文装订费等	不超过项目经费的25%	超过的需要说明
3	文具及其他易耗品		超过100元需清单，网上购物请附发货单
4	与创新项目有关的车费、差旅费	交通费不超20%；市内交通费不得超过 5% (公交车票不报销)	火车、汽车、出租车，住宿费，火车票限报硬座，寒暑假期间的车票不予报销(确实是调研的可以报销，但需要审核地点、时间)
5	项目所需图书资料费	不超过项目经费的20%	
6	发表论文版面费、专利申请费等		
7	参加会议的费用		除发票以外，需要会议邀请函等

2) 发票报销规定及要求

(1) 经费必须实报实销。发票要求符合财务规定且是正规发票。严禁虚开发票来套取项目经费，发现违规者严肃处理。

(2) 发票日期：报销日前一天为止。

(3) 经费的使用必须与所申请的"大创"项目相关，严禁购买固定资产类设备(如电脑、移动硬盘、手机等)，特殊情况要取得指导教师同意，报教务处批准。

(4) 开具发票不能连号(连号视同单张)，单张不超过 1500 元。

(5) 项目中期检查未通过者或已终止的项目不予报销。如有发现，学校将追回全额经费并严肃处理。

(6) 发票单位必须填写学校名称，否则一律不予报销。

(7) 所有项目中受学校资助购买的材料，所有权归学校。项目结束后，须将设计制作的实物、购买的图书等上交学校。

3) 复印费、打印费的报销

(1) 报销复印费、打印费必须附收款单位出具的盖有公章的复印清单和打印清单。

(2) 如果是打印复印费的定额发票，需在定额发票前附上并填写"费用报销支出凭证"，经办人处由本人及导师签名。

4) 差旅费的报销

(1) 报销火车票和长途汽车票需由本人及指导教师签名。

(2) 一次出差必须一次性报销完，不能分批零散报销。

(3) 乘坐火车的卧铺或飞机，只能报销硬座部分的金额，多余部分学生自己承担。

(4) 差旅费可以报销长途交通费、市内交通费、住宿费、保险费、会议注册费等。餐饮费不能报销。

(5) 报销会议费用，需附会议通知。

5) 文具、办公用品的报销

(1) 需报销的文具、办公用品发票必须详细填有单价、数量及总额或附收款单位出具的盖有公章的清单。

(2) 在超市及大卖场购物应以其电脑打印出来的明细发票作为报销凭证，换开的手工发票不予报销。

(3) 同一张发票上，不能同时有公用和私用的物品。若出现类似情况，二者均不予以报销。

6) 其他费用报销

样品测试费、试剂费，电子元器件等的报销(手工发票)。

9.2.2　全国大学生电子商务"创新、创意及创业"挑战赛

1. 赛事简介

根据教育部、财政部(教高函〔2010〕13 号)文件精神，全国大学生电子商务"创新、创意及创业"挑战赛(以下简称"三创赛")是激发大学生兴趣与潜能，培养大学生创新意识、创意思维、创业能力及团队协同实战精神的学科性竞赛。"三创赛"为高等学校落实教育部、财政部《关于实施高等学校本科教学质量与教学改革工程的意见》、开展创新教育和实践教学改革、加强产学研之间联系起到积极示范作用。

"三创赛"是由中华人民共和国教育部主管，教育部高等学校电子商务类专业教学指导委员会主办，"三创赛"竞赛组织委员会、全国决赛承办单位、分省选拔赛承办单位和参赛学校组织实施的全国性竞赛，竞赛分为校赛、省赛和全国总决赛三级赛事。

从 2009 年至 2017 年，"三创赛"总决赛在杭州、西安、成都、武汉等地举办，参赛团队从第一届的 1500 多支、第二届的 3800 多支，到第三届的 4900 多支、第四届的 6300 多支、第五届的 14 000 多支、第六届的 16 000 多支，以及第七届的 20 000 多支，影响力越来越强，规模越来越大。

"三创赛"多年来得到了从国家教育部、国家商务部到各省、直辖市、自治区教育厅(教委)和商务厅(局)等的大力支持；得到了全国越来越多企业的大力支持和赞助，例如成都国际商贸城、深圳市普惠在线互联网金融有限公司、西安新丝路国际电子商务产业园等分别对大赛总决赛进行冠名支持；同时得到了社会各界包括新闻媒体的大力支持，央视《朝闻天下》专门对第六届、第七届"三创赛"进行播报宣传。该赛事在全国高校和社会产生了巨大反响，极大地促进了大学生的就业和创业。

2. 参赛要求

1) 参赛队伍资格

(1) 参赛选手资格。参赛对象是国内经教育部批准设立的普通高等学校的在校大学生，参赛学生需经所在学校教务处等机构证明后方可参赛，具备参赛资格。高校教师既可以作为指导老师也可以作为参赛选手(队长或队员)组成师生混合队参赛，教师不能作为队员参加以学生为队长的学生参赛队(但可以作为学生参赛队的指导老师)。

(2) 参赛选手每人每年只能参加一个题目的竞赛，一个题目最多 5 个人参加，其中一位为队长，提倡合理分工，学科交叉，优势结合，可以跨校组队，以队长所在学校为该队报名学校。

(3) 教师指导资格。一个在校指导教师最多可以指导三个竞赛队，一个题目最多可以有两名教师和两名企业界导师指导。

2) 参赛队原始指导与补充指导

(1) 参赛团队的原始指导是由报名时队长填写的指导老师(可以由两个学校的指导老师和两个企业的指导老师组成)实施的指导，参赛团队第一指导老师原则上全程(校赛、省赛及国赛)指导该团队，团队成果价值基数定义为 100 个百分点。

(2) 校赛补充指导是由竞赛团队与竞组委直属教导团队(教师指导团队和企业家指导团队)双方协商认可的专家实施的补充指导，校赛补充指导定义为 10 个百分点的增值服务，使该团队成果总价值为 110 个百分点。

(3) 省赛补充指导是由竞赛团队与竞组委直属教导团队(教师指导团队和企业家指导团队)双方协商认可的专家实施的补充指导，补充指导定义为 20 个百分点的增值服务，使该团队成果总价值为 120 个百分点。

(4) 国赛补充指导是由竞赛团队与竞组委直属教导团队(教师指导团队和企业家指导团队)双方协商认可的专家实施的补充指导，补充指导定义为 30 个百分点的增值服务，使该团队成果总价值为 130 个百分点。

(5) 各级补充指导的成果价值的百分点数是参考性的，具体实施的百分点数由双方协议确定，三级补充指导成果价值百分点数应该累加，参赛团队成果价值可以高达 160 个百分点。

(6) 补充指导增值服务的百分点数用于客观定义增值服务的社会价值(共享)以及可能的经济价值(分享)。补充指导老师增值服务的价值在于提升竞赛作品的水平和竞赛竞争力，从而获得更高的社会价值，高级别的获奖荣誉是共享的，如果竞赛成果能够被转化获得一定的经济收益，应该按价值共创的比例分享。

3) 参赛资格

(1) 题目来源。大赛题目来源可以为国内外企业、行业出题以及学生自拟题目等，大赛提倡不拘一格选题参赛，鼓励创新思维、创意设计和创业实施。

(2) 原创性。所有参赛作品必须为参赛者未公开发表的原创作品,对于继承创新的作品,一定要有显著的内容创新,如涉及侵权参赛队则要自行承担相应的责任。

(3) 作品要求。参赛作品不能含有色情、暴力因素,不能与中华人民共和国法律相抵触。

参赛者所提交作品必须由参赛团队参与创作,参赛者应确认拥有其作品的著作权,竞赛委员会不承担包括(不限于)肖像权、名誉权、隐私权、著作权、商标权等纠纷而产生的法律责任,其法律责任由参赛者本人承担,全国"三创赛"竞赛组织委员会保留取消其参赛资格及追回奖项奖品的权利。

细则一旦发生变动,将会在官方网站上提示修改内容。若参赛者不接受修改条款,可以有权退出此次大赛。如果参赛者在公告发出 7 个工作日后仍未通知竞赛组织委员会放弃参赛,则视参赛者已接受所有变动内容。

凡提交作品参赛,即被视为接受本细则各项条款。竞赛组织委员会保留对此要求的最终解释权。

4) 参赛作品评分标准

参赛作品评分标准如表 9.5 所示。

表9.5　参赛作品评分标准

评分项目	评分说明	项目分值
实用性与创新能力	面向现实应用问题,具有解决问题的实用价值,体现出创新能力与元素,对目标企业有吸引力	15 分
产品与服务	对产品与服务的描述清晰,特色鲜明,有较显著的竞争优势或市场优势	15 分
市场分析	对产品或服务的市场容量、市场定位与竞争力等进行合理的分析,方法恰当、内容具体,对目标企业具有较强的说服力	15 分
营销策略	对营销策略、营销成本、产品与服务定价、营销渠道及其拓展、促销方式等进行深入分析,具有吸引力、可行性和一定的创新性	15 分
方案实现	通过功能设置、技术实现等,设计并实施具体解决方案,需求分析到位,解决方案设计合理	20 分
总体评价	背景及现状介绍清楚;团队结构合理,工作努力;商业目的明确、合理;公司市场定位准确;创意、创新、创业理念出色;对专家提问理解正确、回答流畅、内容准确可信	20 分

得分合计: 100 分

3. 时间节点

具体的申报时间以及流程节点,以当地省教育厅及相关高校教务处主管部门通知为准,以下以 2018 年为例。

比赛报名时间为 2018 年 4 月 15 日之前,所有参赛队伍必须首先在大赛官方网站进行注册报名,确保团队成员当年仅参加 1 个团队,指导教师指导团队数不超过 3 个。

校赛:由评委老师对参赛团队方案进行网络初审,选拔优秀团队进入现场答辩。采用答辩形式,每个队伍的时间为 10 分钟左右(含问答环节)。

省赛：通过初审和答辩终审确定各层次奖项与国赛入围名单。初审不设现场答辩，终审要进行现场答辩；作品只提交一次，提交后不得更改。

报名注册：2017 年 12 月 1 日—2018 年 3 月 31 日，所有地区的参赛团队须在规定时间内进行报名注册，并按要求上传相关信息。

校级选拔赛：2018 年 4 月 1 日—2018 年 4 月 30 日，由各高校在规定时间内进行组织。

省级选拔赛：2018 年 5 月 1 日—2018 年 6 月 15 日，由各省(市、自治区)省级赛承办单位在规定时间内进行组织。

全国总决赛：2018 年 7 月 27 日—2018 年 7 月 29 日。

4. 赛事细则

1) 校级选拔赛

(1) "三创赛"参赛学校应在大赛报名期内组建好校内竞赛项目工作组，争取社会(企业、政府等)的支持，对本校参赛队和指导教师给予尽可能的指导、支持和帮助(通过鼓励政策、保障措施等激励学生和教师参赛)。

(2) 各高校校赛负责人须在团队报名截止日期之前，在官网进行学校注册。注册时须在官网提交《校级选拔赛备案申请书》(加盖校级公章)。审核通过后，学校可以对本校参赛团队进行管理和审核，对报名信息无误的团队给予审核通过，审核工作应在校级赛参赛队审核阶段内完成。

(3) 参赛学校须将校内竞赛计划书(模板可在官网下载)在团队注册报名截止日期之前上传至大赛官网。

(4) 参赛学校可以向大赛秘书处提出指导老师及专家评委的需求，参赛学校可以直接与官网公布的指导老师和专家对接，尽量发挥两类导师指导团的指导作用，促进竞赛与实践的紧密结合和知识技术水平的提高。

(5) 参赛学校须按照校赛计划书，在校级选拔赛截止日期前，参照官网上竞赛规则和评分表进行校内竞赛。

(6) 参赛学校须在校内竞赛结束后 5 个工作日内将所有参赛团队竞赛成绩和名次录入官网。

2) 省级选拔赛

(1) "三创赛"省级选拔赛承办单位应在大赛报名期内组建好省级选拔赛竞赛组织委员会，争取社会(企业、政府等)的支持，对本省参赛学校给予尽可能的指导、支持和帮助(通过鼓励政策、保障措施等激励本省学生和教师参赛)。

(2) 省级选拔赛承办单位须在官网上注册申请第八届"三创赛"省赛承办资格，并填写《省级选拔赛承办申请书》(加盖校级公章)。通过审核后，大赛秘书处将在官网上公示该省级选拔赛承办单位授权书。

(3) 省级选拔赛竞赛组织委员会必须将《省级选拔赛计划书》(见官网附件下载)在竞赛开始的至少15天前通过官网上报"三创赛"竞赛组织委员会秘书处备案、备查，如不按照此规定执行，竞组委不承认该省的选拔赛有效。

(4) 省级选拔赛在竞赛时，必须以"第八届全国大学生电子商务'创新、创意及创业'挑战赛××省选拔赛"的形式对外进行宣传；若有冠名单位，必须以"第八届全国大学生电子商务'创新、创意及创业'挑战赛××省选拔赛××杯"的形式对外进行宣传，如不按照此规定执行，竞组委不承认该省的选拔赛有效。

(5) 省级赛可以向大赛秘书处提出指导老师及专家评委的需求，省级赛可以直接与官网公布的指导老师和专家对接，尽量发挥两类导师指导团的指导作用，促进竞赛与实践的紧密结合和知识技术水平的提高。

(6) 省级选拔赛竞赛组织委员会必须接受大赛组委会委派的两名省外专家作为该省级赛的纪检组和仲裁组成员，在《省级选拔赛计划书》中注明，并提交大赛秘书处备案，若不按此规定执行，该省级选拔赛无效。

(7) 进入省赛的参赛团队数是以该省各高校的校级比赛中获得综合三等奖以上的团队数为基数，选拔进入省赛；每个学校参加"三创赛"省级选拔赛的参赛队伍不得超过 15 个。

(8) 省级选拔赛竞赛组织委员会需在计划时间里，参照官网上竞赛规则和评分表，进行省级选拔赛(评审时本校专家必须回避本校参赛队)，可以选择开放式竞赛或封闭式竞赛。

(9) 省级选拔赛竞赛组织委员会必须在省级选拔赛结束后 5 个工作日内将省赛现场赛所有参赛团队竞赛成绩和名次录入至官网。

(10) 省级选拔赛竞赛组织委员会在省级选拔赛结束后 5 个工作日内给出本省赛工作总结，包括参加省级赛现场赛的团队数量、现场赛学校、参赛团队获奖情况及排名等。

3) 全国总决赛

(1) "三创赛"全国总决赛承办单位应在大赛报名期内在大赛竞组委的指导下组建好全国总决赛竞赛组织委员会，争取社会(企业、政府等)的支持，通过鼓励政策、保障措施等激励全国各省学生和教师参赛。

(2) 全国总决赛竞赛组织委员会应在竞赛开始的至少 45 天前将全国总决赛计划书(组织机构、评审专家组、竞赛方式、日期和地点等)上报大赛竞组委秘书处审查通过、备案、备查。

(3) 参加全国总决赛的基数以各省级选拔赛现场赛团队数和校赛获得综合三等奖以上的团队数为基数；每个学校参加"三创赛"全国总决赛的参赛队伍不得超过 5 个。

(4) "三创赛"全国总决赛竞赛组织委员会在计划时间里，参照官网上竞赛规则和评分表，组织进行全国总决赛(评审时本校专家必须回避本校参赛队)，采取封闭式或开放式竞赛。

(5) "三创赛"全国决赛竞赛组织委员须在全国总决赛结束后 5 个工作日内将竞赛成绩(竞赛名次等情况，电子表及盖组织单位章扫描件)及作品上报大赛竞组委秘书处审查通过、备案、备查，并在官网上公示。

(6) 教育部全国高校电子商务类教学指导委员会将在 2018 年 8 月全国决赛公示完成后向全国总决赛获奖队伍发放证书(电子版)，并在官网上予以确认。

4) 奖项设置等级和单项奖

根据校赛、省级赛、全国总决赛竞赛的具体情况可以分为两类(学生队和师生队)设置奖项。

(1) 校赛、省级选拔赛获奖：评选出校赛、省级选拔赛的特、一、二、三等奖若干名，获奖队名额原则上要求特等奖不超过参赛队数的 5%(可空缺)，一等奖不超过参赛队数的 10%，二等奖不超过参赛队数的 20%，三等奖不超过参赛队数的 30%。还可以设置单项奖(最佳创新奖、最佳创意奖、最佳创业奖等)。

(2) 总决赛获奖(全国总决赛控制参赛队为 150 个左右)：评选出全国总决赛的特、一、二、三等奖若干名，获奖队名额原则上要求特等奖不超过参赛队数的 10%(可空缺)，一等奖不超过参赛队数的 15%，二等奖不超过参赛队数的 25%，三等奖不超过参赛队数的 40%。大赛另设单项奖,如最佳创新奖、最佳创意奖、最佳创业奖等;对于按主题竞赛的部分,可以考虑按主题分类设奖。在特等奖的基础上还可以评选出前三名,作为特别资助对象,鼓励其创业。

9.2.3 中国"互联网+"大学生创新创业大赛

1. 赛事简介

为贯彻落实《国务院办公厅关于深化高等学校创新创业教育改革的实施意见》(国办发〔2015〕36 号),进一步激发高校学生创新创业热情,展示高校创新创业教育成果,搭建大学生创新创业项目与社会投资对接平台,教育部等部委联合举办中国"互联网+"大学生创新创业大赛。中国"互联网+"大学生创新创业大赛旨在深化高等教育综合改革,激发大学生的创造力,培养造就"大众创业、万众创新"的生力军;推动赛事成果转化和产学研用紧密结合,促进"互联网+"新业态形成,服务经济提质增效升级;以创新引领创业、创业带动就业,推动高校毕业生高质量创业就业,重在把大赛作为深化创新创业教育改革的重要抓手,引导各地各高校主动服务创新驱动发展战略,积极开展教学改革探索,把创新创业教育融入人才培养,切实提高高校学生的创新精神、创业意识和创新创业能力。

2. 参赛项目要求

参赛项目能够将移动互联网、云计算、大数据、人工智能、物联网等新一代信息技术与经济社会各领域紧密结合,培育新产品、新服务、新业态、新模式;发挥互联网在促进产业升级以及信息化和工业化深度融合中的作用,促进制造业、农业、能源、环保等产业转型升级;发挥互联网在社会服务中的作用,创新网络化服务模式,促进互联网与教育、医疗、交通、金融、消费生活等深度融合。参赛项目主要包括以下类型。

(1) "互联网+"现代农业,包括农林牧渔等。

(2) "互联网+"制造业,包括智能硬件、先进制造、工业自动化、生物医药、节能环保、新材料、军工等。

(3) "互联网+"信息技术服务,包括人工智能技术、物联网技术、网络空间安全技术、大数据、云计算、工具软件、社交网络、媒体门户、企业服务等。

(4) "互联网+"文化创意服务,包括广播影视、设计服务、文化艺术、旅游休闲、艺术品交易、广告会展、动漫娱乐、体育竞技等。

(5) "互联网+"社会服务,包括电子商务、消费生活、金融、财经法务、房产家居、高效物流、教育培训、医疗健康、交通、人力资源服务等。

(6) "互联网+"公益创业,以社会价值为导向的非营利性创业。

参赛项目不只限于"互联网+"项目,鼓励各类创新创业项目参赛,根据行业背景选择相应类型。以上各类项目可自主选择参加"青年红色筑梦之旅"活动。

参赛项目须真实、健康、合法,无任何不良信息,项目立意应弘扬正能量,践行社会主义核心价值观。参赛项目不得侵犯他人知识产权;所涉及的发明创造、专利技术、资源等必须拥有清晰合法的知识产权或物权;抄袭、盗用、提供虚假材料或违反相关法律法规一经发现即刻丧失参赛相关权利并自负一切法律责任。

参赛项目涉及他人知识产权的，报名时需提交完整的具有法律效力的所有人书面授权许可证书、专利证书等；已完成工商登记注册的创业项目，报名时需提交单位概况、法定代表人情况、股权结构、组织机构代码复印件等。参赛项目可提供当前财务数据、已获投资情况、带动就业情况等相关证明材料。

3. 参赛对象

根据参赛项目所处的创业阶段、已获投资情况和项目特点，大赛分为创意组、初创组、成长组、就业型创业组。以 2018 年第四届中国"互联网+"大学生创新创业大赛为例，具体参赛条件如下。

(1) 创意组。参赛项目具有较好的创意和较为成型的产品原型或服务模式，在 2018 年 5 月 31 日(以下时间均包含当日)前尚未完成工商登记注册。参赛申报人须为团队负责人，须为普通高等学校在校生(可为本专科生、研究生，不含在职生)。

(2) 初创组。参赛项目工商登记注册未满 3 年(2015 年 3 月 1 日后注册)，且获机构或个人股权投资不超过 1 轮次。参赛申报人须为初创企业法人代表，须为普通高等学校在校生(可为本专科生、研究生，不含在职生)，或毕业 5 年以内的毕业生(2013 年之后毕业的本专科生、研究生，不含在职生)。企业法人在大赛通知发布之日后进行变更的不予认可。

(3) 成长组。参赛项目工商登记注册 3 年以上(2015 年 3 月 1 日前注册)；或工商登记注册未满 3 年(2015 年 3 月 1 日后注册)，且获机构或个人股权投资 2 轮次以上(含 2 轮次)。参赛申报人须为企业法人代表，须为普通高等学校在校生(可为本专科生、研究生，不含在职生)，或毕业 5 年以内的毕业生(2013 年之后毕业的本专科生、研究生，不含在职生)。企业法人在大赛通知发布之日后进行变更的不予认可。

(4) 就业型创业组。参赛项目能有效提升大学生就业数量与就业质量，主要面向高职高专院校的创新创业项目(高职高专院校也可申报其他符合条件的组别)，其他高校也可申报本组。若参赛项目在 2018 年 5 月 31 日前尚未完成工商登记注册，参赛申报人须为团队负责人，须为普通高等学校在校生(可为本专科生、研究生，不含在职生)。若参赛项目在 2018 年 5 月 31 日前已完成工商登记注册，参赛申报人须为企业法人代表，须为普通高等学校在校生(可为本专科生、研究生，不含在职生)，或毕业 5 年以内的毕业生(2013 年之后毕业的本专科生、研究生，不含在职生)。企业法人在大赛通知发布之日后进行变更的不予认可。

以团队为单位报名参赛。允许跨校组建团队，每个团队的参赛成员不少于 3 人，须为项目的实际成员。参赛团队所报参赛创业项目，须为本团队策划或经营的项目，不可借用他人项目参赛。已获往届中国"互联网+"大学生创新创业大赛全国总决赛金奖和银奖的项目，不再报名参赛。

4. 比赛赛制

大赛采用校级初赛、省级复赛、全国总决赛三级赛制。校级初赛由各高校负责组织，省级复赛由各省(区、市)负责组织，全国总决赛由各省(区、市)按照大赛组委会确定的配额择优遴选推荐项目。大赛组委会将综合考虑各省(区、市)报名团队数、参赛高校数和创新创业教育工作情况等因素分配全国总决赛名额。每所高校入选全国总决赛团队总数不超过 4 个。

全国共产生 600 个项目入围全国总决赛主赛道，通过网上评审，产生 150 个项目进入全国总决赛现场比赛。港澳台地区参赛名额单列,通过网上评审,产生 20 个项目进入总决赛现场比赛。全国共产生 200 个项目入围全国总决赛"青年红色筑梦之旅"赛道,通过网上评审,产生 40 个项目进入全国总决赛现场比赛。国际赛道产生 30～60 个项目进入全国总决赛现场比赛。

5. 赛程安排

(1) 参赛报名(3—5 月)。参赛团队可通过登录"全国大学生创业服务网"或微信公众号(名称为"全国大学生创业服务网"或"中国'互联网+'大学生创新创业大赛")任一方式进行报名。报名系统开放时间为 2018 年 3 月 28 日,截止时间由各省(区、市)根据复赛安排自行决定,但不得晚于 8 月 31 日。

(2) 初赛复赛(6—9 月)。各省(区、市)各高校登录 cy.ncss.cn/gl/login 进行报名信息的查看和管理。省级管理用户使用大赛组委会统一分配的账号进行登录,校级账号由各省级管理用户进行管理。初赛复赛的比赛环节、评审方式等由各高校、各省(区、市)自行决定。各省(区、市)在 9 月 15 日前完成省级复赛,遴选参加全国总决赛的候选项目(推荐项目应有名次排序,供全国总决赛参考)。

(3) 全国总决赛(10 月中下旬)。大赛评审委员会对入围全国总决赛项目进行网上评审,择优选拔项目进行现场比赛,决出金、银、铜奖。

大赛组委会将通过"全国大学生创业服务网"为参赛团队提供项目展示、创业指导、投资对接等服务。各项目团队可以登录"全国大学生创业服务网"查看相关信息。各省(区、市)可以利用网站提供的资源,为参赛团队做好服务。

复习与思考

通过案例学习,请总结创业项目选题的关键点是什么?

上机与实训

组建一个创业项目团队,人数不限,可跨专业组合。

1. 给创业团队起名,设计团队的标志。
2. 寻找创业项目,叙述寻找创业项目的目的、原则和过程。
3. 制定创业项目的实施方案,撰写项目实施计划书(不少于 8000 字)。

第10章

大学生校园创新创业案例分析

学习背景

为了更好地实现创业型人才培养，越来越多的创业竞赛已经和学科建设紧密结合，借助于软件，例如金蝶全国大学生创业计划竞赛。同时，越来越多的学校将创业计划竞赛纳入学校实验项目，作为课程的一部分，不断丰富竞赛内容。通过教学、创业计划书编写、模拟创业流程等手段，更好地推动创业竞赛的开展，使创业竞赛达到更好的效果。通过竞赛活动，促使学生进行专业知识与相关知识的整合，将零散的知识转变为相互贯通的系统的知识；同时引导学生将学过的知识转化为自身的能力与素质，真正实现理论与实践的结合。本章分析了三个不同类型的大学生网络创业实践项目，可为读者提供一些创业实践和创业训练的借鉴经验。

学习目的

1. 借鉴优秀大学生创业项目经验。
2. 了解创业项目实施过程中的关键点。
3. 从优秀项目中得到启发，完善自身方案。
4. 掌握商业策划书的信息关键点。

10.1 "零点"农产品众筹平台

【项目团队】

团队成员：刘智宇、后东玥、张旭、魏孟帆

指导教师：梁林蒙

【项目概述】

摘要： "零点"众筹项目创新地将 F2F 农业众筹模式与"一村一品一特色"的发展路线相

结合，为农业企业和农业合作社提供农产品众筹解决方案，以及农产品网络推广服务。项目于2016 年 4 月成功组织了"礼泉苹果爱心众筹"活动，并先后与秦农庄园、咸阳富源果蔬合作社达成合作关系。项目为 2016 年国家级"大创"项目，先后获得国家级二等奖 2 项，省级特等奖1 项、一等奖 1 项、铜奖 1 项，西北赛区最佳创意奖 1 项、最佳创业奖 1 项，校级一等奖 1 项。

关键词：农业电商 互联网金融 商业模式

10.1.1 项目实施的目的、意义

1. 项目简介

"零点"众筹是一家特色农产品众筹服务平台，依托于互联网众筹平台，直接实现生产者与消费者的双向互动，从而减少了农产品流通过程中不必要的成本，也为处于初创阶段的农业企业和农业合作社提供了一种新型融资方式。项目以为用户提供最健康安全的食品作为使命，始终坚持着"健康、乐活"的原则，以"F2F(farm to family)"为核心思想的农业众筹模式，再结合"一村一品一特色"的发展路线，在解决生产者销售渠道问题的同时，让用户以最高的性价比享受最优质的绿色农产品。同时项目积极响应国家精准扶贫的政策，创办公益扶贫模块"零点公益"，聚拢社会爱心人士，为全面小康建设贡献力所能及的力量。

2. 项目实施目的

(1) 优化传统农业产销模式。我国农业存在的一个普遍现象是：农民的生产往往受制于收购商。表现为农民的生产依赖于收购商，而并非消费者偏好的产品，甚至为适应收购商对低价的要求，故意降低产品的质量或是掺假。对生产者来说，农业众筹让生产者在选择农作物和定价上有了更多的话语权，中间环节的减少使其逐级成本降低，利润增多；对消费者而言，直接从农户处获得新鲜农产品既保证了食品安全，又减少了来自经销商、超市的附加开支。简言之，无论从生产者还是消费者的角度，农业众筹都顺应了发展新型农业和倡导回归自然的趋势，是一种历史必然。项目实施为农业生产与农产品营销新发展提供借鉴意义。

(2) 锻炼自身实践能力。通过项目的研究与实践活动的开展，能够使大学生自身能力得到锻炼和提升，提高其自主创业的能力，为以后的创新创业打下基础，更能够形成带动效应，使更多在校大学生积极地投身于电子商务，投身于自主创业，投身于服务社会的潮流当中，积极争当热爱知识、渴望创新、敢于担当的合格大学生。

3. 项目实施意义

(1) 实现供求互动。农业众筹平台提供给生产者及消费者一个面对面交流的机会，让传统的买卖双方转变为合作方，更有可能实现双赢。对生产者来说，农业众筹让生产者在选择农作物和定价上有了更多的话语权，中间环节的减少使其逐级降低成本，利润增多。此外，通过与消费者的直接互动，能了解到消费者的偏好，从而保证了销路，减少库存和损耗。从消费者处获得的信息反馈也将为下一步生产和服务的改进提供依据。随着我国居民生活水平的提高，人们对环境质量和绿色天然的要求与日俱增，"私人定制"也从各个领域走进千家万户。就消费者而言，直接从农户处获得新鲜农产品既保证了食品安全，又减少了来自经销商、超市的附加

开支。农业众筹模式呈现在消费者面前的是透明化的农产品生产，能够在消费端和生产方之间建立起一种信任连接。

(2) 解决资金问题。农业发展最大的阻碍是资金筹集难问题。资金链是农业发展的命脉，农业的每一个环节都不可缺少资金的支持。尽管政府部门一直扶持农业发展，但财政资金对农业的投入也主要限于公共品和准公共品，农业相较其他产业存在不稳定性和较低回报率，使得工商资本进入农业领域的热情度不高。而条件苛刻、审批复杂的银行贷款也令中小型农场望而却步。零点众筹通过平台向广大民众筹集预订资金，这种类似于农产品预售的农业发展模式，能够为中小型农业企业或农场、农业合作社等提供资金需求，在一定程度上解决了生产者的资金问题。

(3) 缩短农业流通链。传统的农产品流通模式较为复杂，从生产者到消费者，其间要经过产地批发商、销地批发商、零售商等中间环节，这不仅增加了流通成本，还降低了流通效率，且运输的时滞性使农产品抵达消费者手中时的质量难以保证。目前我国农业众筹基本采用以实物和服务回报的消费型模式，类似于更为流行的"生鲜预售"。零点众筹的核心理念是 F2F(Farm to Family)，以基地直销的模式，实现消费者与生产者之间的零距离。"零点"众筹上的项目前期以西安市为中心向周围辐射，短途运输大都由农场主自行配送，而远距离运输将在农场和家庭之间加入冷链物流这一环节。我国冷链物流尚处于初级发展阶段，顺丰优选、京东等电商纷纷在该领域里崭露头角，而我国"十三五"冷链物流产业发展规划的制定也将为这一环节的完善提供保障。

(4) 降低农业风险。"零点"众筹是以成本、利润预估定价，实行农产品预售和个性化定制，即根据销量规划生产，提前锁定市场，实现生产消费双方信息对称，供求关系稳定，大大降低农产品库存风险，增强了农产品生产者对农业不确定性、滞后性的抵抗力；另一方面，农业众筹的直销模式，要求农产品直达消费端，流通时间短、速度快、效率高，减少农产品特别是不易保存的水果、生鲜类等农产品在转卖过程中的损耗，减少运输风险。

10.1.2　项目研究内容和拟解决的关键问题

1. 项目实施内容

零点农产品众筹项目围绕 F2F 的农业众筹模式，通过"一村一品一特色"的发展路线，研究在众筹模式下，农业发展的新思路，主要包含以下研究内容。

(1) 基于 F2F 的农业众筹模式研究。目前我国农业众筹基本采用以实物和服务回报的消费型模式，类似于更为流行的"生鲜预售"。零点众筹的核心理念是 F2F(farm to family)，即从家庭到农场，以众筹的方式建立城市周边农场与城市居民之间的桥梁和纽带，消除诸多中间环节，保证了农产品的销路，满足了居民对绿色产品的需求，使其在新鲜农产品上的开销大大减少。

(2) 基于"一村一品一特色"的发展路线研究。立足于当下农村家庭承包经营制度和稳定土地关系基础，自然环境、人力资源、农业设施装备水平和现有产业基础等现状，零点众筹提出了"一村一品一特色"的发展路线。以整村推进的方式，着力解决千家万户小规模经营与千变万化大市场之间的矛盾，激发农民生产的积极性和创造性。坚持因地制宜、因势利导，根据当地的气候特点、地理位置、产业基础和经济发展水平，找准发展"一村一品一特色"的切入点，培育有市场前景、有区域特色的农产品，在推广自身项目的同时也为农民增收助力。

2. 项目拟解决的关键问题

(1) 如何提高零点众筹平台的市场认可度问题？

农业众筹平台是以聚拢客户(投资兼消费者)与项目发起人(生产者、农场)为目标，发展农场到城市直接对接的农产品供应链。我国农业众筹仍旧定位在满足"小众高端"市场需求，例如一些家庭对于稀有农产品、有机农产品的高端定制，以及追求创意农业附加值的文艺小众需求。如何让广大消费者接受并信任农业众筹模式，扩大普及面，提升参与度，是摆在所有农业众筹平台面前的首要问题。

(2) 如何通过零点众筹平台降低农业运营成本问题？

F2F 直供模式虽然在一定程度上控制了产品流转价格，但事实上农业众筹从农产品田间种植管理直至输送到客户端，涉及农业、仓储、物流等方方面面，运营问题繁杂，成本居高不下，导致最终并不能真正实现低价。在运营过程中，农产品种类繁多，不同地区的季节、气候对其影响不一，导致管理团队不能够跨品种、跨地区复制；仓储问题一直是农业众筹的一项重大支出，但农产品大多不耐存储，且不同产品对于储存环境的要求不尽相同，往往造成投资大但利用率不足；农产品众筹运输环节所必备的冷链物流在国内方兴未艾，但供应商多为个体经营，规模小，运输成本高且效率难以保障。

(3) 如何通过零点众筹平台保障产品安全问题？

推动农业众筹发展的重要原因是当前的食品安全问题，人们希望能够食用自己直接或间接操控生产的安全农产品。农业众筹迎合了这种消费心理，农产品的安全与绿色也是其项目宣传的主要内容。消费者对农业众筹项目的期望，大部分寄托在农产品安全上。一旦出现产品质量问题，就会使整个农业众筹项目和平台的信用丧失，影响农业众筹的推广。

(4) 如何通过零点众筹平台减少农业在金融、信用等方面的风险问题？

农业众筹不论采用何种形式，基本是以投资者兼消费者预先支付资金为运作前提。农业众筹平台虽然会采取某些措施以保障投资者利益免受损害，但实际效果仍然有限。故而在农业众筹的整个链条中，投资者兼消费者所面临的风险是项目方由于项目运作失败而带来的金融风险和信用风险。

10.1.3　项目研究与实施的基础条件

1. 项目来源

项目源自教师科研项目。2014 陕西省教育厅项目(已结项)，"基于新型城镇化的陕西省乡镇农产品市场网络化发展对策研究"，课题号：14JK2155。项目前期已经有一定的理论及数据基础。项目团队曾以"农产品生鲜电子商务"参加竞赛，并在 2015 年"挑战杯"大学生课外学术科技作品竞赛中获得省级三等奖，第五届全国大学生电子商务"创新、创意及创业"挑战赛国家级三等奖。

2. 项目团队

项目开展之初，成立了一支结构合理、分工明确的大学生创业团队，如表 10.1 所示。

表10.1　团队分工及团队人员优势

姓名	分工	优势及特长
刘智宇	技术开发 产品设计	掌握基于 PHP+MySQL 的建站及二次开发技术；了解 SEO 搜索引擎优化技术；熟练操作 After Effects、Photoshop、Dreamweaver 等视频、图片处理以及网页设计软件
后东玥	运营策划 营销管理	清晰的逻辑思维与思考能力，善于利用 MindManger 思维导图软件并结合市场调研信息，构建一套符合市场需求的项目售前、售中、售后体系，保证项目有效、健康地运行；优秀的写作与总结能力，熟练掌握 Word、Excel、PowerPoint 等办公软件，文思敏捷，擅长写作与总结
张旭	财务核算 风险把控	具有良好的会计专业知识，掌握 Excel、Microsoft SQL Server 2008 数据库管理软件；整理、分析、控制能力较强，对团队资金进行统筹配合，帮助团队设立指导方针来制订运营和财务计划
魏孟帆	市场调研 售后营销	市场敏锐度高，调查分析能力强；具备良好的人际关系沟通能力，能够洞悉顾客心理；拥有责任和爱心，认真对待每一位顾客；情绪控制与调节能力强

10.1.4　项目简介

1. 项目目标

项目自主搭建互联网众筹平台，致力于直接实现生产者与消费者的双向互动，以减少农产品流通过程中不必要的成本，通过社群的影响力以及透明机制建立消费者与生产者之间的信任，在解决生产者销售渠道问题的同时，让用户以最高的性价比享受最优质的绿色农产品，项目机制如图 10.1 所示。

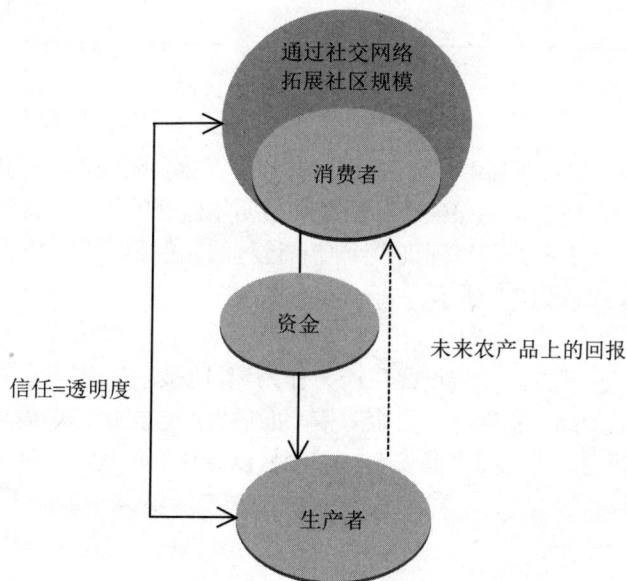

图10.1　项目机制

2. 项目定位

1) 商业模式

"零点"农产品众筹平台以为用户提供最健康安全的食品作为使命,始终坚持着"健康、乐活"的原则,主打 F2F 为核心思想的农业众筹模式和"一村一品一特色"的发展路线。通过消费者的"愿望清单",锁定需求,将销售前置,以销量驱动产量,从而实现农业领域的产业链条重组,让传统的买卖双方转变为合作方,实现双赢。

2) 盈利模式

(1) 佣金盈利。平台为项目提供增值服务,其功能主要体现在项目审核、平台搭建、营销推广、产品包装、渠道搭建等。在项目推出前,众筹平台要确保项目的完整性、可执行性,确保没有违反项目的准则,之后众筹平台对每个项目会设定一个筹款目标,如果没有达到目标,则众筹失败,钱款会重新打回投资人账户。佣金盈利模式如图 10.2 所示。

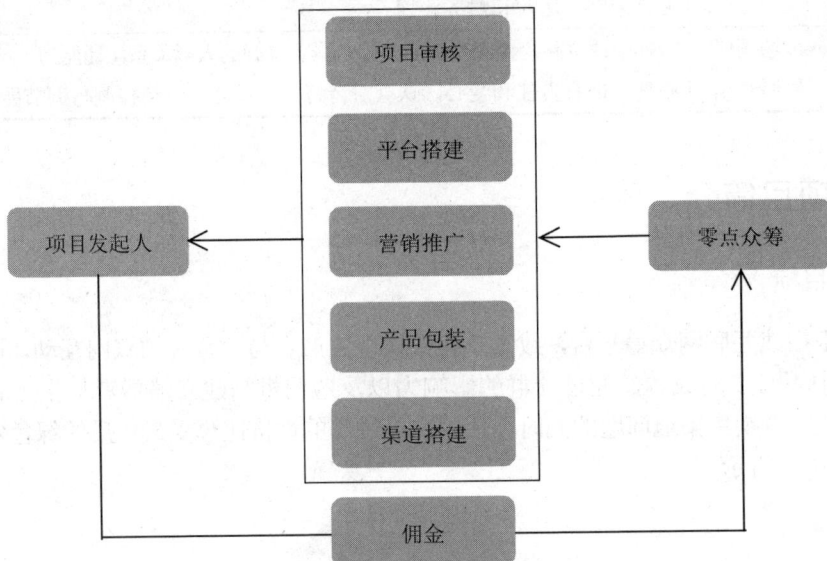

图10.2 佣金盈利模式

(2) 资金沉淀盈利。零点众筹主打消费型众筹,以"预购+团购"的模式,在农产品培育成熟前,提前融得消费订单资金,为保证产品质量和透明化监督的作用,待消费者获得农产品回报后,再将资金打入生产者账户,以保证整个交易过程的完整和顺利。资金沉淀盈利就体现在农产品培育种植期间,如图 10.3 所示。

3) 运作流程

零点众筹的业务运作模式是以农产品生产方作为项目发起方,零点众筹为消费者提供平台用以预订某种价格的农产品,实现项目资金筹措,而后生产方根据订单需求进行种植,按约将成熟农产品配送至消费者。为保障食品安全,平台将以监督的形式,让种植过程透明化,项目运作流程如图 10.4 所示。

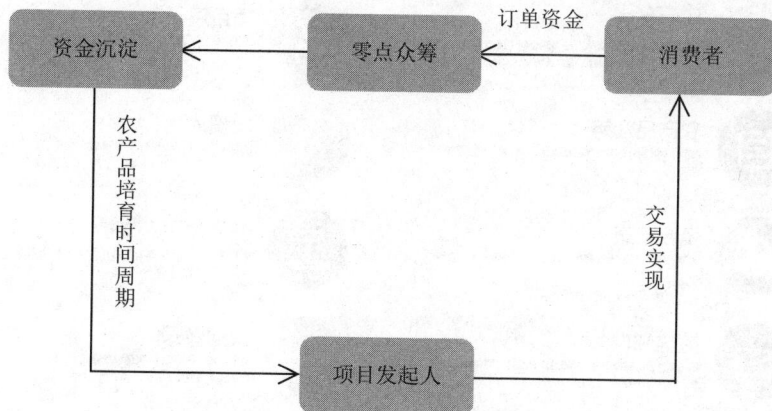

图10.3 资金沉淀盈利

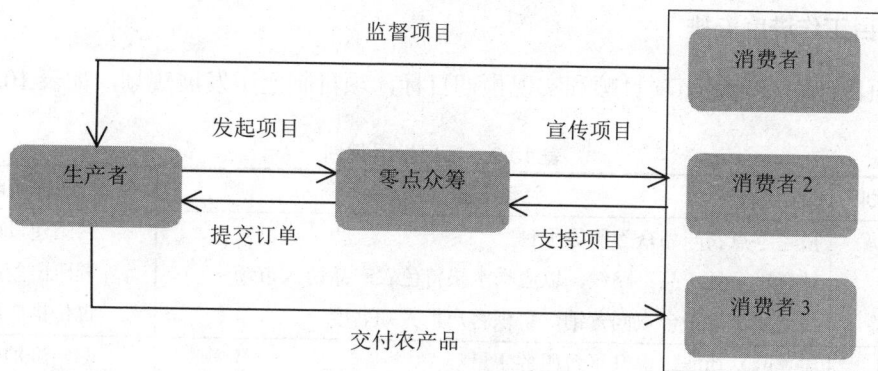

图10.4 项目运作流程

3. 技术路线

(1) 项目技术水平。本项目以独立商城+微信商城+App 客户端技术架构实现平台的搭建，其中独立商城采用 PHP+MySQL 的形式进行搭建，采用时下最新的 kickstarter 系统，系统前端采用 HTML 伪静态的形式，对网站进行了加速处理，提高了用户体验，同时对接了国内主流的支付方式。

(2) 产品模式的创新性。本项目在模式上做了较多创新，如图 10.5 和图 10.6 所示。

图10.5 产品模式创新

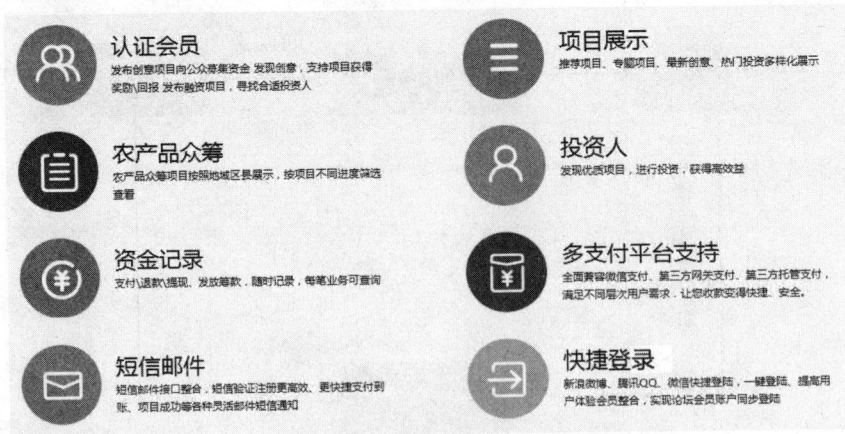

认证会员
发布创意项目向公众募集资金 发现创意，支持项目获得奖励\回报 发布融资项目，寻找合适投资人

农产品众筹
农产品众筹项目按照地域区县展示，按项目不同进度筛选查看

资金记录
支付退款提现、发放筹款，随时记录，每笔业务可查询

短信邮件
短信邮件接口整合，短信验证注册更高效，更快捷支付到账、项目成功等各种灵活邮件短信通知

项目展示
推荐项目、专题项目、最新创意、热门投资多样化展示

投资人
发现优质项目，进行投资，获得高效益

多支付平台支持
全面兼容微信支付、第三方网关支付、第三方托管支付，满足不同层次用户需求，让您收款变得快捷、安全。

快捷登录
新浪微博、腾讯QQ、微信快捷登陆，一键登陆，提高用户体验会员整合，实现论坛会员账户同步登陆

图10.6　产品特色功能

4. 项目工作进度安排

(1) 项目计划。为保障项目顺利实现预期目标，项目制定了发展规划，如表 10.2 所示。

表 10.2　项目发展规划

时间规划	活动安排	成本范畴
前期	搭建零点农产品众筹服务平台 结合"一县一品"路线，以应季水果特色农产品切入市场 线上线下多平台双向营销，累积客户扩大知名度	网站建设成本 调研出差成本 宣传推广成本
中期	完善网站功能，提升平台服务质量 扩充农产品种类，满足更多消费需求 创新营销，稳定老客户、吸引新客户 招募团队成员，完善组织结构	网站维护成本 市场营销成本 成员招募成本 预留风险成本
后期	项目整体完善，持续稳定盈利 零点公益服务做大做强	后期建设成本 预留风险成本

(2) 项目控制。项目通过进度报告汇报、利益相关者反馈和项目计划调整的方式，进行项目风险、成本等多方面的把控并制定应急方案对项目进行跟进完善，表 10.3 为项目控制规划。

表 10.3　项目控制规划

项目控制方法	具体控制办法
进度报告	采用周汇报原则进行集体意见发表 提出弥补办法管理项目进度
利益相关者反馈	多渠道收集利益相关者诉求 对反馈信息进行交流分析 针对项目范围进行修改落实
项目计划调整	定期交流、适当调整 制定项目应急方案

5. 营销策略

(1) 线上营销。零点众筹主打网站建设营销和微营销。零点农产品众筹平台，寓意是打造农产品和消费者之间实现零距离。项目是主打特色农产品众筹服务平台，网站以为农业从业者和消费者提供一站式解决方案为主，以公益扶贫为辅，共同构成项目两大业务板块；微营销中以软件营销与平台营销为主，通过搭建微信公众平台，利用平台提供的海量模板、个性化功能菜单、上百种营销推广活动，以及一站式客户管理系统，多种方式、多角度进行营销。后期在保证运转资金的情况下，拓展微营销的硬件营销，包括 WiFi 吸粉路由器、微拍照片打印机等，从更多渠道进行项目运营，如图 10.7 为网站首页。

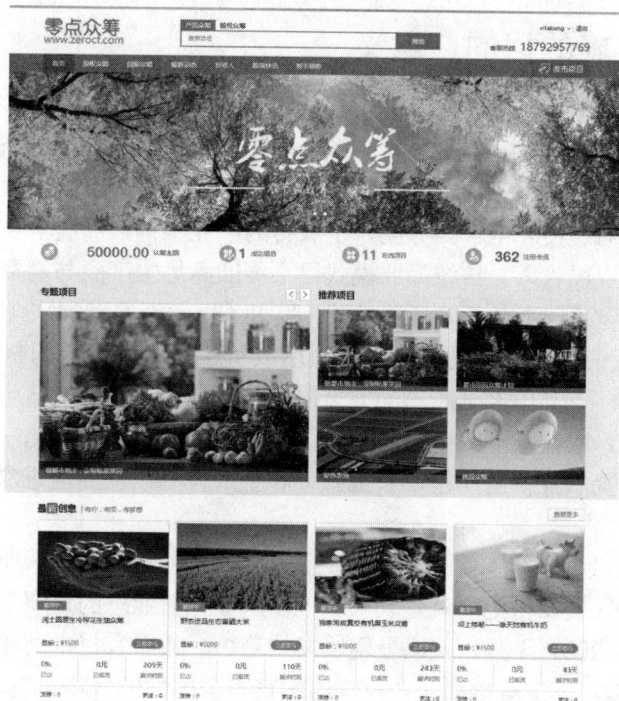

图10.7　零点众筹网站首页

(2) 线下营销。零点团队针对项目的特点，通过名片的宣传方式、赞助活动宣传、校园设点宣传、商家联盟宣传、广告媒体的推广、印刷宣传册进行宣传、把网站的标志制成其他产品、搞怪宣传，以及组织交流活动等线下手段进行宣传推广，最终实现以平台为中心、线上线下相结合的 O2O 组合拳营销。

10.2　"农乐宝"——农村电商B2B2C服务平台
商业模式研究与运营实践

【项目团队】

项目成员：徐向东、王雪、贺凯凯、马俊英、梁婷婷

指导教师：梁林蒙

【项目概述】

摘要： 2017 年 3 月，国务院发布政府工作报告，报告中提出要深入推进农业供给侧结构性改革，加快培育农业农村发展新动能，这成为农业的"行动纲领"。本项目依托高校与陕西省电子商务协会、陕西省供销社等单位的校企合作资源，以 B2B2C 模式为基础，构建集技术、服务、资讯"三位一体"的综合信息服务平台，为涉农企业提供符合其实际需求的农业电商技术解决方案、农业电商项目策划服务，从而达到推动农村电商的发展，带动农村经济发展的目的。项目为 2017 年国家级大学生创新创业训练计划项目，获得多项国家级竞赛奖。

关键词： 电子商务　区域经济　精准扶贫

10.2.1　项目实施的目的、意义

1. 项目简介

我国农村经济发展相对较落后，且发展过于依赖于传统模式，传统模式下的产业带来的收入不仅低，且发展相对缓慢。电子商务创新了农村的产业结构，加快了农村经济的发展，为农村创造就业，提高了农民收入。传统商业模式已不再能满足生产商与消费商的需求，因此，电商平台恰逢时机，搭建了一个全新的商业模式，吸引了更多消费者："抢购鲜""聚果活动""聚蕉行动"等创新性营销模式不断呈现，并不断形成了从生产到销售的整个商业链。

2016 年我国全面开展的供给侧结构性改革，旨在创造新的供给以推动我国经济发展并实现经济结构转型。因此，农业供给侧结构性改革，要围绕市场需求侧变化，增加农民收入、保证有效农产品供给，提高农业供给质量、农业效率和生产体系，从而促进农村可持续经济发展，推动农村全面小康建设。

要深入推进农业供给侧结构性改革，就要不断壮大农业新产业、新业态，以拓展农业产业链、价值链。而大力发展农村电商就是壮大农业新产业、新业态的重要手段和途径。农村电子商务由来已久，早在 2009 年开始就已呈现爆发的趋势。随后农村电商逐渐成为投资的"新蓝海"，阿里巴巴、京东、苏宁等电商企业巨头纷纷宣布全国性的战略举措，抢占农村电商先机。据商务部 2016 年数据显示，我国农村网络零售额近 9000 亿元，约占全国网络零售额的 17.4%。全年农村网络零售额季度环比增速高于城市。因此，大力推动农村电商的发展，将为带动农村经济发展，实现农业的供给侧改革贡献一份不可或缺的力量。

本项目依托高校与陕西省电子商务协会、陕西省供销社等单位的校企合作资源，以 B2B2C 模式为基础，构建集技术、服务、资讯"三位一体"的综合信息服务平台，为涉农企业提供符合其实际需求的农业电商技术解决方案、农业电商项目策划服务，从而达到推动农村电商的发展，带动农村经济发展的目的。

2. 项目实施的目的及意义

(1) 改善区域品牌优良但优质农产品滞销的矛盾。我国因农产品产销不均衡而造成重大经济损失的案例屡见不鲜，而 B2B2C 农村电商服务平台能够串联农业产业链，改善产销不均衡的局面，是解决区域品牌优良但优质农产品滞销这一矛盾的有效途径。此外，电商平台为农产品的生产者和消费者提供了直接沟通途径，有利于增进产销双方的信任，对于降低农产品质量

安全风险具有正面作用。

(2) 培养一批拥有互联网思维的复合型农业人才。B2B2C 农村电商服务平台提供农村电商创业培训，这不仅有利于在农村快速普及与互联网相关的商业知识，更有利于锻炼、培育出一批与互联网形成强链接、拥有互联网思维的经营管理人才，使以往仅具有单一农业技能的普通农户成为既精通农业生产技术，又具备现代企业经营理念，同时还拥有互联网思维的复合型人才。

(3) 推进传统农业与信息产业跨界融合发展。近年来，互联网正与传统产业在产品形态、销售渠道、服务方式、盈利模式等多方面进行深度融合。我国作为农业大国，拥有雄厚的农业基础和丰富的农业资源，农业与信息产业的跨界融合，将孕育形成更多的价值爆发点。作为农业与信息产业在跨界融合中孕育形成的典型产业，农村电商将在这一时代背景下斩获更多的发展机遇，农村电商的快速发展必然助力农业进入价值跨越时代。

(4) 促进欠发达地区后发赶超实现经济跨越。当前，我国经济正在走出片面追求 GDP 的误区，朝着可持续发展方向迈进。一些欠发达地区在进行产业升级规划时，开始注重培育知识技术密集、物质资源消耗少、成长潜力大、综合效益好的战略性新兴产业。区域内企业整体电子商务应用能力对提升产业集群竞争优势有明显的正向作用，从这一角度看，农村电商作为与新一代信息技术及节能环保两大战略性新兴产业高度关联的产业，是农业基础雄厚、工业欠发达的经济相对落后地区实现后发赶超、经济跨越发展的有利选择。

(5) 锻炼大学生创新创业实践能力。通过项目的研究与实践活动的开展，能够使本项目团队成员自身能力得到锻炼和提升，提高自主创业的能力，为以后的科学创业打下基础，更能够形成带动效应，使更多在校大学生积极地投身于电子商务，投身于自主创业，投身于服务社会的潮流当中，积极争当热爱知识、渴望创新、敢于担当的合格大学生。

10.2.2　项目研究内容和拟解决的关键问题

1. 项目研究内容

本项目围绕农村电商"B2B2C"商业模式，通过"一村一品一特色"的发展路线，研究"互联网+"背景下农村电商发展的新思路，主要包含以下研究内容。

(1) 基于"B2B2C"的农村电商模式研究，整体模式如图 10.8 所示。

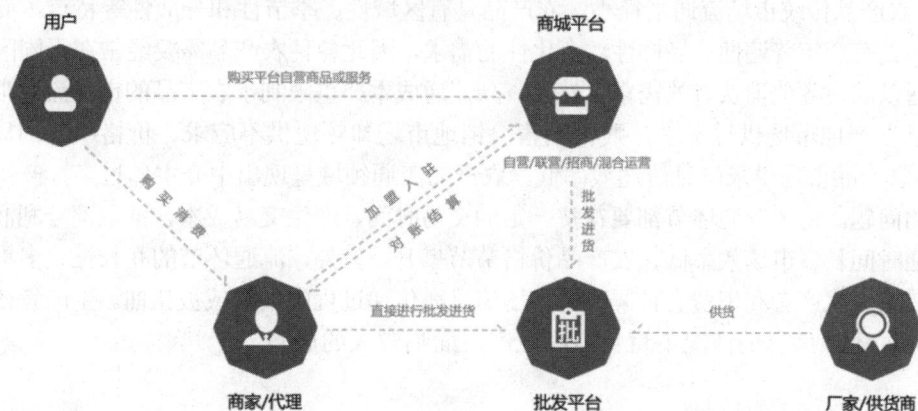

图10.8　B2B2C四位一体的平台模式

"B2B2C"是一种新的网络通信销售方式，是英文"business to business to customer"的简称。第一个 B 指广义的卖方(即农业企业或农户合作社等)，第二个 B 指交易平台，即提供卖方与买方的联系平台，提供优质的附加服务，C 即指买方。卖方不仅仅是公司，可以包括个人，即一种逻辑上的买卖关系中的卖方。平台绝非简单的中介，而是提供高附加值服务的渠道机构，拥有客户管理、信息反馈、数据库管理、决策支持等功能的服务平台。买方同样是逻辑上的关系，可以是内部也可以是外部的。"B2B2C"定义包括了现存的 B2C 和 C2C 平台的商业模式，更加综合化，可以提供更优质的服务。通过"B2B2C"模式，可以在农副产品进城的同时，实现农资、工业品下乡。

(2) 基于"一村一品一特色"的发展路线研究。立足于当下农村家庭承包经营制度和稳定土地关系基础，自然环境、人力资源、农业设施装备水平和现有产业基础等现状，遵循"一村一品一特色"的发展路线，以整村推进的方式，着力解决千家万户小规模经营与千变万化大市场之间的矛盾，激发农民生产的积极性和创造性。坚持因地制宜、因势利导，根据当地的气候特点、地理位置、产业基础和经济发展水平，找准发展"一村一品一特色"的切入点，培育有市场前景、有区域特色的农产品，在推广自身项目的同时也为农民增收助力。

2. 拟解决的关键问题

目前，农村电商的发展主要存在四大问题亟待解决，如图 10.9 所示。

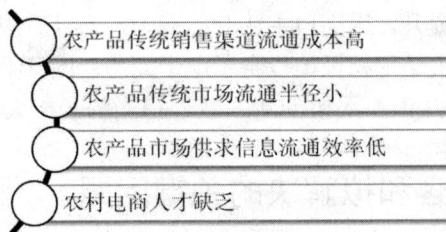

图10.9　拟解决的农村电商关键问题

(1) 农产品传统销售渠道流通成本高。农产品的零售价和收购价之间存在巨大差距，普遍在 3～10 倍之间。造成这种差价的重要原因一是运输成本高；二是储藏加工保鲜成本高；三是农产品运输损耗严重；四是流通中介的运营费用和抽取利润高。

(2) 农产品传统市场流通半径小。农产品具有区域性、季节性和分散性等特点，而消费者对农产品具有全年普遍性、多样性、变化性的需求，因此各种农产品需要经常在不同区域进行运输流通以满足各地消费者的需求。然而，高流通成本严重限制了农产品的市场流通半径，造成农产品在产地市场供过于求，贱价销售，销地市场却频现供不应求、价格飙升的局面。

(3) 农产品市场供求信息流通效率低。农产品流通领域呈现出中介主体过多，产销流通链条过长的问题。每个流通环节都要花费一定的交易时间，产生交易成本，抽取部分利润，从而导致流通时间长、市场效率低、农产品价格节节攀升。另外，流通环节的冗长性、多重性和分散性容易造成生产者和消费者被隔离，市场信息在传递过程中失真或被扭曲。生产者在缺乏及时、准确的供求信息的情况下盲目组织生产，面临较大的风险。

(4) 农村电商人才缺乏。缺乏拥有专业知识的电商人才成为农村电商发展中遇到的最大阻碍。《"新三农"与电子商务》报告表明，在农村 20%的人缺少开店知识，14%的人反映不会设计网店，31%的人认为当前最大的困难是经营管理和发展问题。缺乏足够的电商人才做基础，仅靠巨头砸钱推动，难以解决根本问题。

10.2.3 项目研究与实施的基础条件

1. 团队结构合理

项目开展之初，成立了一支结构合理、分工明确的大学生创业团队。

王雪：物流管理专业，负责活动策划及运营。

马俊英：市场营销专业，负责文案策划和市场营销。

徐向东：电子商务专业，负责项目整体策划及团队管理，擅长基于 PHP+MySQL 的建站及二次开发技术。

贺凯凯：负责市场调研及客户关系管理。

梁婷婷：负责制订财务计划及资金管理制定，负责对项目资金进行统筹配合。

2. 团队成员技术基础扎实

团队成员由跨专业 5 名优秀的大学生组成。对网站建设、平面设计、程序开发等专业技能有着丰富的实践经验，在此次项目中将使用 HTML+CSS+JS、Photoshop、Lightroom、Dreamweaver、After Effects、CorelDRAW 等多款软件及设计语言，基于 PHP+MySQL 形式进行网站建设开发，建立拥有独立微信二次开发服务平台。经过跨专业合作将团队的综合实力尽可能地发挥到最好，使团队优势和专业能力更加凸显。

3. 企业行业资源丰富

项目团队所在的院系是陕西省电子商务行业协会、陕西省供销合作总社的会员单位，与佛坪县电子商务协会、武功县电子商务协会等单位建立了良好的合作关系，这些都为本项目提供了丰富的行业企业资源，为本项目的顺利实施打下了坚实的基础，如图 10.10 所示。

图10.10 丰富的行业企业资源

4. 理论基础充分

指导教师参与实施过多个农业电商相关课题，前期有一定理论及数据基础。

(1) 2014 陕西省教育厅项目(已结项)："基于新型城镇化的陕西省乡镇农产品市场网络化发展对策研究"，课题号：14JK2155。

(2) 2013 陕西省社会科学基金项目(已结项)："丝绸之路经济带电子商务与贸易畅通研究"，课题号：13SC025。

(3) 2016 年横向课题(已结项)："兴农富源果蔬专业合作社电子商务解决方案"，课题号：2016610002002632。

5. 创业基础条件

学校为鼓励大学生创业，提供了政策及资金等多方面的大力支持。本项目在校内拥有独立的办公场所，办公室内配备专用办公设备，团队成员可全天候不受限使用。经团队指导老师协助申请获得该实验室及相关设备的使用权限，为项目增添了更多的可实施性。

6. 项目前期准备

(1) 组建团队，吸纳合作人员，并成功在蒲公英创业孵化基地申请办公场地。

(2) 向蒲公英创业孵化基地申请相关硬件设施，便于开展项目增值性服务。

(3) 对周边城市农产品电商发展意愿开展网络调查问卷。

(4) 制定项目发展策略及整体发展规划，制作了项目可行性分析报告。

(5) 对网站平台进行初期研究开发。

(6) 对微信平台进行公众号申请，并进行二次开发。

7. 项目前期成果

1) 开展县域电商农产品解决方案策划

目前与秦农生态庄园等单位合作，开展了5次县域电商农产品解决方案策划，如图10.11所示。

图10.11 为秦农生态庄园提供农产品解决方案策划

2) 为行业企业提供技术服务

为正丰农牧民专业合作社等 100 余家行业企业单位提供互联网技术服务支持，如图 10.12 所示。

图10.12　为正丰农牧民合作社提供技术服务

3) 开展县域电商商业模式培训

指导教师及团队成员为延安市电子商务协会等单位开展了15次县域电商商业模式培训，累计培训农村电商学员1000余人次，如图10.13所示。

学校为鼓励大学生创业，为学生提供了政策及资金等多方面的大力支持。本项目在校内拥有独立的办公场所，办公室内配备专用办公设备，团队成员可全天候不受限使用。经团队指导老师协助申请获得该实验室及相关设备的使用权限，为项目增添更多可实施性。

图10.13　培训过程

10.2.4　项目实施方案

1. 项目目标和主要内容

利用 PHP+MySQL 等相关开发技术，自主搭建基于 B2B2C 的农村电商服务平台，打通当下农村—城市之间的信息壁垒，有效实现"农产品上行，工业品下行"的双向互通，以减少农产品流通过程中不必要的成本，通过社群的影响力以及透明机制建立消费者与生产之间的信任，在解决生产者销售渠道问题的同时，让用户以最高的性价比享受最优质的绿色农产品，项目技术架构如图 10.14 所示，商业模式画布如表 10.4 所示。

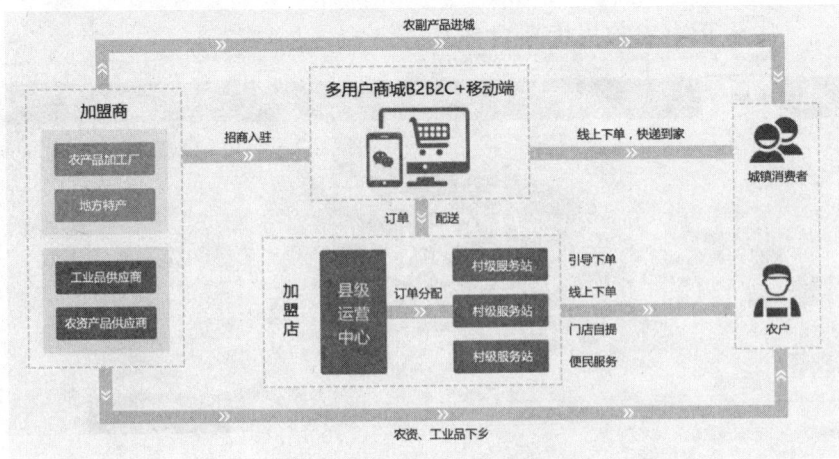

图10.14 平台技术功能架构图

表 10.4 项目商业模式画布图

重要伙伴	关键业务	价值主张	客户关系	客户细分
陕西省电商协会 陕西省供销社	1. 商业咨询 2. 软件开发	1.电商行业技术解决方案 2.农村电商商业咨询策划 3.互联网软件产品研发	与专业人士寻求解决方案	1. 农业种植户 2. 农业合作社 3. 政府部门
	核心资源		**渠道通路**	
	研发及策划 人才团队		自有渠道：网站、微信平台等 合作伙伴：农业合作社、商务局	
成本结构			**收入来源**	
1. 员工工资 2. 软件开发 3. 互联网 IDC 服务			1. 电商平台开发及维护 2. 商业咨询及培训 3. O2O 互动营销活动策划与执行	

2. 项目技术方案

1) 主要技术内容

网站平台运行环境：PHP5.4 以上版本、MySQL 5.5 以上，支持 Windows/linux 服务器环境，可运行于包括 Apache、IIS 和 nginx 在内的多种 Web 服务器和模式。

网站实现方式：ThinkPHP3.2 开发 jquery 最新版+Bootstrap 最新版开发。

App实现方式：计划以手机客户端实现以Native原生代码实现，基于Apple平台的SDK。服务端提供开放或半开放API接口，接口实现可通过Web Service或HTTP协议请求返回JSON/XML格式数据。参数的验证与授权通过签名与加密，原理是根据参数的升序排序并连接起来，然后加上密钥进行MD5加密，产生SIGN用于数据安全校验，服务端API也会以相同的方式加密，然后对比赋予权限。

整体采用 SOA 构架，能统计服务使用情况。具有分布式数据库，主从读写分离模式，数据能自动备份。服务器还使用 MemCache、NoSQL 等技术减少数据库压力。平台技术功能架构图如图 10.15 所示。

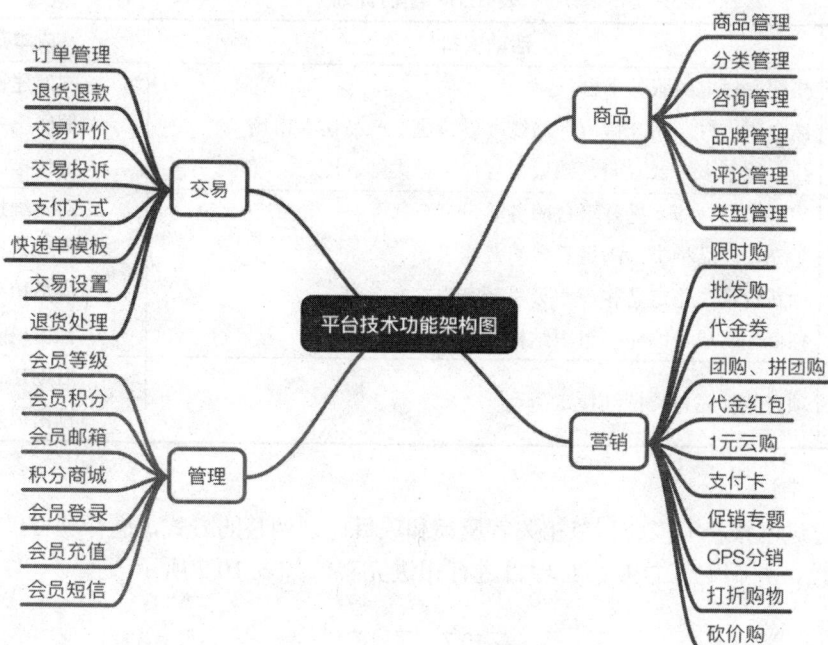

图10.15　平台技术功能架构图

2) 主要创新点

项目主要凝练包括全渠道多触点产品等五大创新点，如表 10.5 所示。

表 10.5　项目核心亮点及创新点

序号	创新点	具体内容
1	全渠道、多触点产品	以农村需求为核心，全面构建集 PC、App、微信于一体的终端设施，为消费者提供最贴心的跨屏购物体验
2	商家自营/入驻	买卖家系统分离，为商家提供独立管理后台，保障系统的高性能；支持自营和商家入驻模式，助力工业品和特色农产品供应商的快速入驻，大大提升平台的竞争力
3	买家自提/就近配送，解决物流最后一公里	将现有的村镇小卖铺进行升级、改造，成为农村电商线下体验店，卖家自提或就近配送，切实匹配农村特色，有效规避物流最后一公里的难题
4	借助 O2O，助力终端门店/服务站运营	微信、App 等移动端支撑电商平台开设线下实体体验店，消费者店内体验扫码下单；对于专门设立乡镇服务站的企业可实现为农民"代客下单"
5	大数据运营分析	以用户为中心，凭借系统强大的数据挖掘和分析能力，聚合农村网民消费数据和农产品需求数据，以更好地释放数据价值，满足平台、商家商业运作时的数据需求和决策参考

3. 项目的阶段与进度计划

1) 项目计划

为保障项目顺利实施，制订了项目计划，如表 10.6 所示。

表10.6　项目计划

时间规划	活动安排	成本范畴
前期	搭建农村电商服务平台 结合"一村一品一特色"路线，以特色农产品切入市场 线上线下多平台双向营销累积客户，扩大知名度	网站建设成本 调研出差成本 宣传推广成本
中期	完善网站功能，提升平台服务质量 扩充农产品种类，满足更多消费需求 创新营销，稳定老客户、吸引新客户 招募团队成员，完善组织结构	网站维护成本 市场营销成本 成员招募成本 预留风险成本
后期	项目整体完善，持续稳定盈利	后期建设成本 预留风险成本

2) 项目控制

项目通过进度报告汇报、利益相关者反馈和项目计划调整的方式，进行项目风险、成本等多方面的把控，并制定应急方案对项目进行跟进完善，如表 10.7 所示。

表 10.7　项目控制

项目控制方法	具体控制办法
进度报告汇报	采用周汇报原则进行集体意见发表 提出弥补办法，管理项目进度
利益相关者反馈	多渠道收集利益相关者诉求 分析后针对项目范围进行修改落实
项目计划调整	定期交流，适当调整 制定项目应急方案

10.3　微米级微小零件尺寸测量系统

【项目团队】

团队成员：张宗麟、陈涛、张琦缘、王彤、刘威、徐光

指导教师：刘哲、梁林蒙

【项目概述】

摘要：伴随"互联网+"时代、"中国制造 2025"等发展机遇，机器视觉检测受到了越来越多工业制造企业的青睐，但市面现有机器视觉检测方案大都存在检测精度低、检测效率低、识别率不高等问题。本项目提供了以远心镜头为核心的高精度机器视觉检测解决方案，受到了行业企业的广泛认可，该项目获得 2017 年中国"互联网+"创新创业大赛陕西赛区初创组银奖。

关键词：机器视觉　人工智能　大数据

10.3.1　执行总结

1. 项目简介

2017 年上半年，保时捷就涉及 47 例缺陷产品召回事件，质量问题涉及产品的方方面面，其中包括涡轮增压器的涡轮叶片存在缺陷、燃油过滤器法兰出现微小裂缝、发动机内的凸轮轴直径大于 0.005mm 可能会松动等，这些质量缺陷问题有轻有重，轻则对车辆造成伤害，重则可能给驾乘人员带来生命危险。

此类型事件发生是产品微小零件尺寸不合格导致。目前，如何实现微小零件尺寸的高精度测量，是工业制造领域亟待解决的问题，也是生产制造商提高产品品质控制的一项关键技术。目前国内传统基于机器视觉的零件尺寸测量精度只能达到0.01mm，而不能满足业界的"微米级"测量精度的要求。

本公司研制的"微米级微小零件尺寸测量系统"，突破了微小零件机器视觉高精度测量的技术难题，以远超业界技术水平的远心镜头和智能图像测量软件，1 秒钟完成 1 次测量，测量精度 1 微米，效率提高 3 倍，精度提高 10 倍。目前，该系统已经授权 5 个发明专利，9 项实用新型专利，申请中发明专利 8 个，已在 10 多家企业推广应用，为客户带来了良好的经济效益，公司也初步实现盈利。

2. 商业模式

公司本着"让测量更简单"和"为客户提供高品质视觉检测服务"的使命，从成立之初，公司就定位在为客户提供高端的智能机器视觉检测产品，一方面着力打造高品质的产品质量，推出具有比竞争对手性能更好且兼具差异化的视觉检测产品。另一方面，在注重公司产品品质的同时，更为重要的是加强公司的品牌建设，品牌建设以企业文化建设为基础、以汇聚优秀人才为着力点、以科学管理为抓手和为客户提供高品质服务为落脚点。围绕产品的销售，公司制定了以直销模式为主、以发展代理商为辅的经销体制。公司的盈利模式是产品的直接销售收入和高品质的售后服务收入。项目商业模式画布如表 10.8 所示。

表 10.8　商业模式画布

重要伙伴	关键业务	价值主张	客户关系	客户细分
极讯电子有限公司、苏州博众精工科技有限公司	机器视觉测量系统研发及定制	秉承"让测量更简单"的理念，为客户提供高精度、智能、高效的视觉测量设备	及时响应客户视觉检测需求，与客户建立良好合作关系	3C、汽车等行业的零配件生产制造商
	核心资源		**渠道通路**	
	专利技术、专家团队、物联网与大数据省重点实验室		客户可以通过网上或电话咨询，或直接咨询当地的代理商，通过线上和线下下订单	
成本结构			**收入来源**	
原材料成本 人力成本 经营成本			产品直接销售 高品质售后服务 客户定制服务	

10.3.2 产品与服务

1. 产品概述

微米级微小零件尺寸视觉测量系统,是公司研发的一款高端的机器视觉测量系统,可用于自动化生产过程中各类微小零件尺寸的自动在线测量。该系统包括光源、远心镜头、工业相机和智能图像测量软件。通过采用由本公司研发的具有自主知识产权的远心镜头、高分辨率相机和智能图像测量软件,系统实现了高精度、智能化在线实时的零件尺寸测量,对提高工业自动化生产效率和提升产品质量具有重要意义。产品形态如图10.16所示。

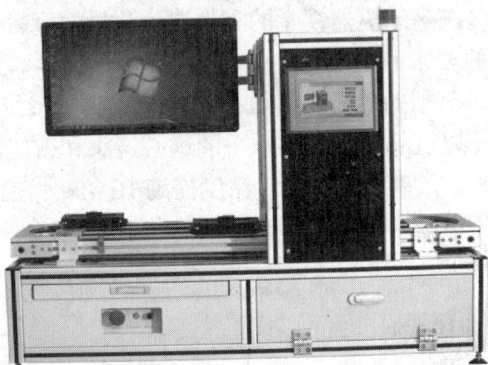

分立测量产品形态　　　　　　　　　用于生产线上产品形态

图10.16　产品形态

2. 目标客户

本产品在充分发挥微米级测量精度和检测速度优势的基础上,根据市场发展的趋势进行客户的细分,主要目标客户为3C数码配件及汽车配件生产制造商。以西安市本土市场为例,现有3C数码配件生产商652家,汽车配件生产制造商167家,如比亚迪股份有限责任公司、大众股份有限责任公司、陕西汽车制造总厂、西安秦川汽车有限责任公司、三星集团、华为技术有限公司西安分公司、西安华东商城有限公司等都是产品的潜在目标客户。

3. 客户价值

本产品是一个高度智能的自动化尺寸测量设备,可以最大限度地为客户创造利润和节约成本,同时不断地提升客户在行业内的竞争力水平,主要体现在以下方面。

(1) 节省劳动力成本,提高生产效率。随着企业生产成本的提升,特别是我国劳动力成本成为企业进一步发展所遇到的一个瓶颈,所以企业引进本公司研制的高技术自动化检测设备,可以大量地替代人力,不仅节约了人力成本,同时可以大大地提高生产效率。

(2) 提高客户在行业内的产品竞争力,通过引入本公司的产品,可以对客户产品进行自动化检测,实现快速、精准的质量检测,生产过程的质量控制和管理控制,大大提高成品率,降低生产成本,提升设备精度,降低加工成本。这样可以大大提升客户产品的品质,降低单位产品生产成本,提高客户在行业内的产品竞争力。

(3) 同客户一起成长，实现共赢。本公司从成立之初起，就树立"以客户为中心，以高品质的服务为本"的企业发展理念，公司的市场人员、技术人员不断地贴近客户，想客户之所想、急客户之所急，在生产一线帮助客户解决生产实际中所遇到的问题，不断开发出适应市场需求的机器视觉检测设备，实现双方的共赢。

4. 产品优势

1) 项目技术优势

本产品采用了具有自主知识产权的远心镜头、智能图像测量软件、高分辨率相机，实现了机器视觉尺寸测量的智能化、高精度和实时性。产品优势主要体现在以下几个方面。

(1) 采用公司自主研发的远心镜头，实现了微米级的高精度测量。

公司研发的远心镜头可以纠正传统工业镜头视差畸变，可以在一定的物距范围内，使得到的图像放大倍率不会变化，因此与传统工业相机相比，远心镜头具有高影像分辨率、近乎零失真度、无透视误差等优点，可以实现微米级的高精度测量。图 10.17 为工业相机和远心镜头拍摄效果对比图。

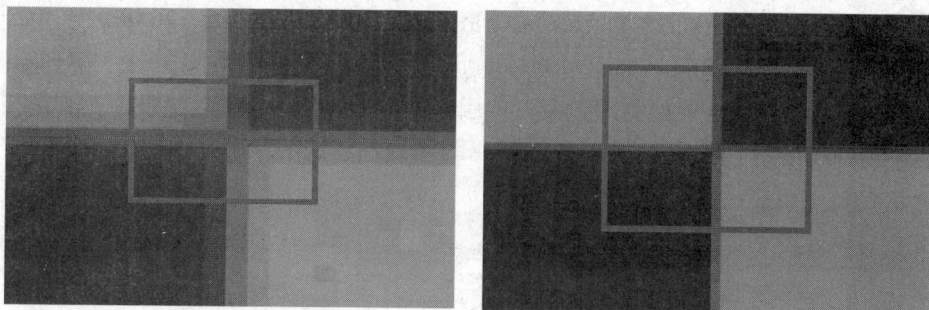

工业相机的过渡带效果　　　　　　　　　远心镜头的过渡带效果

图10.17　过渡带拍摄效果比较图

(2) 采用本公司自己研发的智能图像测量软件，可实现一键式测量，如图 10.18 所示。

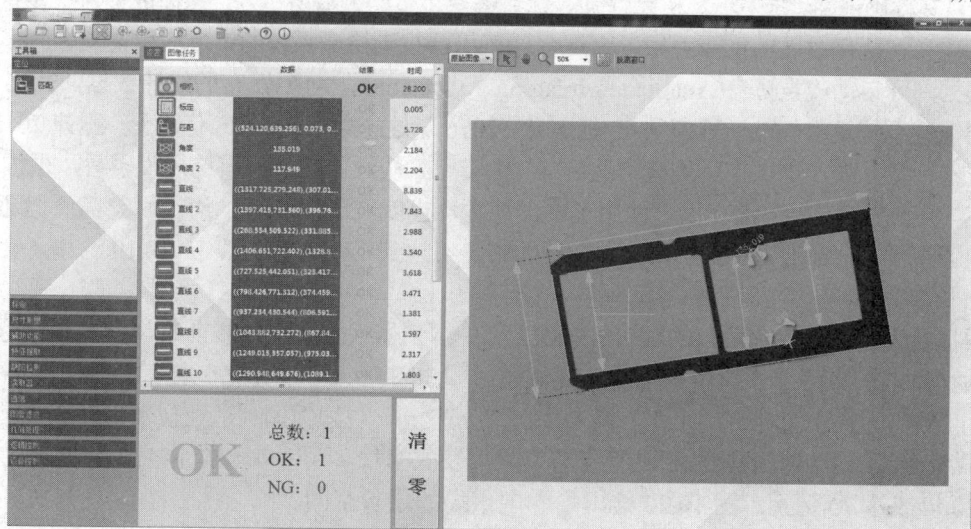

图10.18　软件检测界面

该软件是一款高性能的工业机器视觉软件，工具包集成了 200 多种智能图像处理算法，用户根据需要可以进行任意工具组合，进行不同的应用开发并快速搭建自己的机器视觉应用系统，软件功能强大，测量、检测、识别速度快，可靠性高。

2) 项目创新点

(1) 高精度。为了保证高精度测量，采用具有自主知识产权设计的远心镜头和高分辨率相机。远心镜头具有高影像分辨率、近乎零失真度、无透视误差等优点，可以实现微米级的高精度测量。1400 万高分辨率工业数字摄像机是一款高性能工业检测专用数字摄像机，具有高分辨率、高精度、高清晰度、色彩还原好、低噪声等特点，可以更好地提高精度，与显微放大镜头相结合可以进行细微的尺寸测量，可以实现微米级的高精度测量。

(2) 智能化。公司研发人员基于深度学习人工智能算法，提出了工业产品表面缺陷检测的算法框架，该方法首先根据样本特征建立深度置信网络(DBN)，并训练获取网络的初始权值；然后通过 BP 算法微调网络参数，取得训练样本到无缺陷模板之间的映射关系；最后利用重构图像与缺陷图像之间的对比关系，准确、快速地进行缺陷检测。

(3) 高效化。本公司自己研发智能图像测量软件，该软件包括 OCR & OCV 字符识别、尺寸测量、颜色检查、区域对比四大功能模块，测量、检测、识别速度快，可靠性高。该软件兼容全系列相机以及支持 DirectShow 和 DCAM 驱动的图像采集设备，能直接从硬件上得到图像数据，配合视觉工具库，获得高性能的处理效率，使用起来更加方便、快捷。另外，尤其是在图像处理部分运用了 GPU 加速，显著地提高了软件和图像处理算法的效率，保证了系统的实时性。

10.3.3 市场分析

1. 市场现状

随着现代工业自动化对于生产效率的需求不断提升，传统的人工检测模式已经不能满足生产的需要，机器视觉检测系统的出现将更好地替代烦琐的传统人工劳动，顺应现代化生产模式的发展，以其精确性高、成本低、可靠性强等优势被更多生产领域所引入，从而成为进一步推动工业自动化和智能化发展的重要力量。纵观全球，机器视觉检测系统的市场应用前景极为广阔。

根据国际自动成像协会(Automated Imaging Association，AIA)发布的统计数据，2015 年全球机器视觉系统及部件市场规模是 42 亿美元，2016 年这一数字约为 46 亿美元，预计 2017 年，全球机器视觉系统及部件市场规模将达到 50 亿美元。从长远的潜在市场规模来看，根据 AIA 的调查，当前只有 5%的潜在用户使用了机器视觉，也就是还有 95%的潜在用户需要但还没有用上机器视觉，全部潜力发挥出来后，全球的市场可达到 1200 亿美元。图 10.19 给出了全球市场的增长空间。

根据前瞻产业研究院发布的《2017—2022 年中国机器视觉产业发展前景与投资预测分析报告》数据显示，2016 年中国机器视觉市场规模达到 30.3 亿元(约 4.4 亿美元)，全球占比 9.6%，增速为 26.8%，高于全球平均水平。随着中国"十三五"规划强调制造业技术创新和中国制造 2025 战略的深入推进，我国的机器视觉将迎来爆发式增长，预计市场增速将保持在 20%左右，到 2020 年或达 70 亿元。图 10.20 给出了中国市场的增长空间。

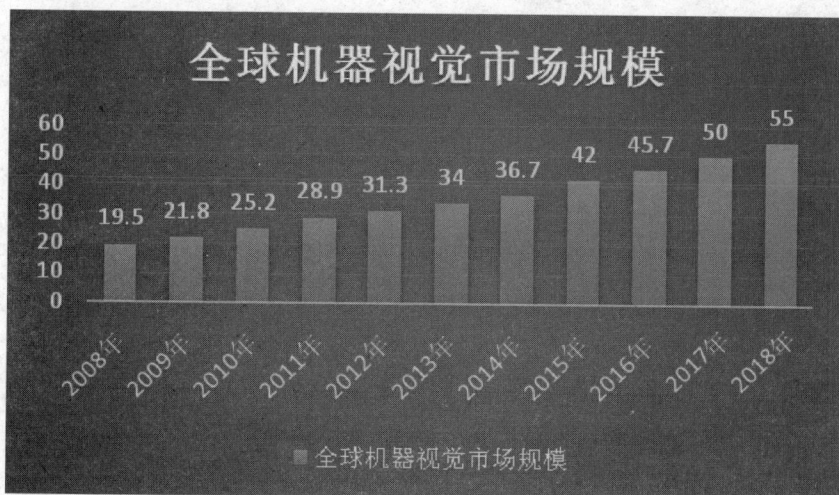

图10.19　2007—2018年全球机器视觉系统及部件市场规模(单位：亿美元)

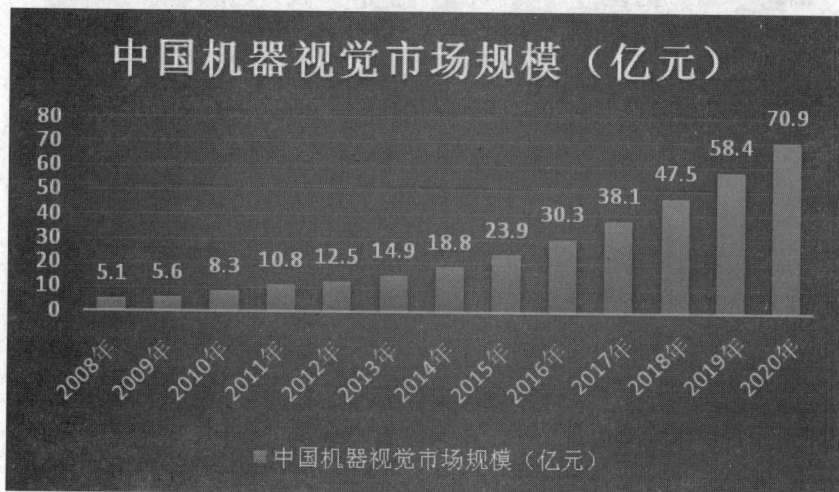

图10.20　2008—2020年中国机器视觉行业市场规模增长情况(单位：亿元)

随着本公司产品品质的不断提升和市场规模的不断扩大，预计在未来 5 年公司能够占有机器视觉尺寸测量领域 25%的市场，年销售额突破 5000 万元。

2. 市场调查

根据机器视觉技术的发展历史可知，其最初应用于电子及半导体行业，此后才逐步扩及工业制造业各领域。近年来，随着中国制造业的蓬勃发展，机器视觉行业也在中国市场度过了发展的最初时期，由起初的电子制造业和半导体生产企业发展到了包括装备制造业及医药、物流、包装、交通、印刷业在内的多个行业。图 10.21 为 2016 年中国市场机器视觉应用领域分布图。

在我国，机器视觉行业的用户主要分布在长三角、珠三角和环渤海地区，这三类地区市场占比已达 83%。图 10.22 为中国机器视觉应用行业地域分布图。

2016 年中国市场机器视觉应用领域分布

31.02%　46.57%

7.15%　15.26%

■电子及半导体　■汽车　■制药　■其他

图10.21　2016年中国市场机器视觉应用领域分布图

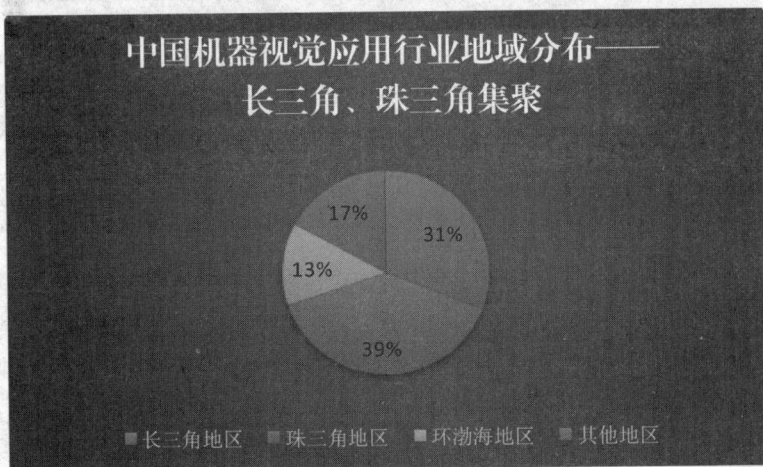

中国机器视觉应用行业地域分布——长三角、珠三角集聚

17%　31%

13%

39%

■长三角地区　■珠三角地区　■环渤海地区　■其他地区

图10.22　中国机器视觉应用行业地域分布图

目前，机器视觉主要应用在3C 产业、汽车制造、太阳能板制造、半导体、制药等众多行业。据权威机构统计，3C 产业自动化设备的机器视觉应用程度最高，其中接近50%的机器视觉产品会应用在该行业。通过对3C 自动化设备的机器视觉检测，该系统可以快速检测到有关产品的排线顺序是否有误、电子元器件是否错装漏装、接插件及电池尺寸是否合乎标准等问题。另外，3C 产品智能化、小型化、时尚化的趋势以及对工艺的高标准要求，都会应用机器视觉检测技术，以大幅度降低误差率、有效提升产品质量。因此可知，机器视觉检测对于3C 自动化设备的质量安全具有重要技术保障作用，是3C 自动化行业不可或缺的重要生产手段之一。

全球大约70%以上的电子产品均由中国进行制造和装配，我国也因此成为 3C制造业大国。近几年，由于劳动力成本上升，人口红利优势逐渐变弱，3C自动化一直是很多企业寻求转型的方向；同时，由于 3C行业产品更新换代快、体量大、劳动强度高、工序重复性高等原因，致使该行业亟须实施自动化改造，以此实现升级发展，消除竞争劣势。

基于以上分析，本产品首先专注于 3C 行业的细分领域，以陕西为基础，辐射周边。成为该行业微小零件高精度尺寸机器视觉测量的领导者，等逐步在该行业占据主导地位后，会向汽车制造业领域扩展。并以此为目标广泛开展项目推广应用，部分应用企业名单如表 10.9 所示。

表 10.9　应用企业名单

序号	应用企业	机器视觉产品功能
1	中航富士达科技股份有限公司	同轴连接器尺寸测量
2	海克斯康集团	尺寸测量
3	南车集团	铁路铸件尺寸测量
4	徐工集团	齿轮缺陷检测
5	核工业西南物理研究院	激光光斑位置定位
6	中科院成都信息技术股份有限公司	老干妈瓶盖缺陷检测
7	福州大学化肥催化剂国家工程研究中心	陶瓷孔缺陷检测
8	苏州博众精工科技有限公司	物体定位
9	智泰集团	图像尺寸测量
10	TCL 集团	LED 液晶屏尺寸及缺陷检测
11	广东万濠精密仪器股份有限公司	图像尺寸测量
12	天津必利优科技发展有限公司	太阳能电池片检测及分选设备
13	宁夏小牛自动化设备有限公司	太阳能电池片自动串焊设备
14	桂林优利特医疗电子有限公司	尿液检测仪器
15	极讯电子(东莞)有限公司	视觉引导定位
16	佛山顺德区禾惠电子有限公司	表面缺陷检测
17	广州每通科技开发有限公司	尺寸测量

3. SWOT分析

1) 优势(strengths)分析

(1) 技术优势。本产品历时 3 年研发而成，经过 20 多人团队的多次迭代，在系统硬件、智能软件和图像处理算法上都有很多创新点，并且申请了多项专利和软件著作权，以形成对本项目知识产权的有效保护。所以，本系统具有很高的技术壁垒，模仿者很难在短期内突破关键技术。

(2) 市场优势。本产品因其具有的创新性，国内市场同类产品的竞争力比较弱，随着"中国制造 2025"战略的推进，机器视觉尺寸测量系统将在工业制造业中得到广泛应用，因而具有广阔的市场空间。

(3) 产品性价比优势。公司研发的远心镜头可实现微米级的高精度机器视觉测量，在目前国内同类产品中处于唯一领先地位，与国际一流同类产品如康耐视、基恩士相比也毫不逊色，且价格只相当于该类国际品牌产品的 1/3，因而在产品性价比方面具有巨大的竞争优势。同时，由于公司产品实现了一键式的核心软件设置功能，从而解决了同类产品编程复杂，难以掌握的技术难题，因此也创造了便捷、高效的应用服务价值，为产品自身进一步构建了较强的竞争优势。

(4) 采用公司自己研发的远心镜头，实现了微米级的高精度测量。

2) 劣势(weakness)分析

(1) 经营管理经验不足。作为大学生创业，公司在经营初期，各个方面都缺乏一定的经验，公司的成长需要一定的时间，竞争对手可能利用这段时间抢占市场份额。

(2) 资金限制。公司创立初期在无太多盈利的情况下，仅仅依靠投资，经费必定有限，这将放慢技术研发和市场开发的进程。

3）机会(opportunity)分析

(1) 政策扶持。2015 年李克强总理在中国政府工作报告中提出"互联网+"行动计划，推动互联网、云计算、大数据、物联网与现代制造业的结合，这为互联网与制造业相结合提供了良好契机。近年来，陕西省为鼓励大学生创业，提供了多项优惠政策，大大降低了因资金、资格认证等问题带来的困难，为本公司的发展提供了机遇。

(2) 制造业产业升级。2013 年德国提出"工业 4.0"，2015 年中国提出"中国制造 2025"，目前世界各国都在推动本国制造业的产业升级，随着跨境物流的兴起和"一带一路"构想的实现，为本公司的产品走向世界市场提供便利的渠道。

4）威胁(threats)分析

(1) 竞争对手威胁。本公司的产品虽然在技术和价格上具有较大的竞争优势，但本公司的国外竞争对手已经先行一步，在资金、市场开拓经验、人力资源、产品的品牌等很多方面都有较为明显的优势。如果其加大成本的控制力度，降低售价，或者开发出的产品在技术上赶超本公司，本公司的优势将会被严重削弱。

(2) 市场壁垒。虽然本公司的产品即将替代现有产品的趋势非常明显，但要完全取代还需要一定时间，因为传统的视觉检测产品已经具有一定的市场基础。同时，在一项新技术的推广过程中充满许多隐性因素，有时新技术的推广往往还会受到市场壁垒的阻挡。

10.3.4　竞争分析

1. 竞争对手分析

从国内市场看，在高精度机器视觉尺寸测量领域，以日本基恩士和美国康耐视为代表的国外大公司占据了国内 60%左右的市场，以北京凌云和北京大恒为代表的国内公司占有剩余的40%的市场。表 10.10 给出了竞争对手对比分析。

表10.10　竞争对手对比表

公司	产品价格/万元	国内市场占有率	竞争优势	竞争劣势
基恩士(日本)	十几～上百	26%	核心技术优势、品牌优势、市场资金优势	价格贵、本地服务化难度大
康耐视(美国)	十几～上百	23%	核心技术优势、品牌优势、市场资金优势	价格贵、本地服务化难度大
北京大恒	6～30	17%	价格适中、品牌优势、资金优势、服务优势	测量精度低、缺少核心技术
北京凌云	6～30	14%	价格适中、品牌优势、资金优势、服务优势	测量精度低、缺少核心技术
西安鹏晔	3.5～25	很少部分	突破核心技术、性价比最高	品牌影响力小，资金缺乏

　　由上表可以看出，日本基恩士和美国康耐视等国外著名公司拥有机器视觉高精度测量的核心技术，它们依赖自己的核心技术、品牌影响和资金优势，在国内市场处于绝对的垄断地位，而且产品价格很高。国内以北京大恒和凌云为代表的民营企业，由于缺乏核心技术，在机器视觉高精度尺寸测量方面与国外公司的竞争明显处于劣势，虽然产品价格上具有一定的竞争优势，但是不能满足高精度测量行业的要求，所以在市场占有率上赶超不了国外公司。国内，目前只有西安鹏晔电子科技有限公司和深圳远清科技有限公司具有远心镜头设计生产能力，但是深圳远清不具备智能图像测量软件的开发能力。

　　由于本公司掌握了远心镜头设计和智能图像测量软件开发能力，在此基础上研制了"微米级微小零件尺寸视觉测量系统"，并对相关技术申请了专利进行保护，其中已经授权 5 个发明专利，9 项实用新型专利，申请中发明专利 8 个。目前，该产品处于市场推广阶段，面临品牌影响小、资金缺乏等不利因素。部分专利申报情况如表 10.11 所示。

表 10.11　部分专利申报情况

序号	专利名称	专利受理号
1	一种基于对数似然估计的无源跟踪定位新方法	201610858925.9
2	一种电子产品外观表面缺陷检测装置及其检测方法	201621084976.2
3	一种电子产品外观表面缺陷检测装置及其检测方法	201610853917.5
4	一种基于平行成像的光学精细测量的方法	201610854561.6
5	一种基于 BTMS 测量设备的光学系统	201621084746.4
6	基于 M 估计的卡尔曼滤波野值判断和方法	ZL201218000580.6
7	基于 retinex 和修正直方图法相结合的图像增强方法	ZL201218000548.8
8	一种消杂散光双远心光学镜头	201710298889.X
9	一种基于 SAFT 的单晶硅内部缺陷时域检测成像方法	201510666805.4
10	一种计算机检测装置	201520376783.3

2. 产品竞争力分析

　　从产品本身性能参数上比较，国内两大公司北京大恒和凌云由于没有突破远心光学技术，所以无论从镜头的畸变系数、测量精度，还是测量效率都比基恩士和康耐视性能参数差，而西安鹏晔由于掌握高精度机器视觉尺寸测量的核心技术，产品性能参数与国外相当。表 10.12 给出了产品竞争力分析对照表。

表 10.12　产品竞争力分析

公司	镜头畸变系数	测量精度	远心度	测量效率
基恩士(日本)	0.01% (远心镜头)	0.001mm (1 微米)	<0.07% (远心镜头)	1 秒/次
康耐视(美国)	0.01% (远心镜头)	0.001mm (1 微米)	<0.07% (远心镜头)	1 秒/次

(续表)

公司	镜头畸变系数	测量精度	远心度	测量效率
北京大恒	1% (工业镜头)	0.01mm	无	3秒/次
北京凌云	1% (工业镜头)	0.01mm	无	4秒/次
西安鹏晔	0.01% (远心镜头)	0.001mm (1微米)	<0.08% (远心镜头)	1秒/次

10.3.5　经营及营销策略

1. 经营模式

(1) 经销体制。围绕产品的销售，本公司制定了以直销模式为主、以发展代理商为辅的经销体制。其中的直销模式内容为：本公司将在全国各地逐步建立直销网点，通过设立经销处的方式面向当地3C企业直接推销产品，以此赢得最大化的销售利润。同时，对于在各地3C企业界拥有一定人脉资源的合作伙伴，公司可以推出代理制，发展其成为公司分销产品的外地代理商，从而通过其多渠道销售产品，并给予其应得的分销利润。

借鉴于国际领先企业的先进经营模式，公司对于通过直销或代理销售渠道获得的意向性客户，将一律派出具有丰富经验的销售工程师为其定制最为有效的解决方案，并可让客户在购买前免费试用产品；在购买后得到免费的终身技术培训服务，从而以人性化的服务价值赢得客户，赢得市场。

(2) 盈利方式。公司盈利主要来自产品销售收入和售后服务收入。目前机器视觉检测市场利润率较高，净利润一般超过50%，操作得当可能提高几倍的价格。通过赚取产品差价和收取服务费用，公司将获得可观盈利。据保守预测，2017年公司产品销售量约为100台；2018年随着行业标准的制定，客户忠诚度加强，市场销量也会大幅提升，可实现销售额500万元。未来3～5年将会出现产品需求的高峰，同时本公司将瞄准时机，利用较高的性价比与较好的技术优势适时进军国际市场，利用全球化的市场需求获得规模竞争优势，未来3～5年预计将突破2000万销售额。

2. 营销策略

1) 产品品牌推广策略

为打造产品系统的公信力与品牌可信度，从而为全国性招商宣传和市场运营夯实有力基础，现应建设公司官网，展示公司形象和产品内容；开设各大搜索引擎的推广账户，设置诸如"机器视觉系统""国产机器视觉产品"等系列关键词，同时应就公司产品展开在门户网站方面的有关新闻源软文推广，以使招商对象、合作方、社会公众建立对公司及其产品的认知和信任度。

2) 招商宣传策略

(1) 线下招商策略。主要面向各地3C企业及相关意向代理商，以举办项目招商会、技术培训及开展口碑宣传等方式，积极吸引有关客户，通过使其深入了解公司产品及代理运营计划，逐步发展其成为购买产品的客户或从事代理运营的经销商，以此有力推动市场开发，尽快占领目标市场。

(2) 线上招商策略。重点锁定有关热点关键词，在各大搜索引擎和知名的招商网站发布有关信息和软文广告，吸引目标群体关注公司产品及招商计划，并以线上咨询结合线下招商活动，经不断沟通、宣传，促使客户签约成交或加盟代理，扩大产品销售业务。

10.3.6　财务分析

1. 项目目前的投资额及股权结构

目前项目已投资约为 200 万元，其中股东初期直接出资 150 万元，后期陆续又投入资金和物资价值 50 万元；公司 2015 年无盈利，2016 年盈利为 20.63 多万元。公司财务状况良好，无负债。

公司股权结构为：公司注册资本为 200 万元，曹烨投资入股 150 万元，占股 60%；刘哲投资入股+专利入股 50 万元，占股 30%；期权池占股 10%，如图 10.23 所示。

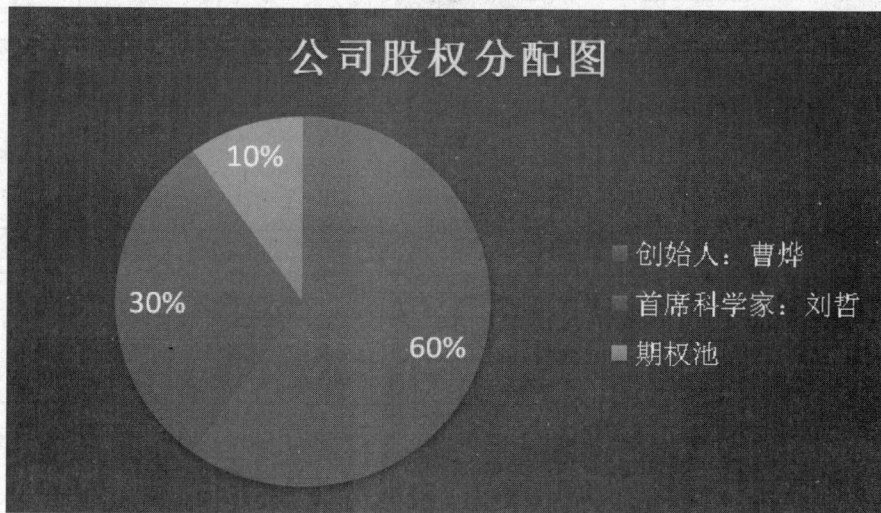

图10.23　公司股权分配情况

2. 公司财务现状

2016 年的公司利润表、公司现金流量表、公司资产负债率表略。

3. 公司营收预测

(1) 公司未来三年营收预测。表 10.13 为公司未来三年的营收预测表，2017 年公司将完成销售收入 500 万元，实现利税 120 万元；2018 年公司将完成销售收入 1000 万元，实现利税 200 万元；2019 年公司将完成销售收入 2000 万元，实现利税 650 万元。

表10.13 未来三年营收预测表

(单位：万元人民币)

项目	2017年	2018年	2019年
一、主营业务收入(不含税)	500	1000	2000
减：主营业务成本	80	200	400
主营业务税金及附加	100	200	400
二、主营业务利润(亏损以"-"号)	320	600	1200
加：其他业务利润(亏损以"-"号)	0	0	0
减：营业费用	160	300	400
管理费用	40	100	150
财务费用	0	0	0
三、营业利润(亏损以"-"填列)	120	200	650
四、利润总额(亏损以"-"填列)	120	200	650
减：所得税	20	34	110
五、净利润(亏损以"-"号填列)	100	166	540

(2) 公司未来三年费用预测。表10.14为公司未来三年的费用预测表。

表10.14 公司未来三年费用预测表

(单位：万元人民币)

年份	研发	市场	生产	行政	设备	其他	合计支出
2017	50	50	50	10	30	10	200
2018	100	100	100	20	60	20	400
2019	100	150	150	30	90	30	550

4. 融资需求及投资效益

1) 融资需求及用途

根据项目发展需要，本项目未来一年需融资200万元，投资方式为股权投资，即由投资人以增资入股方式取得本公司10%的股权；该资金将用于产品研发、市场投放与推广。

2) 投资效益分析

本项目预计未来一年投资额为250万元，其中包括融资的200万元和公司自有资金50万元，预计一年净利润为100万元，可以实现当年投资当年分红，预估第二年就可以收回投资成本，投资回报率超过50%，该项投资效益分析如下：

(1) 经济效益分析。包括产品销售收入估算、年经营成本估算、年净利润估算等，具体内容略。

(2) 社会效益估算。产品系统投入运营后，一方面将为以3C行业为主的制造业企业进一步实现自动化、智能化管理，有利于其降低经营成本、提升生产效率、提高经营利润、增强企业核心竞争力；另一方面将对我国工业制造业的智能化发展进程起到一定的推动作用，并为社会创造更多就业机会，有助于进一步推动大众创业、万众创新，增加政府税收，为社会经济的发展繁荣做出积极贡献。

10.3.7　风险及应对方案

1. 技术风险及规避方案

创新与风险共存，技术创新风险是高科技企业普遍存在的。从新产品的设想到产业化成功，公司对本项目市场前景、经营效益分析、技术路线可行性分析、生产工艺流程分析、产品试制、铺底流动资金、批量生产资金、通过试销和成功进入市场进行了慎重地分析，有专人负责公司的风险管理，使技术风险降到最低。

2. 市场风险及规避方案

初期阶段，公司已与多家企业达成了合作意向，产品一旦产业化就优先占有市场；公司将成立庞大的售后服务中心，根据客户分布将在全国各地成立售后服务分中心，将为客户提供专业的产品、及时的服务，增加客户满意度，防止客源流失；本项目的市场化才刚刚开始，再加上国家政策的支持，都给本项目创造了良好的市场环境；本项目面向的绝大部分是国内市场，出口汇兑变化给公司造成的影响也是有限的。

3. 环境风险及规避方案

环境风险主要来自于市场和同行竞争。目前市场总体不成熟，产品鱼龙混杂，同质化严重，价位参差不齐，客户对于机器视觉检测理解不够清晰。本公司的规避策略就是进行差异化竞争，提升产品品质和提供高端服务，从而打开市场。制造业是国民经济和社会发展的基础产业，制造业的升级和改造直接关系到国家的可持续发展战略的实施。本项目符合国家产业发展政策，属于国家鼓励的产业范围，所以不存在产业政策调整带来的政策风险。

4. 管理风险及规避方案

管理风险主要是企业内部管理混乱、内控制度不健全造成的人才流失、财务状况恶化、资产沉淀等造成重大损失的可能性。公司创办初期就非常重视管理，高薪聘请了有着先进经营管理经验和市场经营理念的海外归国的工商管理学和市场学硕士。公司成立后，根据国家相关法律、法规的规定，制定了完备的企业内部管理标准、项目管理制度、财务内部管理、会计核算制度和审计制度，通过各项制度的制定、职责的明确及其良好的执行，保障企业进入良性发展、资金进入良性循环。

10.3.8　公司结构

公司团队共有 15 人，其中博士 3 人，教授 2 人，高级工程师 1 人。项目成员曾获得全国大学生电子商务创新创意及创业挑战赛特等奖、全国大学生网络商务模式创新应用大赛一等奖。主创团队曾参与 10 余项国家自然科学基金项目、发表学术论文 50 多篇，其中 SCI 检索 12

篇，EI 检索 25 篇，获省部级科技进步一等奖 1 项，省部级科技进步二等奖 2 项。团队成员具有扎实的图像识别和人工智能的专业能力，是一个极富创新和创业激情的团队。

目前公司由三个部门组成，负责公司整体运转工作。所有重大决策最终都需要向股东会负责，如图 10.24 所示。

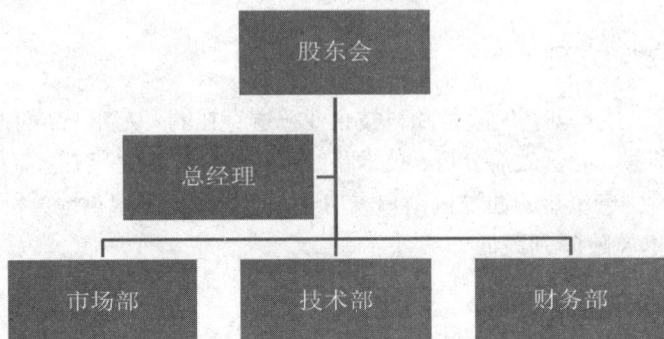

图10.24　组织机构图

复习与思考

请结合本章案例，总结创业项目成功实施的关键点有哪些？

上机与实训

1. 通过案例学习，对第 9 章完成的项目实施计划书进行完善。
2. 开展项目实施的实践活动，并提交实施过程的影像和图像，叙述实施效果。
3. 以项目团队为单位，参加一个创业项目大赛。

参考文献

[1] 钱前. 大众创业时代的合伙思维[M]. 北京：中华工商联合出版社，2019.

[2] 本书编写组. 中国互联网+大学生创新创业大赛指南[M]. 北京：高等教育出版社，2018.

[3] [美]史蒂文·霍夫曼. 让大象飞：激进创新，让你一飞冲天的创业术[M]. 周海云，陈耿宣，译. 北京：中信出版社，2017.

[4] [美]内克. 如何教创业：基于实践的百森教学法[M]. 薛红志，等，译. 北京：机械工业出版社，2015.

[5] [美]史蒂夫·布兰克，鲍勃·多夫. 创业者手册：教你如何构建伟大的企业[M]. 新华都商学院，译. 北京：机械工业出版社，2013.

[6] 魏炜，朱武祥，林桂平. 商业模式的经济解释：深度解构商业模式密码[M]. 北京：机械工业出版社，2015.

[7] [美]拉里·基利，瑞安·派克尔，布赖恩·奎因，等. 创新十型[M]. 余锋，宋志慧，译. 北京：机械工业出版社，2014.

[8] [美]罗宾·蔡斯. 共享经济：重构未来商业新模式[M]. 王芮，译. 杭州：浙江人民出版社，2015.

[9] [美]彼得·戴曼迪斯. 创业无畏：指数级成长路线图[M]. 贾拥昆，译. 杭州：浙江人民出版社，2015.

[10] 李家华，张玉利，雷家骕. 创业基础[M]. 2版. 北京：清华大学出版社，2015.

[11] 路江涌. 共演战略画布[M]. 北京：机械工业出版社，2019.

[12] 林军政. 互联网+传统经营者与创业者的新盈利模式[M]. 北京：清华大学出版社，2016.

[13] 美国《创业者》杂志. 创业宝典：未来企业家之路[M]. 5版. 北京：清华大学出版社，2012.

[14] [美]菲利普·J. 奥德尔曼，阿兰·M. 马克斯. 创业财务[M]. 5版. 刘晓彦，译. 北京：清华大学出版社，2012.

[15] 任荣伟. 内部创业战略[M]. 北京：清华大学出版社，2014.

[16] [挪威]吴弘，郑炳章. 知识创新与创业管理[M]. 刘德智，译. 北京：清华大学出版社，2015.

[17] [瑞士]马克·格鲁伯. 正向创业：新创企业的创业思维，三步确定最有价值的创业机会[M]. 刘薇娜，译. 北京：电子工业出版社，2019.

[18] [加]伊萨多·夏普. 从领先到极致：互联网时代下的创业、创新与管理哲学[M]. 赵何

娟，译. 北京：光明日报出版社，2015.

[19] 艾诚. 创业的常识[M]. 北京：中信出版社，2016.

[20] 胡雪琴. 中国天使投资人砥砺奋进[M]. 北京：电子工业出版社，2019.

[21] 范冰. 增长黑客[M]. 北京：电子工业出版社，2016.

[22] 许晓辉. 一个人的电商：运营策略与实操手记[M]. 北京：电子工业出版社，2015.

[23] [美]哈罗德·科兹纳. 项目管理：计划、进度和控制的系统方法[M]. 11 版. 杨爱华，等，译. 北京：电子工业出版社，2014.

[24] [美]拉姆·查兰. 领导梯队[M]. 徐中，林嵩，雷静，译. 北京：机械工业出版社，2011.

[25] [美]拉斯洛·博克. 重新定义团队：谷歌如何工作[M]. 宋伟，译. 北京：中信出版社，2015.

[26] [美]布赖恩·罗伯逊. 重新定义管理：合弄制改变世界[M]. 潘千，译. 北京：中信出版社，2015.

[27] [美]埃里克·施密特，乔纳森·罗森伯格. 重新定义公司：谷歌是如何运营的[M]. 靳婷婷，译. 北京：中信出版社，2015.

[28] [美]彼得·蒂尔，布莱克·马斯特斯. 从 0 到 1 开启商业与未来的秘密[M]. 高玉芳，译. 北京：中信出版社，2015.

[29] [美]梅利莎·席林. 奇才：连续突破性创新者的创意启示录[M]. 李蒙，宫海荣，译. 长沙：湖南文艺出版社，2019.

[30] 魏江. 鲁冠球聚能向宇宙[M]. 北京：机械工业出版社，2019.

[31] 胡勇，等. 云巅创新：阿里巴巴全球创业者洞察[M]. 北京：人民邮电出版社，2019.

质检5